Luigi Brunetti/Sabine Eichhorst
Das Glück ist eine gute Pasta

Luigi Brunetti / Sabine Eichhorst

# DAS GLÜCK IST EINE GUTE *Pasta*

Wie ich die Liebe zum Essen
nach Bella Germania brachte

Lübbe Hardcover

Dieser Titel ist auch als E-Book erschienen.

Namen von Personen, die nicht zur Familie Brunetti gehören, die keine Köche sind oder zu ihrer Zeit bekannte Persönlichkeiten in Mandatoriccio waren, wurden geändert.

Lübbe Hardcover in der Bastei Lübbe GmbH & Co. KG

Originalausgabe

Copyright © 2012 by Bastei Lübbe GmbH & Co. KG, Köln

Umschlaggestaltung:
Pauline Schimmelpenninck Büro für Gestaltung, Berlin
Umschlagmotiv: n©SuchBild,
Pauline Schimmelpenninck Büro für Gestaltung
Tafelteil:
Fotos 11, 19 und 14 © Fritz Hoffmann;
Fotos 18 und 27 © Czech/FotoKlein;
Foto 22 © Martin Joppen, alle anderen © privat
Satz: Siebel Druck & Grafik, Lindlar
Gesetzt aus der Centennial
Druck und Einband: GGP Media GmbH, Pößneck

Printed in Germany
ISBN 978-3-7857-2449-1

5 4 3 2 1

Sie finden uns im Internet unter: www.luebbe.de
Bitte beachten Sie auch: www.lesejury.de

## Zù Saveru

*D*er Mann, der im Licht des Nachmittags aus seinem Haus an der Via Chiesa tritt, trägt dunkle Hosen und ein helles Hemd, dessen Kragen er trotz der Hitze zugeknöpft lässt. Sein Haar hat er nass zurückgekämmt, der Schnurrbart ist sauber gestutzt, sein rechter Fuß steckt in einem ausgetretenen Schuh; das linke Hosenbein hat er aufgeschlagen.

Einen Augenblick verharrt er in dem schmalen Sonnenstreifen, der zwischen den Häusern hindurchfällt. Er blinzelt, bis seine Augen sich an das helle Licht gewöhnt haben, dann geht er die wenigen Schritte zu dem Bänkchen an der Hauswand. Das Geräusch seines Stocks hallt durch die nachmittägliche Stille, und im Haus gegenüber schiebt Signora Mariotti die Gardine beiseite und schaut hinaus, sie nickt. Der Mann nickt ebenfalls und setzt sich. Er zieht den *Corriere della Sera* aus der Tasche und beginnt zu lesen. Die Kirchturmuhr von *La Madre dei Santi Pietro e Paolo* schlägt halb sechs.

Zur selben Zeit tritt in der Via Pace ein Junge mit zwei Tüten Zucker im Arm aus dem *alimentari*. Seine Haut hat die Farbe von reifen Oliven, seine Füße sind nackt und schmutzig. Mit schnellen Schritten läuft er übers Pflaster, die Gasse hinab. Als er in die Via Chiesa biegt und den Mann auf der Bank erblickt, bremst er ab.

»*Buongiorno*, Zù Saveru.«

Der Mann sieht von seiner Zeitung auf. Er blinzelt, und ein Lächeln zieht über sein Gesicht.
»*Ciao*, Cardìllu.«
Der Junge zögert einen Moment, dann stellt er die Tüten ab und kommt näher. Er vergräbt die Hände in den Hosentaschen und deutet mit dem Kinn auf den *Corriere*.
»Spielt Mazzola am Sonntag?«
»So wahr ich hier sitze.«
»Er ist verletzt, sagt Papà.«
»*No, no*, Sandro ist in Form. Er hat im Training gut gespielt und wird auch gegen Bologna gut spielen.«
Zù Saveru faltet die Zeitung zusammen. »Aus dem wird einmal ein ganz großer Spieler, ein Profi, wie sein Vater einer war. Das kannst du mir glauben.«
Der Junge nickt und runzelt die Stirn. Er nimmt seine Schiebermütze ab und kratzt sich am Kopf. »Steht das in der Zeitung?«
»Das und noch viel mehr.« Zù Saveru bedeutet dem Jungen, sich zu ihm zu setzen.
Cardìllu zieht die Nase hoch und setzt sich.
Gegenüber, im Haus von Signora Bianchi, ertönt ein Schrei. Eine Tür fällt zu, die Haustür fliegt auf, drei Jungen stürmen die Treppe hinunter, der kleinste stolpert über einen Blumentopf mit Basilikum und Peperoncini, er fällt, und die anderen lachen.
»*Stupido*!«, ruft die Signora. »*Stu-pi-do*!« Sie rollt mit den Augen, und ihre Brust bebt, als sie sich nach dem Blumentopf bückt, dann bekreuzigt sie sich und ruft nach dem Herrn, nach ihrem Mann und nach einer gerechten Strafe für ihre missratenen Söhne.
Die halten inne, kaum dass sie Zù Saveru erblicken. Der älteste Bianchi strafft die Schultern, der mittlere lächelt und entblößt eine Zahnlücke, der jüngste rappelt

sich auf und wischt sich den Schmutz von den Knien.
»*Buongiorno*, Zù Saveru.«
Der nickt.
Eine halbe Stunde später öffnet Signora Bianchi das Fenster im oberen Stockwerk. Ihr Gesicht ist noch erhitzt, lose Haarsträhnen kleben an ihren Wangen. Mit flinken Händen pflückt sie die Wäsche von der Leine und schaut dabei auf die Gasse hinunter, wo ihre Brut hockt, neben Cardìllu und einem weiteren Dutzend *ragazzi*, die zuhören, wie Zù Saveru Gitarre spielt. Er gibt ihnen Unterricht, auch ihrem Ältesten; dafür bringt die Signora ihm ab und zu ein Brot, ein Stück Schinken oder scharf gewürzte Salami, einen Kanten buttergelben Caciocavallo-Käse. Der alte Mann kennt die Welt, die große Politik, er kann sämtliche Gewinner des Giro d'Italia seit 1909 aufzählen und weiß alles über Inter Mailand und Juventus Turin; mit den Jungen palavert er über Fußball wie mit Erwachsenen, und dafür lieben sie ihn. Manchmal nimmt er einen von ihnen beiseite; auch ihrem Ältesten hat er schon die Leviten gelesen. Die *ragazzi*, die ihm verständig und anstellig erscheinen, schickt er nach Rom. Dort, heißt es, habe er Verbindungen.
Sollte sie einmal mit ihm reden, wegen ihres Ältesten?
Die Signora seufzt, den Arm voller Wäsche, und murmelt ein Stoßgebet. Dann schließt sie die Fensterläden, während unten auf der Gasse Zù Saveru die Gitarre sinken lässt. Er hustet und zieht eine Zigarette aus der Brusttasche seines Hemdes. Cardìllu fischt ein Streichholz aus seiner Hosentasche und reißt es an. Zù Saveru nimmt einen tiefen Zug, bläst den Rauch aus und sieht zu, wie er sich im gelben Nachmittagslicht auflöst, dann lässt er seinen Blick über die Gesichter der *ragazzi* schweifen, sieht die gierigen Blicke der einen, die ge-

nügsamen der anderen. Eine Schweißperle rollt seine Stirn hinab.

Luigi, der Sohn der Brunettis, sieht auf.

Zù Saveru betrachtet ihn. Die schmutzigen Finger und die verschorften Knie. Das kurze, dichte Haar, die dunklen Brauen, die wie zwei spitze Dächer über seinen Augen stehen. Das offene Lachen, das auf seinen Lippen liegt, aus seinen Augen blitzt. Sein Blick, der auf ein fernes Ziel gerichtet scheint, auf etwas, das er noch nicht kennt und wovon er doch eine Vorstellung hat.

Zù Saveru lächelt und zieht an seiner Zigarette. Langsam bläst er den Rauch aus, räuspert sich und nickt Luigi zu …

# MANDATORICCIO

# Pasta e fagioli

1 Stangensellerie
2 Karotten
1 Zwiebel
1 Knoblauchzehe
300 Gramm Trockenbohnen
Salz

100 Gramm Pasta nach Wahl
2 geschälte Tomaten

100 Gramm fetteren Speck
frischen Rosmarin
4 Blätter Salbei
1 Knoblauchzehe
1 Esslöffel süssen Paprika

Sellerie, Karotten, Zwiebel und Knoblauch fein hacken und anschwitzen. Die am Abend zuvor eingeweichten Bohnen dazugeben und mit der dreifachen Menge Wasser aufgiessen, mit Salz abschmecken und köcheln lassen.
Ein Drittel der Bohnen abgiessen und fein pürieren. Die restlichen Bohnen mit der Pasta und den Tomaten gar kochen.
Unterdessen Speck und Knoblauch anbraten, mit Rosmarin, Salbei und Paprika würzen und zusammen mit dem Püree in den Sud geben.

*D*ie Schnecke zerteilte das Maulbeerblatt der Länge nach mit runden, präzisen Bissen dicht an der Mittelrippe entlang und so zügig, dass ich zusehen konnte. An der Spitze angekommen, zog sie eine Hälfte beiseite und machte sich darüber her, fraß in großen Happen, während ein Trupp Ameisen, der durchs trockene Laub patrouillierte, die andere Blatthälfte auflud und abtransportierte.

»Luigi!« Wie ein gespitzter Pfeil schnellte Papàs Stimme den Hang hinab. Ich fuhr zusammen und stieß mich vom Feigenbaum ab, unter den ich mich geflüchtet hatte. Der Boden glühte, und das Licht schmerzte in den Augen, als ich aus dem Schatten trat, meine Kehle war trocken und rau. Ich rieb meine Waden.

»Luigi, *dove sei*?« Meist nannte Papà mich Luigino oder einfach Gino oder im Dialekt unseres Dorfes Ginùzu. Es sei denn, er war wütend.

»Ich bin hier.« Ich holte Luft und rannte los, zwischen Olivenbäumen hindurch, um das *casella* von Signor Filippelli herum, der eben zur Tür heraustrat, und weiter über die Felder; wo das Getreide gemäht war, stachen Stoppeln in meine Fußsohlen. Signora Filippelli, eine Sichel in der Hand, richtete sich auf und schnaufte, ihr Bauch eine riesige Kugel, fast sah es aus, als würde sie gleich vornüberfallen. Die älteren unter ihren Kindern sammelten die Mahd auf, während die Kleinen im Schatten eines Wacholderbaums spielten, und sie rieb sich die Stirn und rief »*piano, piano*, Ginùzu«, doch ich hastete weiter bergauf, bog schließlich um eine Kurve und sah Mamma, die sich bückte, meinen Bruder, meine Onkel und Tanten, die überall am Hang Getreide schnitten; in ihren schwarzen Kleidern sahen sie aus wie übergroße Ameisen. Es war bereits Nachmittag, und noch immer flimmerte die Luft über den Weizenfeldern. Drüben, auf der anderen Seite des Tals, wo der Weg nach San Morello hinaufführte, hatte Pizzuti, der Bauunternehmer, Tagelöhner angeheuert; am Abend würde er ihnen ein paar Lire bezahlen, sodass ihre Frauen Seife kaufen konnten, Zucker und Pasta.

»Wo warst du?«, zischte Franco.

»Pipi machen.« Ich schlug nach einer Bremse.

Mamma richtete sich auf. Ihr Kopftuch war tief in die Stirn gerutscht, und sie löste es und wedelte sich Luft zu. Seit vier Uhr war sie auf den Beinen, wie immer, wenn Ernte war, denn in der Frühe war es kühl und der Weizen schnitt sich leichter, der Hafer für den Esel, die dicken Bohnen für das Schwein; wie alle im Dorf hielten wir ein Schwein und machten im Winter Schinken, Salami, Speck und Salsiccia.

Franco und mich hatte Mamma am Abend zuvor zu ihren Eltern geschickt. Die Carlinos waren eine große Familie, sie besaßen ein Haus mit drei Schlafzimmern und eine Pfeifenfabrik, die Großvater gegründet hatte. Vor dem Zubettgehen saßen wir mit Nonno in der Küche, er schälte uns eine Orange. Für Märchen waren wir zu alt, ich war acht, und mein Bruder wurde bald zehn, doch Nonno kannte unendlich viele Geschichten, er war klüger als ein Buch, und gestern erzählte er uns, wie seine Eltern, als er noch ein Junge war, einmal ein Essen ausgerichtet hatten. Alle Verwandten waren eingeladen, und man aß den ganzen Tag, den ganzen Abend, bis in die Nacht hinein. Irgendwann wurden die Kinder ins Bett geschickt, doch Nonno protestierte, und in einem Moment, in dem niemand achtgab, versteckte er sich unterm Tisch. Ein Onkel entdeckte ihn, verriet ihn aber nicht und warf ihm heimlich Fleischstücke zu.»Einer der Knochen war so groß – er hat meine Nase getroffen und gebrochen!«

Ich sah Nonno an und schüttelte den Kopf.

»Fühl mal!«

Ich stieg auf seinen Schoß und befühlte seine grobe Nase. »Da ist nichts.«

Nonno lachte, so heftig, dass sein Schnurrbart wackelte. Nonna sah von ihrem Nähzeug auf.

»Hast du wieder heimlich Wein getrunken?«

Nonno lachte noch heftiger und schüttelte den Kopf, und es schien, dass ihre Worte, die zu seinem einen Ohr hineingezogen waren, sogleich zum anderen wieder hinausflogen.

»Wo hast du gesteckt?« Papà richtete sich auf, zog seine dunklen, dichten Brauen in die Höhe. Er wandte den Kopf und spuckte aus, dann nahm er seine Mütze ab und strich sein Haar zurück. »Sag schon, wo hast du gesteckt?«

Mammas Blick folgte seinen Bewegungen, dann senkte sie den Kopf. Papà war ein gutes Stück größer als sie, ein hagerer Mann mit schwarzem Haar und einem schmalen Gesicht, in das die Sonne Falten gegraben hatte.

»Ich musste mal in die Büsche«, sagte ich und kratzte mich am Bauch.

»Schon wieder?« Papà setzte seine Mütze auf und spuckte noch einmal aus. In seinem Mundwinkel klebte ein Tabakkrümel; er drehte seine Zigaretten selbst, aus Schnitttabak, den er in einer verknitterten braunen Papiertüte bei sich trug. Mit dem Daumennagel klopfte er gegen seine Sichel und machte dabei eine unbestimmte Bewegung mit dem Kopf.

»Pantuso wartet.«

Der alte Pantuso breitete auf einer Ebene weiter oben am Hang das frisch geschnittene Getreide in der Sonne aus und ließ seine Maultiere darüberlaufen, damit sie mit ihren Hufen die Ähren zermalmten und das Korn droschen.

»Du kannst an der Quelle halten und den Esel tränken«, sagte Mamma und band ihr Kopftuch neu. Als Papà sich bückte und nach einem Büschel Weizen griff, lächelte sie mir zu.

Ich schluckte, nickte und stapfte los.

Vorn am Rain wartete Domenico, der Sohn meiner Lieblingstante Zà Peppina, er hatte die Garben, die die Kleinen eingesammelt hatten, auf den Rücken unseres Esels gebunden.

»Mann, hab ich Durst«, sagte er und fuhr sich mit dem Handrücken über die Lippen.

»Lass uns zuerst zur Quelle laufen und was trinken«, sagte ich.

»Aber Pantuso wartet.«

»Es ist kein Umweg.«

»Gut, wenn du meinst.« Die Sonne blendete, und Domenico zog seinen Strohhut tiefer; ich hatte meinen beim Mittagessen in unserem *casella* liegen lassen.

»Du wirst sehen, er wird's gar nicht merken.«

»Wenn du's sagst.« Er griff nach dem Strick, und Cicciu setzte sich in Bewegung; er war schwer beladen, und die Getreidebündel auf seinem Rücken schwankten.

Wir nahmen nicht die Straße, die zum Dorf hinaufführte, sondern eine Abkürzung durch Felder und Olivenhaine. Anfangs war der Pfad schmal und von Disteln und wilden Brombeeren gesäumt, der Boden staubte unter unseren Schritten. Eidechsen huschten zwischen Steinen hervor. Hier und da warfen eine Steineiche oder eine struppige Pinie einen Fleck Schatten. Rinder käuten auf den Weiden, ein paar Ziegen knabberten an einem Myrtenbusch. Nicht eine Wolke stand am Himmel.

Domenico lief mit dem Esel voran.

»Pass auf, dass er dich nicht in die Dornen drängt.«

Er nickte und stieg über einen Haufen Kuhdung. Mein Cousin war so alt wie ich, genauso schmächtig und zäh, aber zurückhaltender, meist zog ich ihn mit. Gemeinsam liefen wir in die Wälder und hoben Ameisennester aus. Am Meer in den Dünen suchten wir wilde Lakritze, gruben ihre Wurzeln aus und kauten darauf herum. Wir stahlen Zà Peppina oder Papà heimlich Oliven, gerade so viele, dass sie es nicht merkten, und brachten sie zur zentralen Abnahmestelle; dort wurden sie gewogen, und der Mann an der Kasse gab uns Geld. Manchmal zog ich Domenico auf und sagte, er habe einen großen Kopf, aber drinnen sei nur Leere; doch als zur *Festa degli alberi* alle Kinder im Dorf ein Gedicht auswendig lernen und aufsagen mussten und er, kaum dass er auf der Bühne stand und alle zu ihm aufsahen, kein Wort herausbekam, zog ich ihn vom Podest und sagte der Lehrerin, sie solle ein anderes Kind vorschicken.

»Aber ... aber ich wollte ...«, stammelte er.

»Du bist schüchtern. So ist es eben.«

»Aber ich wollte doch auch einmal ...«

»Mach dir nichts draus. Du bist trotzdem mein bester Freund.«

Nach einer Weile wurde der Weg breiter und steiler. Der Esel war trittsicher, doch unter seinen Hufen lösten sich Sand und Steine, die gegen unsere nackten Beine schlugen. In den Ginsterbüschen zirpten Grillen, ihr hoher Gesang schrillte in den Ohren. Es roch nach Macchia.

Überall stand die Hitze.

Schwitzend und schweigend kletterten wir den Berg hinauf. Nach einer knappen Stunde stießen wir in Höhe der Fontana Milo auf die Straße, die wie ein braunes Band vom Meer zum Dorf hinaufführte. Cicciu stellte die Ohren auf. Er hörte das Plätschern und lief schneller, die Ladung auf seinem Rücken schwankte. Domenico zerrte am Strick, doch das Tier ließ sich nicht bremsen, wir stolperten hinterher und schürften uns die Knie auf.

»Lass ihn laufen«, rief ich.

Domenico ließ den Strick los, und der Esel hielt schnurstracks auf die Quelle zu. Sie lag abseits der Straße in einer Kurve an einem Felsen, der in der Sonne glänzte. Ich entdeckte Cardìllu, der sein Maultier am Trog tränkte. Kaum dass es unseren Esel erblickt hatte, stieß es einen lauten Schrei aus. Cicciu schlug mit der Schwanzquaste und lief noch schneller.

Mit einem Mal schmeckte die Luft kühl und frisch.

»*Ciao.*« Cardìllus Gesicht und seine Arme waren nass, gerade zog er sein Hemd aus. Ich stapfte durch den Matsch und schob ihn beiseite, hielt meinen Kopf unter das Rohr, aus dem das Wasser quoll, und trank gierig. Dann trat ich beiseite, und Domenico schöpfte Wasser.

»Gino, soll ich deinen Esel zeichnen?« Cardìllu hieß eigentlich Giovanni, doch wie alle in seiner Familie wurde er Cardìllu genannt, was in unserem Dialekt »Kanarienvogel« hieß, denn seine Mutter zwitscherte wie ein Kanarienvogel; böse Zungen behaupteten, das Hirn seines Vaters sei ebenso klein, denn er verlieh Geld und verlangte es nie zurück.

Cardìllu deutete auf Cicciu, der neben seinem Maultier stand und soff. Er hatte zwölf Geschwister, seine Eltern waren arm, wie fast alle im Dorf, und manchmal gab ich ihm ein Stück Salami, damit er für mich zeichnete, denn er konnte zeichnen wie Leonardo da Vinci. Einmal hatte er mit wenigen Strichen ein Bild von unserem Haus angefertigt; es sah aus wie eine Fotografie.

»Ein andermal, Cardìllu, wir müssen hoch zum alten Pantuso.«

Er hockte sich abseits in den Staub und wischte sich die nassen Haare aus dem Gesicht. »Ich kann es dir auch beibringen. Zeichnen ist nicht schwierig.«

»Lass es gut sein, Cardìllu. Ich kann kaum zwei gerade Striche ziehen.«

»Du brauchst nur ein bisschen Fantasie.«

»Fantasie habe ich, aber zeichnen kann ich trotzdem nicht.« Wieder hielt ich meinen Kopf unter das Rohr und ließ das kalte Wasser über meinen Schädel rinnen, bis es schmerzte. Dann zog ich mein Hemd aus und tauchte es in den Trog. »Ich hoffe, dass du einmal ein berühmter Künstler wirst. Du hast Talent, daraus musst du was machen.«

Cardìllu nickte und zog mit dem Finger Spuren in den Sand.

»Lass uns weitergehen«, sagte Domenico und setzte seinen Strohhut auf.

Ich zog mein Hemd an, und er griff nach dem Strick. Aber Cicciu rührte sich nicht.

Cardìllu kicherte. Ich brach einen Zweig von einer

Glyzinie, riss die Blätter ab und schlug dem Esel über die Flanke.

Er rührte sich nicht.

Domenico bückte sich, fuhr mit der Hand die vorderen Fesseln hinab, kratzte erst den rechten, dann den linken Huf aus.

»Wenn du das hinten machst, schlägt er aus.«

»Ich weiß.« Wieder zog mein Cousin an dem Strick, der als Zügel diente, er schnalzte, während ich um Cicciu herumsprang und ihm auf die Flanken schlug, zweimal, dreimal, viermal.

Er rührte sich nicht.

»Du hättest mich ihn zeichnen lassen sollen«, witzelte Cardìllu und wischte über sein Sandbild. Sein Maultier schlug mit dem Schweif nach Fliegen.

Plötzlich kräuselte Cicciu die Lippen, drehte den Kopf zur Seite – und lief los. Domenico stolperte, beinahe wäre er gefallen.

»*Ciao*«, rief Cardìllu.

»*Ciao*«, rief ich und hastete hinterher.

Wir folgten der Straße und bogen nach einer guten Viertelstunde auf einen Feldweg, der steil bergauf führte, bis unterhalb des Friedhofs eine Schneise abzweigte. Zwischen dichtem Christusdorn, der im Frühjahr blühte, doch jetzt nur Blätter und Dornen trug, stapften wir neben unserem Esel her, der nun wie ein aufgezogenes Uhrwerk lief. Domenico hatte ihm den Strick lose über den Hals gelegt.

»*Ciao, ragazzi*«, rief der alte Pantuso, als wir eine halbe Stunde später den Dreschplatz erreichten. Er schwang eine Rute und trieb seine Maultiere an, eins schlug mit dem Schweif, das andere warf den Kopf hoch und seine langen Ohren standen ab wie Segel. Ein leichter Wind wehte über die Ebene und trug den Staub fort, den die Tiere aufwirbelten. Ich sah mich um. Ringsum erstreckten sich Berge, weich geschwungene grüne Linien wechselten mit kahlem Gestein. Auf einem Kamm stand eine Reihe Bäume, wie Krieger sahen sie aus, die in der Ferne den Feind ausgemacht hatten und nun abwarteten, ob er sich heranwagte. Hier und da krallte sich ein Haus an eine Felswand.

Und nirgendwo ein Flecken Schatten.

Domenico löste die Stricke auf dem Rücken des Esels und begann, die Mahd abzuladen.

»Die da drüben nehmt ihr mit.« Der alte Pantuso deutete auf zwei prall gefüllte Säcke. Er trug eine Schiebermütze, schwarze Hosen und eine Weste, darunter ein Hemd. Sein weißer Schnurrbart leuchtete in seinem dunklen Gesicht, und wenn er lachte, entblößte er ein paar einzelne braune Zähne. Er musste mindestens sechzig Jahre alt sein, vielleicht auch achtzig oder hundert.

»*Sì, Signor* Pantuso«, sagte Domenico.

»Und einer von euch beiden …« Er ließ seine Maultiere in einen gemächlichen Trab fallen und musterte erst mich, dann meinen Cousin. »Einer bleibt hier und hilft mir schippen.« Er ließ die Zügel los und nahm eine Holzschaufel, fuhr in die zertrampelte Mahd und warf das Korn in die Luft und sah zu, wie sich im Fallen die Spreu vom Weizen trennte.

Domenico nickte.

Allein führte ich Cicciu mit zwei Säcken Weizen, jeder gut fünfzig Kilo schwer, den Hang wieder hinab und weiter zum Friedhof und hinauf ins Dorf, das Tier kannte den Weg und wäre ihn wahrscheinlich auch ohne mich gelaufen. Obwohl die Sonne bereits sank, brannte sie noch, mein Haar schien zu glühen – warum hatte ich bloß meinen Strohhut vergessen? Ab und zu blieb ich stehen und rieb meine Waden; während der Ernte brachte ich das gedroschene Korn ins Dorf, und obwohl ich schmächtig war, waren meine Beine so muskulös, dass ich aus dem Stand auf einen Esel, ein Maultier oder ein Pferd springen konnte.

Am Abend, nach dem Essen, lief ich denselben Weg zurück, bog bei der Fontana Milo ab und rannte den steilen Sandpfad hinauf zum *casella*, in dem Domenico den Sommer über mit seinen Eltern und dem Vieh lebte. Das Häuschen lag etwas zurückgesetzt auf einer Wiese oberhalb der Straße. Es hatte ein flaches Ziegeldach, die Wände waren aus Feldsteinen gemauert und gerade so hoch, dass ein Erwachsener sich nicht bücken musste, wenn er zur Tür hineintrat. Drinnen gab es eine große Küche, einen Schlafraum und einen Stall für die Kühe, Schafe und Ziegen; oft, wenn Papà wütend war, lief ich zu Hause fort und schlief hier, lag auf einem Strohsack und lauschte in die Nacht, während nebenan die Kühe wiederkäuten. In der Frühe, wenn Zà Peppina sie gemolken hatte und mein Onkel, Zù Peppe, Käse machte, bereitete sie eine Suppe aus Molke, Ricotta, Brot und Zucker zu, die ich liebte – sie schmeckte kühl, ein wenig säuerlich und zugleich süß, fast wie ein Versprechen.

Jetzt stand Zà Peppina am Herd und kochte Pasta e fagioli, gerade gab sie die Nudeln in die Bohnensuppe. »Nimm dir einen Teller und setz dich, Ginùzu.«

Domenico rückte beiseite, und ich hockte mich neben ihn auf eine Kiste. Es roch nach Speck und gedünstetem Knoblauch, nach samtigem Salbei.

»Wie läuft eure Ernte?«, fragte Zù Peppe.

»Gut.« Ich rieb meine Waden. »Die Kornkammer ist

fast voll.« Im Keller unseres Hauses stand eine riesige Holzkiste, aus der Mamma, wenn sie unterm Jahr Mehl brauchte, Weizen abfüllte und zur Mühle trug.

»Das gibt viel Brot und jede Menge Pasta.« Zù Peppe rieb sich die Hände und lachte; er lachte gern und viel. Eine schwarze Locke kringelte sich auf seiner Stirn, seine Augen blitzten. Zà Peppina zog den Topf vom Herd und füllte unsere Teller.

Nach dem Essen, als Zù Peppe die Herde zusammentrieb, stopfte Domenico hinterm Haus neben dem Myrtenbusch ein Mauseloch. Ich saß im Gras, lehnte mich an die Wand und sah ihm zu, wie er wilde Kamille in die Erde schob. Die Steine in meinem Rücken waren noch immer warm von der Sonne, der Himmel über den Gipfeln leuchtete gelb und rosa, ein leichter Wind strich über die Wiese.

»Wenn ich groß bin, werde ich Schafe züchten. Ich will eine große Herde besitzen, mindestens fünfzig Tiere.«

»Fünfzig?« Domenico stand auf und rieb sich Grashalme von den Knien. »Du bist verrückt.«

»Wenn du auch fünfzig Schafe hättest, könnten wir Partner werden. Wir verkaufen nur die männlichen Lämmer, die weiblichen behalten wir, damit die Herde weiter wächst.«

Domenico runzelte die Stirn, als überlegte er, ob ich einen Scherz machte.

»Von dem Geld, das wir verdienen, können wir uns Pferde kaufen.«

Er legte den Kopf auf die Seite und stieß ein wenig Luft zwischen den Zähnen aus.

»Oder ein Auto.«

»Einen Fiat 1100 wie Giuseppe von den Morellis?«

»Oder einen Fiat 1200 Spider. Der hat 55 PS!«

»Aber Giuseppe arbeitet in Deutschland, der ist reich. So reich werden wir als Schäfer nie.«
»Wenn wir tausend Schafe besitzen, sind wir reicher als Morelli.«
Domenico bohrte seine Zehen in die weiche Erde.
»*Per dio*, tausend Schafe ...«
»Zweitausend.« Ich dachte an meinen anderen Großvater, Nonno Brunetti, der einst Rinder-, Schaf- und Ziegenherden besessen hatte, so groß, dass die alten Leute im Dorf noch heute erzählten, man habe, wenn die Tiere im Frühling ausgetrieben wurden, einen Tag und eine Nacht lang das Läuten ihrer Glocken gehört. Später verschwand der alte Brunetti nach Argentinien. Er verprasste sein Vermögen, und seine Frau, die er zurückgelassen hatte, musste alles, was ihr geblieben war, verkaufen, um sich und die Kinder durchzubringen und ihren vier Töchtern eine Aussteuer mitzugeben, damit sie sie verheiraten konnte.

Domenico bückte sich, zog einen Stein unter dem Myrtenbusch vor und rollte ihn auf das Mauseloch. Zufrieden betrachtete er sein Werk, wischte sich die Hände an den Hosen ab und lehnte sich an den wilden Feigenbaum.

»Wir könnten auch Kühe züchten«, sagte er und pflückte eine Feige.

Ich dachte einen Moment nach, dann schüttelte ich den Kopf. »Kühe sind groß, die brauchen viel Platz. Und wenn ein Bulle wild ist, wird's gefährlich.« Im Sommer zuvor hatte ein Onkel uns nach der Schule zum Kühetreiben geschickt. Domenico lief einem Bullen hinterher, der sich aus dem Staub machen wollte – plötzlich senkte das Tier den Kopf und rannte geradewegs auf ihn zu. Mein Cousin duckte sich, doch der Bulle spießte ihn auf und warf ihn im hohen Bogen durch die Luft; ohne nachzudenken, hob ich einen Stein auf und warf ihn nach dem Bullen, ich traf ihn am Horn, er zuckte zurück, wandte sich um und stob davon.

Mein Cousin lag wie tot am Boden.

Wie von Sinnen schrie ich um Hilfe. Drüben am Waldrand lief Bruno, der Sohn vom Bruder des Müllers, mit seinem Esel. Eben hatte er uns noch hinterhergerufen, wir sollten seine Milchflaschen mitbringen, die er an der Quelle zum Kühlen ins Wasser gestellt hatte, doch er war nur ein paar Jahre älter als wir, und wir hatten zurückgerufen, er solle seine Milch selbst holen.

Nun kam er den Hang heruntergeeilt.

»Hilf mir, ihn auf den Esel zu laden«, sagte er, doch ich zitterte so sehr, dass ich keine Hilfe war. Domenico war bewusstlos, er schien kaum zu atmen, sein Hemd und seine Hose waren voller Blut. Meine Zähne schlugen aufeinander, ich fror wie im tiefsten Winter.

Im Dorf kam Domenico wieder zu Bewusstsein. Der Apotheker untersuchte ihn, denn der Dottore war nach Cariati gefahren. Trotz des vielen Bluts hatte der Bulle ihn mit seinem Horn nur gestreift. Mein Cousin erlitt eine Gehirnerschütterung und musste eine Weile im Bett liegen.

»Du hast recht.« Domenico setzte sich neben mich ins Gras, teilte die Feige in zwei Hälften und reichte mir eine. Er roch nach Schweiß und wilder Kamille. »Es ist besser, wenn wir Schafe züchten.«

Ich lutschte das süße Fruchtfleisch aus der Schale, ließ mich zur Seite fallen und streckte mich aus. Ein paar Grillen zirpten, Schwalben schwatzten, und irgendwo bellte ein Hund. Der Himmel leuchtete so golden und violett, als hätte Cardìllu ihn gemalt.

»Tausend Schafe sind trotzdem eine Menge.« Domenico wischte sich Feigensaft vom Kinn.

»Ja«, sagte ich und sah zu, wie ein Marienkäfer auf meinem Daumen landete. Er krabbelte meinen Fingernagel hinauf bis zur Spitze, reckte und streckte sich ins Leere, dann breitete er seine Flügel aus und flog davon.

Ich wandte den Kopf. »Aber weißt du was? Wenn ich's mir recht überlege, sollten wir dreitausend Schafe haben!«

Signor Arena lehnte im Türrahmen seines Ladens und sah zu, wie Signora Galanti die Auslagen prüfte, die prallen Auberginen, die leuchtenden Tomaten, die Zucchini und den Spinat, die Körbe mit schimmernden Pfirsichen, wohlgeformten Birnen und samtig-dunklen Kirschen. Ab und zu glitt ihr Blick auf eines der weißen Schilder, auf die er mit runder Schrift seine Preise gemalt hatte.

»Sind die frisch?« Sie griff in eine Kiste mit Cime di rape.

Signor Arena stieß ein kurzes Schnalzen aus und schüttelte den Kopf. »Wenn sie blühen, sind sie nicht mehr gut. Und blühen die vielleicht?«

Die Signora ließ sich nicht beeindrucken, fuhr mit der Hand durch die gefiederten Rübenblätter, hob ein Bündel heraus und betrachtete es, maß schließlich eine gute Handvoll ab und reichte sie Signor Arena.

»Salsiccia dazu? Tomaten?«

Die Signora schüttelte den Kopf und wandte sich dem Spinat zu. Signor Arena, dick wie ein Fass, strich über seinen Bauch und zwinkerte mir zu, während ich auf einem Mauervorsprung hockte und auf Domenico wartete.

Signora Fazio griff nach den Auberginen, die im hellen Licht glänzten. »Wer hat gestern gebacken?«, fragte sie.

Signora Galanti, deren Ältester der Patensohn von Signora Fazios Mann war, maß eine Handvoll Spinat ab, legte sie in die Schüssel, die Signor Arena ihr reichte, und deutete mit einer kurzen Kopfbewegung auf das Haus auf der anderen Straßenseite. »Die Amodeo war am Nachmittag beim öffentlichen Ofen in der Via Pace.«

Ein Huhn lief die Gasse hinab, und irgendwo spielte ein Radio *Volare*. Ich trommelte den Takt und pfiff die Melodie, streckte die Beine aus und betrachtete meine Zehennägel, rund und glatt wie Kieselsteine. Signora Fazios Jüngster spähte herüber, den Daumen im Mund, die Hand am Rock seiner Mutter, die Augen voller Neugier und Flehen – ich schüttelte den Kopf, ich war neun und spielte nur mit großen Jungen.

Ein Schatten huschte hinterm Fliegengitter vorbei, dann öffnete Signora Amodeo das Fenster. »Komm nach dem Einkaufen rüber, dann kannst du die Hefe mitnehmen.«

»*Sì*«, rief Signora Fazio. »*Sì, sì!*« Im Dorf gab es Mutterhefe, die von Haus zu Haus gereicht wurde.

Signora Amodeo schraubte in ihrer Küche den Espressokocher auf und schlug altes Pulver aus dem Filter. Wasser plätscherte, dann wurde die Herdflamme entzündet. Ich schob meine Hand in die rechte Hosentasche; die Zigarette war knitterig, der Filter weich, ein paar Tabakkrümel hatten sich gelöst.

Wo blieb bloß Domenico?

»Angelina hat wieder Besuch«, sagte Signora Russo, die auf der Bank vor ihrem Haus neben Signor Arenas Laden saß, einen Rosenkranz in den knorrigen Fingern.

Sie trug ein schwarzes Kleid, eine blaue Schürze, ihr dünnes Haar war zum Knoten gebunden.

Signora Fazio legte die Aubergine zurück und nahm eine Zucchini, krumm wie ein Prügel; dabei rutschte der Ärmel ihrer Bluse herauf und entblößte einen blauen Fleck.

»Es ist ein Mann ...«

»*Sì, sì* ...« Signora Fazio legte die Zucchini zurück und griff nach den Peperoncini. »Die Parotta hat's mir erzählt.« Signora Parotta war die Hebamme. Auch mich hatte sie geholt, im Juni 1949, und Mamma, die fürchtete, es könnte noch einmal einen Krieg geben, hatte mich erst drei Monate später auf der Registratur angemeldet. Alle *ragazzi* im Dorf, sagte sie, die in der ersten Hälfte des Jahres geboren wurden, seien nicht von der Front zurückgekehrt; da war sie abergläubisch, und so hatte ich am 13. September Geburtstag, obwohl ich am 8. Juni auf die Welt gekommen war.

»Eine anständige Frau lässt keine Fremden ins Haus.« Signora Russo wackelte mit dem Kopf wie eine alte Taube. Es kamen selten Fremde ins Dorf, doch wenn, kochte Signora Angelina Pasta und vermietete ihnen ein Zimmer in ihrem Häuschen, sie war allein mit den Kindern und brauchte das Geld. Ich fand nichts Schlimmes daran, außerdem mochte ich Signora Angelina, sie grüßte mich und sprach mit mir wie mit einem Erwachsenen.

Signora Fazio legte die Peperoncini zurück und griff wieder nach den Auberginen. Signor Arena zog an seiner Pfeife und wartete ab.

»Das ist Sünde.« Signora Russo spuckte die Worte auf die Gasse wie bittere Kerne.

Ein schwarzes Ferkel bog ums Haus und schnüffelte

an Signor Arenas Bein, er bückte sich und griff nach ihm, doch es huschte davon. Er lachte, und sein riesiger Bauch bebte. Über ihm flatterten Laken auf einer Wäscheleine, weiße Hemden und ein schwarzes Kleid, es roch nach frisch gebrühtem *caffè* und die Glocken von *La Madre dei Santi Pietro e Paolo* begannen zu schlagen, weil der alte Signor Mangone gestorben war und heute auf dem Friedhof draußen vorm Dorf beerdigt wurde. Die Signoras bekreuzigten sich.

Da entdeckte ich Domenicos braunen Haarschopf.

Mit Battista, dem Sohn des Schusters Ligàcciu, kam er die Gasse herabgeschlendert. Alle alteingesessenen Familien im Dorf hatten Spitznamen, und die Venturas wurden Ligàcciu genannt, was im Dialekt »Schnürsenkel« hieß, so wie wir Brunettis Genarùsu, »die Großzügigen«, genannt wurden, weil mein Großvater und mein Urgroßvater nicht nur wohlhabende, sondern auch freigiebige Männer gewesen waren.

Ich sprang von der Mauer und lief ihnen entgegen.

»*Ciao.*« Battista knuffte mich in die Rippen. Er trug kurze Hosen, und seine Knie waren mit Schorf überzogen, beim Fußballspielen hatte ich ihm zugesetzt, obwohl er zwei Jahre älter war als ich.

»Gehen wir?«

»Ich muss meinem Vater in der Werkstatt helfen«, sagte Battista.

»Gut, dann später auf dem Fußballplatz. Und pass bloß auf, ich nehm dich wieder auseinander!«

Battista lachte, und wir sahen ihm nach, wie er die Via Umberto I hinablief und um die Ecke in die Via Cava bog.

»Ich hab eine«, raunte ich.

Domenico hob eine Braue.

»Komm, lass uns abhauen.« Wir liefen hinunter zur Piazza del Popolo, wo das Postauto stand. Der Fahrer schnürte eben eine Kiste aufs Dach, drinnen saßen Signora Bianchi und Signora Perfetti mit ihren Kindern; das Postauto brachte nicht nur die Post, es nahm auch Fahrgäste mit, die in eines der weit verstreuten Dörfer im Silagebirge wollten oder hinunter ans Meer nach Marina di Mandatoriccio, wo die Eisenbahn nach Cariati und Rossano fuhr. Wir bogen in die Via Concordia, und stießen mit Onkel Egidio und Onkel Eduardo, Mammas Brüdern, zusammen, ihr Esel war mit Heu beladen, die Last schwankte, und sie schimpften, ich rief: »*Scusate!*« Wir bogen in die Via Lungo Destre, liefen die Via Squiglio hinunter, vorbei an Nonnos Pfeifenfabrik und weiter zu der Stelle, wo die Viale Belvedere einen Bogen machte und den Blick übers Tal freigab.

In der Ferne sah man blassblau das Meer.

Ich beugte mich über die Balustrade. Auf einem Felsvorsprung lag zwischen Scherben ein alter Nachttisch mit zerbrochenen Beinen, daneben ein rostiges Rohr, etwas abseits ein zerfetztes Stück Sackleinen; was die Schweine nicht fraßen, warfen die Leute fort, und wer keine Toilette hatte, leerte hier seinen Nachttopf, die Sonne dörrte alles aus, es stank nicht einmal. Ein Hund schnüffelte zwischen den Abfällen herum, schnappte nach dem Sackleinen.

»Komm«, sagte ich und zog Domenico am Ärmel. Wir liefen an der Hauswand mit dem Bild von San Francesco da Paola, dem Schutzheiligen des Dorfes, vorüber, bis ich eine Nische zwischen zwei Häusern entdeckte und hineinschlüpfte.

»Hier sieht uns niemand«, flüsterte ich. Die Geräusche der Gasse klangen nun gedämpft, die Stimmen der

Frauen, die Rufe der Kinder, das Geschrei der Maultiere. Vorsichtig grub ich meine Beute aus der Hosentasche.

»Wo hast du die her?«, zischte Domenico.

»Psst.« Das weiße Zigarettenpapier leuchtete zwischen meinen Fingern. Ich suchte nach dem Streichholzheftchen. »Ich hab sie gekauft.« Eine der drei Bars im Dorf hatte einen Fernsehapparat, für hundert Lire ließ der Wirt ihn eine Stunde laufen, und am Abend zuvor hatte ich mit Toni, Carlo, Mario und Vittorio gesammelt, damit wir einen Western ansehen konnten; Aldo hatte kein Geld, der musste gehen. Später hatte ich Mario, der schon fünfzehn war, eine Zigarette abgekauft. »Für zehn Lire.«

»Zehn Lire kostet sie auch im *tabacchi*.«

»Aber da verkauft man sie mir nicht.« Ich biss auf den Filter, damit die Zigarette beim Sprechen nicht herunterfiel, brach ein Streichholz ab und riss es an der Hauswand an. Die Flamme ließ Domenicos Gesicht aufleuchten, einen Moment lang sah ich sein Staunen, dann entzündete ich die Zigarette und zog daran.

Und hustete.

Mein Cousin schlug mir kräftig auf den Rücken. Ich hustete und schluckte, Rauch stieg mir in die Augen, und sie brannten. Ich riss mich zusammen und nahm noch einen Zug, vorsichtiger diesmal. Es kratzte im Hals und schmeckte nach Stroh.

»Und?« Das Staunen in Domenicos Gesicht war einer Mischung aus Skepsis und Bewunderung gewichen. Ich reichte ihm die Zigarette. Er schüttelte den Kopf.

Ich nahm noch einen Zug. Er schmeckte nicht besser. Vielleicht war es einfach die falsche Marke? Ich spuckte aus und hielt die Zigarette zwischen Zeige- und Mittelfinger, wie die Erwachsenen es taten; ein paar Alte hielten sie auch zwischen Daumen und Zeigefinger, aber das sah seltsam aus.

»Nun sag schon, wie ist es?«

»Nicht schlecht.« Ich nahm einen weiteren Zug und blies meinem Cousin den Rauch ins Gesicht.

Er hustete. Ich lachte.

Draußen näherten sich Schritte, schwere Männer- und leichte Frauenschritte. Blitzschnell versteckte ich die Zigarette und spähte durch den Spalt. Signor Minotti lief die Viale Belvedere herunter, die Hemdsärmel hochgekrempelt, in jeder Hand ein totes Huhn, die Schiebermütze tief ins Gesicht gezogen, sodass sie seine Augen verbarg. Ihm folgte seine älteste Tochter Maria, sie trug ein Kleid, blau wie der Junihimmel, ihr langes Haar hatte sie mit Spangen zurückgesteckt. Im Herbst würde sie heiraten, ich hatte gehört, wie Mamma nach der Messe mit Tante Teresa und Tante Lina geredet hatte. Die Familie besaß nur ein paar Kühe und kaum Land, ab und zu heuerte Signor Minotti bei Pizzuti, dem Bauunternehmer, an, doch seit ein paar Monaten arbeitete sein ältester Sohn in Deutschland, in einer Autofabrik. Er schickte Geld. Nun würde Maria eine ordentliche Aussteuer bekommen, hatte Zà Teresa gesagt, und Zà Lina hatte genickt.

Signor Minotti und seine Tochter liefen vorbei, ohne uns zu bemerken. Hinter ihnen hüpfte ein Rabe übers Pflaster, sein Gefieder glänzte in der Sonne. Unterhalb des Dorfes, wo die Straße einen Knick machte und der Pfad zu unseren Feldern abging, nisteten Rabenschwärme in einer steil aufsteigenden Felswand. Vor ein paar Wochen war ich auf eine Leiter gestiegen, hatte mit einem Bambusstab in den Felsspalten gestochert und nachgesehen, ob die Jungen schon geschlüpft waren.

Kurz bevor sie flügge wurden, holte ich sie, um sie zu verkaufen. Raben waren intelligente Tiere, man konnte ihre Flügel stutzen, sie abrichten und als Haustiere halten wie Papageien, sie plapperten alles nach. Anfangs nahm ich fünfzig Lire pro Rabenjunges, als die Nachfrage stieg, verdoppelte ich den Preis. Ein paar Grasschlangen, die in den Felsspalten steckten, fing ich ebenfalls; sie waren weder groß noch giftig, ihr Biss tat kaum weh. Den anderen Kindern im Dorf sagte ich: »Ich habe eine Schlange gefangen, zehn Lire, und ich zeig sie dir.«

Die meisten waren so neugierig, dass sie bezahlten.

Die Zigarette knisterte, als ich ein letztes Mal an ihr zog und den Stummel auf den Boden schnippte. »Gehen wir.«

»Wohin?«

Ich zuckte mit den Schultern. »Uns wird schon was einfallen.«

Wir liefen die Via Umberto I hinauf. In der Via Chiesa saß Zù Saveru auf dem Bänkchen vor seinem Haus und gab dem ältesten der Bianchi-Brüder Gitarrenunterricht. Wir grüßten und hockten uns dazu.

»Das ist ein E, kein A«, sagte Zù Saveru und schob Bianchis Zeigefinger über das Griffbrett. Er trug dunkle Hosen und ein helles Hemd, sein Schnurrbart war sauber gestutzt. Er hatte nur ein Bein, das andere hatte er im Krieg verloren; er war bei der Luftwaffe gewesen, und die Älteren im Dorf nannten ihn noch Baracca, nach dem berühmten italienischen Kampfflieger aus dem Ersten Weltkrieg.

»Den A-Dur-Akkord greift man so.« Zù Saveru beugte sich vor und schob Bianchis Finger, kurz und dick wie Zigarren, über die Saiten, es klang, als jaulte eine rollige Katze. Gegenüber öffnete Signora Bianchi das Fenster im oberen Stockwerk, ihr Gesicht war erhitzt, und lose Haarsträhnen klebten an ihren Wangen, als sie mit flinken Fingern die Wäsche von der Leine pflückte. Zù Saveru hustete und zog ein Zigarettenpäckchen aus der Brusttasche seines Hemdes. Ich stand auf, grub ein Streichholz aus meiner Hosentasche und riss es an. Er nahm einen tiefen Zug und blies den Rauch aus. Er musterte mich, dann lächelte er und nickte mir zu. Eine Schweißperle rollte seine Stirn hinab, verfing sich in seinen buschigen Brauen.

Er lehnte sich zurück und fragte den Bruder von Mario Chiarelli, der neben ihm auf dem Bänkchen saß: »Wie alt bist du?«

»Vierzehn«, antwortete Saverio.

»Was wirst du nach der Schule tun?«

Saverio zuckte mit den Schultern.

»Komm morgen Nachmittag vorbei, ich muss mit dir reden.«

Im selben Moment zog eine Hand an meinem Hemd. »Wo hast du gesteckt?«

Ich fuhr herum. »Lass los!«

»Mamma sucht dich«, sagte Franco.

»Mist ...« Tags zuvor hatte sie gesagt, wir bräuchten neue Schuhe. Papà, der seine Minestrone löffelte, sah kurz auf, murmelte das Wort »Schuster« und aß weiter. Ich wandte mich zu Domenico und blickte ihm fest in die Augen, damit er unser Geheimnis nicht verriet, nickte den anderen Jungen zu, grüßte Zù Saveru und folgte meinem Bruder nach Hause.

Dort bereitete Mamma Pasta mit Salsiccia und Cime di rape, die Küche roch scharf nach Knoblauch und heißem Olivenöl und nach dem Schinken, der an einem Stock unter der Decke hing.

»Ginùzu, wo hast du gesteckt?«, fragte sie, es klang nicht wütend, eher besorgt. »Geh und wasch dir die Hände. Und du, Francùzu, lauf und hol Wasser vom Brunnen.«

Ich schob ein Stück Wurst in den Mund, damit niemand merkte, dass mein Atem nach Rauch roch, und wusch mir mit einem Rest Wasser die Hände. Papà saß am Tisch und blätterte in der *Gazetta dello Sport*; am Sonntag würde Inter Mailand gegen Lazio Rom spielen, die Chancen standen gut, dass Inter gewann, Mazzola war in Form und im Mittelfeld so gefährlich wie im Angriff. Papà hustete und rieb sich das Kinn, dann faltete er die Zeitung zusammen, erhob sich und ging nach nebenan; unser Haus hatte eine kleine Küche und ein Schlafzimmer, im Keller Stall und Vorratsraum. Wenig später kehrte er zurück, er trug nun schwarze Hosen und eine Weste, darunter ein weißes Hemd. Er griff nach der Flasche mit dem Rotwein und schenkte sich ein Glas ein, während Mamma die Cime di rape in feine Streifen schnitt und zur Salsiccia in die Pfanne gab. Es zischte und duftete, und mein Magen zog sich zusammen wie einer dieser leeren Beutel aus gegerbtem Ziegenfell, in die wir Wein abfüllten.

Durch die halb geöffneten Fensterläden fiel blasses Licht, als wir uns über unsere dampfenden Teller beugten. Ich spießte ein Stück Salsiccia auf die Gabel, ein paar Rübenblätter und Penne – die Cime di rape schmeckten wie Brokkoli, nur ein wenig bitterer, was gut zu der scharfen, würzigen Wurst passte. Alle kauten, Fett glänzte auf unseren Lippen, und ich sah einer Fliege zu, die über das blanke Holz des Tischs krabbelte. Draußen vor der Bar fuhr klappernd ein Fahrrad übers Pflaster, jemand schaltete ein Radio ein, wieder spielte es *Volare*;

seit Domenico Modugno beim *Festival della canzone italiana* in Sanremo den ersten Preis gewonnen hatte, hörte man das Lied überall. Eine Frau lief die Treppe neben unserem Haus hinauf, ihre Absätze klackerten auf den steinernen Stufen, und ein Mann rief »*Ciao*, Franceschina!«

Papà schlug nach der Fliege und wischte sie vom Tisch.

Nach dem Essen holte Mamma die große Kupferschüssel hervor und füllte sie mit Wasser. »Wascht euch die Füße, aber gründlich.« Sie machte sich an den Abwasch, Papà rollte eine Zigarette und trat aus der Tür.

»*Buonasera, Signorina* Franceschina«, hörte ich ihn sagen. Seine Stimme klang rau, aber freundlich; zu Mamma, Franco und mir war er streng, doch zu anderen galant. Dann entfernten sich seine Schritte. Er ging selten in eine Bar, denn er war sparsam, seine freie Zeit verbrachte er beim Schuster Ligàcciu. In dessen Werkstatt trafen sich Männer aus dem Dorf, Sozialisten wie Battistas Vater und Kommunisten wie Papà, sie debattierten über Politik; Anhänger der Democrazia Cristiana wie unser Lehrer, der Apotheker, die Carabinieri oder der Maresciallo ließen sich dort nicht blicken.

Später fütterte ich den Esel, und Mamma stieg in den Keller hinunter. Mit einer großen Bastflasche Rotwein kehrte sie zurück. Zu dritt liefen wir zum Schuster Scalise, der seine Werkstatt ein paar Häuser weiter hatte und für fünfzig Liter Wein zwei Paar Schuhe fertigte, Sandalen im Frühling und Halbschuhe mit Gummisohlen im Herbst. Signora Scalise, seine Frau, war Schneiderin, sie nähte uns Hemden und Hosen, aus Stoff, den Mamma beim Tuchhändler kaufte. Zur Kommunion im Jahr zuvor hatte sie mir einen Anzug gefertigt; inzwischen war er zu klein, und Mamma hatte ihn weitergegeben an eine ihrer Schwestern oder Schwägerinnen, an einen meiner zahlreichen Cousins.

»*Buonasera.*« Signor Scalise erhob sich von seiner Werkbank. Hinter ihm in dem schmalen Raum standen ein Regal voller Leisten, ein Karton mit Lederresten, ein dreibeiniger Schemel, eine Wanne mit Wasser. An den Wänden hingen gegerbte Häute, schwarzes Leder und braunes, hell schimmernd und rötlich wie Kastanien oder dunkel glänzend und satt wie Tartufi. Neben dem Regal hing ein Blechschild, auf dem in verblichenen Lettern CINZANO stand. Darunter stand ein Stuhl.

»*Buonasera.*« Mamma stellte die Weinflasche auf die Werkbank, auf der zwischen Zangen, Sohlen und einer Ahle bereits ein dicker gelber Caciocavallo-Käse lag. Daneben stand ein Glas mit grünen Oliven. Der Schuster nickte und deutete auf den Stuhl, doch Mamma schüttelte den Kopf. Sie strich Franco übers Haar und rieb mir Schmutz von der Wange, sie legte ihre Hände auf unsere Schultern und schob uns vor sich her in die Tiefe des Raumes.

Signor Scalise raffte seine Schürze und kniete nieder, wobei seine Knie knackten. Mit einem Band nahm er Maß, erst bei meinem Bruder, dann bei mir. Ab und zu zog er einen Bleistiftstummel hinterm Ohr hervor und notierte ein paar Zahlen auf einem Stück Karton. Mamma strich ihr Haar zurück. Sie glättete ihren Rock. Ihr breites Gesicht glänzte im Licht, das von draußen hereinfiel, Staub tanzte in der Luft, und ihre Brust hob und senkte sich gleichmäßig mit jedem Atemzug. Sie lächelte, und ich sah die Güte in ihren Augen und den Stolz, mit dem sie ihre Söhne betrachtete.

Etwas in mir zog sich zusammen.

»*Pronto.*« Signor Scalise schob den Bleistiftstummel hinters Ohr und erhob sich, wieder knackten seine Knie. Der Kanarienvogel in seinem Käfig am Fenster flatterte auf und trillerte wild. Ich zog die Nase hoch.
Mamma runzelte die Stirn und lachte.

»*Asino.*« Professore Dalli griff nach meinem Heft. »Du bist ein Esel.«
Elisa, Mariangela und Serafina in der zweiten Reihe kicherten.
»Ja, du bist sogar noch dümmer als ein Esel.« Mit seinen dünnen Fingern hämmerte er auf die leere Seite, sein Kopf hatte die Farbe einer überreifen Tomate.
Ich schluckte.
»Du bist so dumm wie ein Esel, dem die Hitze das Hirn ausgedörrt hat.« Je zorniger er wurde, desto leiser wurde seine Stimme. »Du bist der dümmste und störrischste Esel, den ich je unterrichten musste.«
Domenico Cosenza, der neben mir saß, senkte den Kopf.
»Ich musste meinem Vater helfen«, sagte ich halblaut. »Darum habe ich keine Hausaufgaben gemacht.«
»Halt den Mund, ich weiß, dass du lügst. Du warst Fußball spielen oder hast irgendwelche Dummheiten angestellt.«
Ich schluckte.
»Dir ist alles zuzutrauen. Du bist dumm, du bist faul, du kommst zu spät, und du schwänzt den Unterricht.«
Ich schluckte und schwieg. Mit dem Zuspätkommen und Schwänzen hatte er recht. War mir langweilig, sagte ich, ich müsse Pipi, und verschwand. Nach Schulschluss kam ich zurück und ließ mir von Domenico meinen Tornister bringen. Ich war zehn und wollte

nicht den ganzen Tag über Büchern hocken, Grammatik lernen und wie der Blutkreislauf der Stubenfliege funktionierte. Wozu war das gut? Wozu waren Stubenfliegen überhaupt gut, sie produzierten nichts, man konnte sie nicht essen, sie nützten zu nichts, sie störten nur. Lieber wollte ich Fußball spielen und durch die Gegend streifen oder mit anderen Jungen den Lastwagen abpassen, wenn er die Straße vom Meer heraufkroch und Zementsäcke brachte. In einer steilen Kurve sprangen wir auf und fuhren mit zur Baustelle, fünfhundert Lire verdiente man immer beim Abladen, manchmal achthundert. Nur den Mathematik-Unterricht schwänzte ich nicht. Die Aufgaben löste ich im Handumdrehen. Professore Dalli rief mich auf und ließ mich vor der ganzen Klasse vorrechnen – ich nahm die Kreide und schrieb die Zahlen an die Tafel; manchmal sah es aus, als ärgere ihn das.

Nun knallte er mein Heft auf sein Pult, weil ich den Aufsatz in Italienisch nicht geschrieben hatte. Langsam erhob er sich, strich sich über die Stirn, die hohen Geheimratsecken. Ein Lächeln zog über seine Lippen, dünn wie ein Fliegenbein. Elisa, Mariangela und Serafina verstummten. Mir wurde kalt. Es war still im Klassenzimmer, für einen Moment hörte man nicht einmal mehr die Stimmen auf der Gasse, die Hufe der Maultiere auf dem Pflaster, ihre Schreie.

Professore Dalli griff nach seinem Stock.

Seine Sohlen klangen dumpf auf dem steinernen Boden, als er die Reihe zwischen den Tischen entlangschritt. Ich schluckte wieder und spürte einen Sog in meinem Bauch, wie eine Stromschnelle, die alles mit sich zog. Ich ballte die Fäuste.

Vor meinem Pult blieb der Professore stehen. Die Sonne schien herein, und sein hochgewachsener Körper warf einen langen Schatten. Ich konnte seinen Atem riechen, sauer wie alte Milch, seinen Schweiß. Oder war es meiner? Er sah mich an, musterte mich wie ein lästiges Insekt, ohne ein Wort zu sagen. Ich sah nur dieses Lächeln und den Stock, der locker in seinen Händen lag, schmal, aus dem hellen, harten Holz des Maulbeerbaums, an beiden Enden blank gerieben.

Ich schluckte wieder und streckte die Schultern.

Er nickte.

Zögernd streckte ich die Hände aus.

Er nickte noch einmal.

Ich öffnete die Fäuste.

Mit einem Ruck holte er aus und schlug in meine offenen Handflächen. Ich fuhr zurück, Tränen stiegen mir in die Augen, ich hielt die Luft an, biss mir auf die Lippe und begann stumm zu zählen – eins, zwei, drei, vier, fünf ...

Bei zehn hielt der Professore inne. Sein Lächeln war verschwunden. Plötzlich sah er aus, als sei er in sich zusammengefallen, er glich einem Ball, aus dem jemand die Luft herausgelassen hatte. Wortlos wandte er sich ab und ging zu seinem Lehrerpult. Bebend vor Wut und Scham sah ich ihm nach, starrte auf seinen Rücken, die eckigen Schultern.

*Er* war ein *asino*. Und ein Mistkerl.

In der zweiten Klasse war Professore Leoncini unser Lehrer gewesen. Auch er war streng, doch er spornte mich an.

»Schau, Luigi ...«, sagte er und hob die rechte Braue, wie ein Dreieck schwebte sie über seinem Auge, während die linke ein gerader Strich war, als gehörten die beiden nicht zusammen. »Du bist ein schlauer Bursche, und du solltest zeigen, was in dir steckt. Frag, wenn du etwas nicht verstehst, oder komm mit deinen Aufgaben zu mir nach Hause. Nur eines lasse ich nicht durchgehen ...« Er sah mich an, und es war, als dränge sein Blick in jeden Winkel. »Eines lasse ich dir nicht durchgehen, und das ist Faulheit.«

Danach schwänzte ich nicht mehr und machte jeden Tag meine Hausaufgaben. In der dritten Klasse zogen wir um; es gab im Dorf kein Schulhaus, nur einzelne Räume, die die Kommune angemietet hatte, oft hatten sie nicht einmal eine Heizung, sodass Mamma mir im Winter eine Kohlenpfanne mitgab. Und wir bekamen einen neuen Lehrer – Professore Dalli. Am Ende des Schuljahrs blieb ich sitzen und war nun bereits das zweite Jahr in seiner Klasse.

»Brunetti, habe ich gesagt, du sollst dich setzen?«
Ich erhob mich.

Er streckte die Schultern und legte den Stock vor sich aufs Pult. Er betrachtete ihn, seltsam sanftmütig, wie einen Freund, den er lange nicht gesehen hatte. Dann sah er mich an. Und wartete.

Ich stand da und wartete ebenfalls, mit brennenden Händen.

Nach einer Weile räusperte sich Professore Dalli. »Brunetti«, sagte er und schüttelte den Kopf, »aus dir wird nie etwas.« Er sagte es mit einer Bestimmtheit, die frei war von jedem Zweifel.

Ein paar Tage später fand im Rathaus eine Gemeindeversammlung statt. Papà, der für die Kommunisten im Gemeinderat saß, zog seine schwarze Hose an, die Weste, das weiße Hemd, er rollte eine Zigarette und steckte sie zwischen die Lippen, dann machte er sich auf den Weg. Kaum war er um die Ecke gebogen, lief ich zum Dorf hinaus, an blühenden Kirschbäumen und

Ginsterbüschen vorbei, den Weg unter den Akazien entlang, begleitet von den Rufen der Zikaden, hinunter zur Fontana Milo und weiter zum *casella* von Zà Peppina.

»Ginùzu«, rief meine Tante, als ich in die Küche stürmte. Sie füllte gerade einen Rest Pasta e fagioli in eine Schüssel, der Duft von fettem Speck, von Knoblauch und Salbei hing noch in der Luft. »Komm herein, *ragazzo*. Hast du Hunger?«

Ich nickte. Mamma hatte Spaghetti mit wildem Fenchel zubereitet, hatte ihn in Olivenöl ziehen lassen, Sardellen dazugegeben und mit Wein abgelöscht, sie hatte unser Haus mit dem Duft von Meer und Fisch und wilder Wiese gefüllt, doch ich hatte kaum etwas heruntergebracht.

»Setz dich.« Zà Peppina schob den Topf wieder auf den Herd, spülte einen Teller ab und stellte ihn auf den Tisch. »Domenico ist mit Zù Peppe beim Schmied, bei Mastro Ciccio Madera.«

Ich nickte, als wüsste ich Bescheid, und hockte mich auf die leere Kiste.

Wenig später löffelte ich dicke Bohnen und Pasta. Ich sah zu, wie die klein gehackten Speckwürfel schmolzen, spürte die mehligen Bohnen und die Schärfe der Peperoncini auf der Zunge und lauschte den Kühen, die nebenan im Stall schmatzten und wiederkäuten. Zà Peppina schaute schweigend zu. Sie war zwei Jahre älter als Papà, hatte das gleiche schmale Gesicht wie ihr Bruder, die hohen Wangenknochen, den gleichen Stolz, doch wo er streng war, war sie klug und warmherzig, wo er zuschlug, wusste sie zu trösten.

»Was ist los, Ginùzu?«

Ich kaute auf einem Stück Speck und schüttelte den Kopf.

Als ich ging, zog sie mich an sich und fuhr mir übers Haar, wie Mamma es manchmal tat. Beinahe hätte ich geweint.

Zu Hause saß Mamma am Küchentisch und flickte unsere Socken. Papà las Zeitung. Seine Bewegungen wirkten steif und eckig, als er aufsah, den Rücken streckte und langsam den Stuhl zurückschob. Ohne ein Wort zu sagen, ohne eine Regung in seinem Gesicht, erhob er sich und öffnete die Schnalle seines Gürtels.

Ich schluckte.

Professore Dalli verkehrte in besseren Kreisen, er ging in die Bar Riccardo oben am Hügel und zu den Parteiveranstaltungen der Democrazia Cristiana – doch bei der Gemeindeversammlung war er Papà begegnet. Und der wusste nun, dass ich die Schule schwänzte.

Wie eine träge Schlange glitt der Gürtel durch die Schlaufen von Papàs Hose. In Mammas Gesicht stand ein stummes Flehen. Schweiß rann mir die Brust hinab, wieder spürte ich den Sog in meinem Bauch, dieses Wirbeln und Ziehen.

Ich drehte mich um und stürzte hinaus.

Ich rannte die Gasse hinab und zum Dorf hinaus, der Mond warf weißes Licht auf Berge und Felder, die blühenden Kirschbäume schienen zu leuchten, die Akazien rauschten, und die Zikaden zirpten, dass es in den Ohren schrillte, während ich den Hang hinunter zur Fontana Milo lief und den steilen Sandpfad hinauf zum *casella* von Zà Peppina.

Der Strumpf an seinem Hosenbund war prall gefüllt, und Mario grinste, als er ihn schüttelte.

»*Bravo*«, sagte Giovanni, sein Bruder.

»Wetten, ich hab mehr?« Ich löste den Knoten meiner

Socke, und zwanzig Walnüsse fielen aufs Pflaster, ihre trockenen Schalen klackerten über die Steine, sie rollten umher, stießen einander an und drehten sich im Kreis, bis sie irgendwo in eine Fuge rutschten und liegen blieben.

»*Bravo*«, sagte Franco und nickte mir zu.

»Wetten, ich hab mehr?« Giovanni löste den Knoten seines Strumpfs und leerte ihn auf die Gasse.

Ich ging in die Hocke und zählte. »Vierundzwanzig, Mist.«

Eine Bremse schwirrte um meinen Kopf, und drüben an der Piazza del Popolo trat Signorina Franceschina aus der Apotheke, sie trug eine Bluse und einen bauschigen Rock, ihre Locken wippten, als sie den Platz überquerte. Sie lachte, als sie bemerkte, dass ich zu ihr hinübersah, ihre Zähne blitzten in der Sonne. Massimo Minotti, der jüngere Bruder von Maria, stieß meinen Cousin Tommaso an, den Sohn von Zà Dina, Mammas jüngster Schwester, und die beiden schlugen die Augen zum Himmel, doch Signorina Franceschina ging vorüber, ohne sie zu beachten, und verschwand im Laden des Tuchhändlers.

»Wetten, ich hab die allermeisten?« Nun öffnete Mario seinen Strumpf. Er war ein guter Werfer und gewann oft, wenn wir Noci spielten.

Giovanni bückte sich, zählte. »Dreiunddreißig.« Er zog die Nase hoch.

Mario stieß Aldo und Carlo an. »Los, ihr auch.«

Nacheinander reihten wir unsere Nüsse im Staub auf, stapelten dann auf die erste Reihe eine zweite. Franco lehnte an der Hauswand und sah zu. Seit Felice Caruso zwei meiner Rabennester ausgehoben und ich ihn verprügelt hatte, so gründlich, dass der Dottore Anzeige bei den Carabinieri erstattete und ich mit Mamma nach Cariati aufs Gericht musste, sorgte sie dafür, dass sich mein Bruder wie ein Schatten an meine Fersen heftete; dabei hatte der Richter mich am Ende freigesprochen, denn Felices Eltern hatten um Milde gebeten, nachdem Mamma ihnen drei Säcke Weizen hatte zukommen lassen, heimlich, ohne dass Papà davon wusste. Doch es störte mich nicht, wenn Franco dabei war, wir hielten zusammen.

»Wir zählen ab«, sagte Mario. »Wer gewinnt, fängt an.«

Ich erhob mich, wischte Staub von meinen Knien und nickte, obwohl ich gern begonnen hätte, denn der Erste konnte die meisten Nüsse einheimsen. Eine Katze sprang aus Signora Mariottis Küchenfenster, und drüben in der Via Chiesa trat Zù Saveru mit seiner Gitarre aus der Tür, einen Augenblick stand er im weißen Nachmittagslicht und blinzelte, dann lief er zu dem Bänkchen an der Hauswand. Das spitze Geräusch seines Stocks hallte durch die Gasse.

Wir zählten ab, und Aldo fing an. Mit großen Schritten maß er den Abstand und stellte sich in Positur. Er fixierte die aufgereihten Walnüsse, spuckte auf die Nuss in seiner Hand, damit sie ihm Glück brachte, und ließ seinen Arm schwingen, vor, zurück, vor, als müsste er sich warm machen. Wir standen daneben und warteten. Eine Elster hüpfte übers Pflaster, aus der Via Chiesa klang *Calabrisella mia* herüber, ein kalabresisches Volkslied, und auf der Piazza klappte der fahrende Händler, der dreimal die Woche mit einer dreirädrigen Ape ins Dorf kam, die Planen an den Seiten der Ladefläche hoch und breitete seine Kolonialwaren aus, Besen, Töpfe, Schuhe, Körbe.

»*Andiamo!*«, rief Giovanni. »Wirf endlich.«

Aldo beugte sich vor wie beim Boccia. Er war kleiner als ich und ein schneller Läufer, aber kein guter Werfer – seine Nuss landete mit einem trockenen Geräusch im Staub, nur zwei der aufgereihten Walnüsse fielen um. Er sammelte sie auf und steckte sie in seinen Strumpf.

Nun war ich an der Reihe. Mit großen Schritten maß ich den Abstand – da tauchte ein Auto zwischen den Häusern der Via Concordia auf. Der Fahrer nahm die Kurve mit großem Tempo und preschte an der Apotheke vorbei, aus der eben Signora Bianchi trat.

»*Madonna!*« Sie schlug ein Kreuz.

Der Fahrer hupte und bog in die Via Chiesa.

Mario stieß einen leisen Pfiff aus. »Eine Alfa Romeo Giulietta Sprint.«

»Die hat 90 PS.« Carlo schnappte nach Luft. »Und oben liegende Nockenwellen – habt ihr eine Ahnung, wie schnell so ein Auto ist?«

Der Wagen hielt vor Zù Saverus Haus. Der Fahrer ließ den Motor aufheulen, dann kurbelte er das Fenster herunter, lehnte sich hinaus und rief etwas. Zù Saveru ließ die Gitarre sinken und schüttelte den Kopf. Der Mann schaltete in den Leerlauf, und der Motor der Giulietta begann wie eine träge Katze zu schnurren. Er öffnete die Fahrertür, schwang ein Bein heraus, zog das andere nach und glitt aus seinem Auto, leicht und elegant. Er wippte ein paarmal auf und ab, streckte sich, ging um die Giulietta herum, öffnete die Beifahrertür und nahm ein Sakko vom Sitz. Er trug eine helle Hose, und sein Hemd war so weiß, dass es beinahe blendete. Er prüfte den Knoten seiner Krawatte und kämmte sein Haar, es schimmerte von Brillantine. Er warf einen prüfenden Blick in den Seitenspiegel und schlüpfte in sein Sakko.

Er sah aus wie ein feiner Signore.

Mit federnden Schritten ging er auf die Bank zu, auf der Zù Saveru saß und noch immer den Kopf schüttelte.

Mario murmelte ein *Mamma mia*.

Carlo stand der Mund offen.

Giovannis Augen funkelten wie die Kristallvitrine, in der Mamma das gute Geschirr aufbewahrte.

»Warum trägt er eine Krawatte?«, fragte ich.

In diesem Moment bog Signora Bianchi in die Via Chiesa, sie trug einen Korb voller samtgelber Aprikosen. Der feine Signore sah auf. Er tat, als zöge er einen Hut und deutete eine Verbeugung an.

»*Madonna!*« Wie vom Donner gerührt ließ Signora Bianchi ihren Korb sinken, ein paar Aprikosen kullerten heraus und rollten übers Pflaster. Sofort stürzten sich Spatzen darauf. »*Madre di Dio* – Antonio Pirillo!«

Antonio Pirillo?

Franco stieß sich von der Hauswand ab und trat einen Schritt näher.

»Der ist doch nach Rom gegangen«, sagte Aldo.

»Ja«, sagte Mario. »Und dann in die Schweiz. Oder nach Frankreich.«

»Nach England«, sagte sein Bruder Giovanni.

»Aber das Auto hat eine deutsche Zulassung«, sagte Carlo und deutete auf das Nummernschild, das in einem silbernen Rahmen unterhalb der Stoßstange befestigt war.

Die Luft stand still. Irgendwo brüllte ein Baby, und die Glocke von *La Madre dei Santi Pietro e Paolo* schlug einmal hell und viermal tief. Der Geruch von Knoblauch und gekochten Tomaten stieg mir in die Nase, und auf Marios Stirn landete eine Fliege, doch er schien sie nicht zu bemerken.

»Papà sagt, er arbeitet in einem *ristorante*.«

Sein Bruder nickte. »Er ist Koch.«
»Koch?« Ich kratzte an einem Mückenstich auf meinem Arm.
»Er kocht Essen.«
»Bei uns kocht Mamma.« Ich sah zu Franco hinüber. »Wozu braucht jemand einen Koch?«
»Ein Koch kocht in einem Restaurant.«
»Du Schlaukopf!« Ein kirschroter Tropfen quoll aus dem Stich.
Mario gab mir einen Stoß.
Ich rempelte zurück.
»Stimmt doch!« Ich leckte das Blut ab und spuckte aus. Im Dorf gab es kein Restaurant.
»In Cariati gibt es ein Restaurant«, sagte Mario. »Du gehst hin, setzt dich an einen Tisch, und ein Kellner bringt dir was zu essen und zu trinken.«
»Ich weiß, was ein Restaurant ist.« Ich boxte ihn in die Rippen. »Denkst du, ich bin ein *idiote di Campana*?« Über die Leute aus Campana, einem Dorf weiter oben in den Bergen, rissen wir Witze: Kamen zum Beispiel ein paar Männer aus Campana herunter nach Mandatoriccio, weil sie einen Balken für ihren Pflug brauchten. Doch sie hatten ihre Axt vergessen. Was machten sie? Sie suchten einen gut gewachsenen Ast, und einer nach dem anderen hängte sich daran, in der Hoffnung, dass er unter ihrem Gewicht brach. Als alle hingen, sagte der Erste: »Mist, ich hab vergessen, mir in die Hände zu spucken ...« Oder: Ein paar Männer aus Campana suchten Schnecken. Einer fand ein Portemonnaie, randvoll mit Lire. Er sagte: »He, ich hab ein Portemonnaie gefunden.« Sagten die anderen: »Wirf es weg, wir suchen Schnecken.«

Drüben verscheuchte Signora Bianchi die Spatzen

und sammelte ihre Aprikosen auf. Antonio Pirillo ging zu seiner Giulietta, und der Blick der Signora folgte jeder seiner Bewegungen, als er durch das offene Fenster griff und eine Plastiktüte vom Beifahrersitz nahm. Er streichelte die Felgen, die in der Sonne glänzten, den strahlenden Kühlergrill, die vielen Chromleisten, die leicht gewölbte Motorhaube und die spitzen Heckflossen, die schimmerten wie eine Torte unter einer dicken Schicht Zuckerguss.

»Koch«, sagte ich, »das ist doch kein Beruf.«

»Doch«, sagte Mario.

»Bauer ist ein Beruf.« Ich drückte mich an die Hauswand, die einen schmalen Streifen Schatten warf. »Und Bauarbeiter ist ein Beruf.« Alle Jungen im Dorf wurden Bauer oder Bauarbeiter, wie ihre Väter und Großväter, ihre Urgroßväter. Oder sie gingen in den Norden oder ins Ausland und arbeiteten in Fabriken wie Giuseppe von den Morellis oder der älteste Sohn von den Minottis, und wenn sie Weihnachten ins Dorf zurückkamen, brachten sie Geschenke mit und Schokolade für die ganze Familie.

»Zù Saveru hat Verbindungen, er kennt wichtige Leute.« Mario bückte sich. »In Rom, an der Hotelfachschule.« Er hob eine Nuss auf und ließ sie über seine offene Handfläche rollen. »Papà sagt, er hat dafür gesorgt, dass Pirillo aufgenommen wurde.«

Drüben auf der Piazza breitete der Händler seine Körbe vor Signora Perfetti aus. Er redete und gestikulierte, die Signora runzelte die Stirn, prüfte hier, prüfte da. Ich schüttelte den Kopf und bohrte die Zehen in den Staub. Ein paar Nüsse rollten beiseite.

»He …«, rief Aldo.

»Sei still.« Ich bückte mich und sammelte meine Nüsse ein. Irgendwie hatte ich die Lust am Spiel verloren.

Mario wischte sich die Stirn, und Giovanni griff nach seinem Strumpf. Ich band einen Knoten in meine Socke, befestigte sie am Hosenbund und ging ein paar Schritte, sodass ich hören konnte, was Zù Saveru und Antonio Pirillo redeten. Pirillo hatte sich wieder auf das Bänkchen gesetzt, gerade legte er eine Hand auf Zù Saverus Schulter, in der anderen hielt er eine Stange Zigaretten. Keine billigen Nazionali, sondern amerikanische Marlboros.

»*No, no.*« Zù Saveru stieß ein kurzes Schnalzen aus und schüttelte den Kopf.

»*Sì, sì*«, sagte Pirillo.

Der alte Mann hustete. Er legte die Gitarre hin und schob Pirillos Hand beiseite. Auf seinen schmalen Lippen lag ein Lächeln. Er saß aufrecht, er hielt sich immer sehr gerade, und sein Schnurrbart war sauber gestutzt und der Kragen seines Hemdes trotz der Hitze zugeknöpft. Ich mochte Zù Saveru. Manchmal, wenn ein paar Frauen gebacken und ihm frisches Brot gebracht hatten, rief er mich zu sich, wenn ich vorbeilief: »Wie soll ich allein vier Brote essen? Nimm du eines mit, Ginùzu.«

Er war arm, und er war stolz.

»*Sì, sì*«, rief Antonio Pirillo und legte die Zigaretten wieder in Zù Saverus Schoß. »Ich habe dir viel zu verdanken.« Er sprach nicht im Dialekt des Dorfes, sondern Italienisch, und unter der Manschette seines rechten Ärmels blitzte eine Armbanduhr hervor.

Wieder schüttelte Zù Saveru den Kopf. »Das hab ich gern getan.«

Ein Hund schnüffelte an meinem Bein, ich bückte mich und kraulte ihn zwischen den Ohren. Signora Bianchi schlug stumm ein Kreuz, irgendwo krähte ein Hahn. Zum ersten Mal seit dem Morgengrauen strich ein Wind durch die Gassen, sacht wie ein scheues Tier. Signorina Franceschina kam die Gasse herauf, ein Päckchen blau-weiß getupftes Tuch in den Händen, sie grüßte Zù Saveru und Signora Bianchi, und wieder sprang Pirillo auf und tat, als zöge er einen Hut, und deutete eine Verbeugung an. Die Signorina lächelte kurz und verschwand im Haus der Mariottis.

Am Abend hockten Franco und ich auf der Piazzetta gegenüber unserem Haus. Tauben gurrten, und aus der Bar drang dumpf eine Stimme aus dem Fernsehapparat, sie berichtete vom ersten Spieltag der neuen Saison: Inter Mailand spielte gegen Atalanta Bergamo, es waren bereits drei Tore gefallen.

»Wir kaufen am Tresen eine Zitronenlimonade und teilen sie«, drängte ich. »Wir trinken ganz langsam, so können wir zumindest eine Halbzeit sehen.«

Franco schüttelte den Kopf.

»Verdammt, es fehlen doch nur zehn Lire.« Ich wusste, dass ich nicht mehr Geld besaß, trotzdem grub ich meine Taschen um.

Drinnen schwoll die Stimme aus dem Fernsehapparat an, die Männer feuerten Inter an, alle riefen durcheinander, lauter und lauter, sie schrien, wahrscheinlich stürmte Mazzola gerade aufs gegnerische Tor zu – ich hielt die Luft an. Im nächsten Moment ging ein langgezogenes »Ahhhh ...« durch die Bar, und die Aufregung in meinem Bauch fiel in sich zusammen wie ein Hefeteig, den Mamma bei zu hoher Temperatur hatte gehen lassen. Franco zuckte mit den Schultern.

»Verdammt ...« Ich stampfte mit dem Fuß auf.

Wer nichts trank, den ließ der Wirt nicht hinein. »Was wollt ihr, wärmt ihr meine Stühle auf?«, rief er, wenn er uns ohne Getränk an einem seiner Tische entdeckte.

»Raus mit euch! Ich muss auch sehen, wie ich zurechtkomme.«

»Wir könnten zu Zù Luigi gehen«, schlug Franco vor. Mammas ältester Bruder hatte Nonnos Pfeifenfabrik übernommen. Einige meiner Onkel suchten in den Wäldern Bruyère-Holz, meine Tanten kochten und trockneten es, er selbst verkaufte seine Pfeifen inzwischen in ganz Italien. Ging er auf Reisen, trug er stets feine Anzüge, er hatte ein Auto gekauft und besaß einen Fernsehapparat. Doch ich ging nicht gern zu ihm, er trug die Nase so hoch.

Ich schüttelte den Kopf und biss mir auf die Lippe.

Aus einem Fenster über unseren Köpfen sang Domenico Modugno *Volare ho ho, cantare ho ho hoho, nel blu dipinto di blu* ... Ich lehnte mich an die warme Hauswand. In der Glastür des *alimentari* sah ich mein Spiegelbild – ein schlaksiger Junge, beinahe elf Jahre alt, das Haar wild vom Kopf abstehend, mit glühenden Wangen, geflickten Hosen und leeren Taschen.

So hatte Antonio Pirillo auch einmal ausgesehen.

Mamma bügelte in der Küche, und das Radio spielte, unten im Stall stellte Cicciu die Ohren auf. Heu hing aus seinem Maul, und sein Kiefer malmte, er schüttelte den Kopf und schürzte die Lippen, dass es aussah, als lachte er, dabei schlug er mit der Schwanzquaste nach den Fliegen, die uns in Myriaden umschwirrten.

»Los, beweg dich ...« Ich gab ihm einen Klaps.

Der Esel rührte sich nicht.

»*Andiamo!*« Ich lehnte mich gegen ihn, um ihn beiseitezuschieben; sein Fell kitzelte meine nackte Brust. »Mach schon ...«

Cicciu stand reglos da und kaute.

»*Asino.*« Ich rollte mit den Augen und dachte an Professore Dalli. In der vierten Klasse hatten wir einen neuen Lehrer bekommen, auch er war überzeugt, dass ich es nie zu etwas bringen würde.
»Faules Miststück!«
Cicciu bleckte die Zähne und warf den Kopf zurück. Er schüttelte seine langen Ohren und stieß auf.
Dann fraß er weiter.
»Dann eben nicht.« Mit der Forke fuhr ich zwischen seinen Beinen hindurch, kratzte feuchtes Stroh vom Boden, stieß in Ecken und Ritzen, löste verklebte Halme und kehrte sie zu einem Haufen zusammen. Die Luft war klamm, und der scharfe Mistgeruch juckte in der Nase.
Cicciu sah zu.
Als ich fertig war, trat er beiseite.
Schweiß strömte mir über Brust und Rücken, über Stirn und Wangen, Arme und Beine. Seit Wochen herrschte eine Gluthitze, sogar im Keller war es heiß und stickig, kein Windzug drang durch die offene Tür. Ich bückte mich und schaufelte den Mist in Säcke. An einem Nagel an der Wand hingen Stricke, ich band die Säcke zu und reihte sie entlang der Wand auf, dann verteilte ich frisches Stroh über den Zementboden. Sonntags nach der Messe, hatte Papà erklärt, musste ich den Stall sauber machen und den Mist in die Weinberge bringen.
Draußen rief eine Stimme – war es Toni, war es Aldo? –: »Wer kommt mit Fußball spielen? Inter gegen Juventus!«
Ich wischte mir übers Gesicht und begann, den Schweinekoben zu säubern.
Cicciu blinzelte, als ich die vollen Säcke auf seinem Rücken festzurrte. Er hob den Schwanz, und ein kräftiger Strahl ergoss sich auf den Boden.

»Dummes Vieh.« Mit einem Büschel Stroh wischte ich mich ab; es roch nach Sommer, und der Staub kitzelte in der Nase. Eigentlich mochte ich Cicciu, er war gutmütig und ausdauernd, doch manchmal schien es, als wollte er mich ärgern.

»Ginùzu?« Mamma stieg die schmale Treppe herab, mit einer Hand tastete sie an der Wand entlang, in der anderen hielt sie einen Korb. Sie hatte ihre Kirchenkleider gegen Rock und Schürze getauscht, doch gab sie acht, sich nicht schmutzig zu machen. Ich zupfte an dem Tuch, das über dem Korb lag.

»Mhh, gegrillte *melanzane*.« Die Auberginen dufteten nach Basilikum, Rosmarin und Knoblauch, nach fruchtigem Olivenöl und leicht säuerlichem Balsamessig. Mamma hatte sie gegrillt und Friselle dazugelegt, kleine hart gebackene Brote, wie die Schäfer sie mitnahmen, wenn sie ihre Herden in die Berge führten. Ich schnappte eine Auberginen-Scheibe; sie war zart und hatte trotzdem Biss.

»Dein Vater ist schon vorausgegangen.« Mamma strich mir übers nasse Haar, dann gab sie mir einen Kuss.

Auf der Gasse blendete die Sonne, die Wände der Häuser schienen zu glühen. Ein Hund drückte sich hechelnd in einen Hauseingang, seine lange Zunge hing ihm aus dem Maul. Überall waren die Fensterläden geschlossen.

Das ganze Dorf duckte sich unter der Hitze.

Ich zog die Krempe meines Strohhuts tiefer ins Gesicht und trieb den Esel an. Gegenüber, in der Bar an der Piazzetta, stand der Vater von Cardìllu am Tresen, er rauchte und bezahlte dem alten Signor Parotta einen *caffè*. Der *alimentari* war geschlossen, ebenso das Büro, in dem Don Arturo seit einer Weile Arbeitsstellen im Ausland vermittelte. Signor Arena saß, die Pfeife im Mundwinkel, mit Zù Peppe und ein paar Nachbarn vor seinem Laden und spielte Karten.

»Wo ist Domenico?«, fragte ich.

»Bei seiner Nonna«, antwortete mein Onkel und zog eine Karte aus seinem Blatt.

Weiter unten in der Gasse schälte Signora Scalise, die Schneiderin, im Dunkel der Werkstatt ihres Mannes eine Orange, und in der Via Umberto I spielte die Tochter von Signora Angelina mit einem Katzenjungen. Auf dem Corso Vittorio Emanuele schossen Toni, Carlo, Salvatore und Cataldo, der Bruder von Aldo, mit einem Ball aus zusammengeschnürten Socken Elfmeter, und vor dem Kino wartete Maria Minotti auf ihren Verlobten. Ein alter Fiat 618 kroch den Hang hinauf, sein Motor hustete, seine hohe Kühlerhaube und die geschwungenen Kotflügel glänzten wie Pech – die Fußballmannschaft von Mandatoriccio drängte sich im Postauto, es fuhr sie zum Auswärtsspiel nach Pietrapaola. Domenico Spataro, der Torwart, den alle den »Wolf der Sila« nannten, weil er wie ein Wolf nach jedem Ball sprang, streckte den Kopf aus dem Fenster: »*Forza!*«

»*Buona fortuna* – viel Glück!«, rief ich zurück und bog in die Via Nazionale, die zum Dorf hinausführte.

Lief man vom Meer kommend die Straße hinauf nach Mandatoriccio, vorbei an Olivenplantagen, Kornfeldern und Weiden, lag das Dorf friedlich in einer Senke; nur im Winter versank es im Nebel, und an stürmischen Tagen schienen sich die Häuser an die Felsen zu krallen, um nicht fortgeweht zu werden. Verließ man es Richtung Norden und folgte einem Weg, der zwischen Steineichen und Feigenkakteen entlangführte, weiter bergauf, gelangte man nach etwa zehn Kilometern in die Weinberge. Hier war die Landschaft rauer, schroffe Felsen und zerklüftete Täler, doch für die Reben war es der beste Boden in der Gegend.

Der Esel lief sicher über den unebenen Pfad, zwischen Brombeergestrüpp und Macchia hindurch. Es war still, nur das Summen der Bienen und Hummeln erfüllte die Luft, das Sirren der Grillen und Heuschrecken, der zarte Flügelschlag der Spatzen. Die Sonne brannte, und die Erde unter meinen Füßen war hart und rissig. Meine Schläfen pochten, und ich atmete flach, sogar zum Atmen war es zu heiß. Mit dem Strohhut fächelte ich mir Luft zu. Mein Haar schien zu glühen.

Nach einer Stunde erreichte ich unser *casella*. Papà saß im Schatten eines Lorbeerbaums, den Rücken an einen blechernen Wassertank gelehnt, und rauchte. Er schob seinen Hut zurück, rieb einen Tabakkrümel aus seinem Mundwinkel und streckte die Beine aus; die Sohlen seiner Füße waren von Rissen zerfurcht wie ein ausgedörrtes Flussbett. Ich band den Esel an den Maulbeerbaum, löste die Stricke und lud die Mistsäcke ab, auch sie schienen zu glühen, und ein beißender Geruch schlug mir entgegen.

Drinnen im *casella* dauerte es einen Augenblick, bis sich meine Augen an die Dunkelheit gewöhnten. Ich lehnte mich an die kühle Wand, spürte den blätternden Putz unter meinen Händen, meinen schnellen Atem, den Puls, kurze, harte Schläge. Gegenüber in einer Ecke des kleinen Raumes stand ein mannshohes Becken. Während der Weinlese sammelten wir Trauben darin, und Franco, Domenico und ich zertraten sie zu Maische, danach hatten wir tagelang rote Füße; anschließend brachte ich den Most mit dem Esel ins Dorf, oft liefen wir dreimal am Tag hinunter und wieder hinauf. Auf der anderen Seite standen Hacken, Spaten, ein Tisch. Ich nahm ein kleines Holzfass und zog den Korken heraus – der erste Schluck Wasser tat beinahe weh, so trocken war meine Kehle. Draußen wetzte Papà seine Schere.

»Hast du dich schlafen gelegt?«

»*No, no* ...« Ich schnalzte leise, spritzte Wasser über mein Gesicht und trank noch einen Schluck. Während der Weinlese half die ganze Familie, Tanten, Onkel, Alte, Kinder, und mittags nach dem Essen schliefen wir im *casella* oder unter einem Baum, doch im Moment war es sogar in der Nacht zu heiß, um auszuruhen.

Ich trat wieder hinaus in die grelle Sonne. Ein Spatz badete im Staub und eine Eidechse huschte vorbei. Papà deutete mit dem Kinn auf die Mistsäcke. »Das kannst du später machen, erst hilf mir beim Laubschnitt.« Hinter ihm glitt ein Mäusebussard durch die Luft, mit ausgebreiteten Schwingen ließ er sich von der Thermik tragen, bis er hinter einem Felsvorsprung verschwand. Die Sicht war klar, alle Konturen schienen gestochen scharf. Am Horizont sah ich das Meer, die Schaumkronen auf den Wellen.

Wir stiegen eine Trockenmauer hinunter; die Weinberge waren in Terrassen angelegt, damit der Regen im Winter den Boden nicht wegspülte. Ab und zu brach eine Scholle unter unseren Schritten, die Sonne hatte den Boden gebacken, und die scharfen Kanten der Lehmklumpen stachen unter meinen Fußsohlen. Papà trat auf eine Distel; er bemerkte es nicht. Die Reben standen in langen Spalieren, hochgewachsen und voller grüner Trauben, die Blätter dicht, sodass ich kaum hindurchsehen konnte.

Am Anfang einer Reihe mit Gaglioppo-Trauben blieb Papà stehen. Er fuhr mit den Händen durchs Laub, befühlte die Trauben, die prall waren, ihre endgültige Größe aber noch nicht erreicht hatten. Schließlich nickte er und zückte seine Schere. Rebe um Rebe entfernte er die Spitzen der Zweige, die die Trauben verdeckten, ihnen Licht und Luft nahmen. Eine Reihe weiter tat ich das Gleiche, doch beschnitt ich nur Zweige, bei denen leicht zu erkennen war, wo ich ansetzen musste; Reben zu beschneiden war eine Kunst, die viel Erfahrung brauchte.

»In zwei Wochen gibt's Zeugnisse«, sagte Papà nach einer Weile.

Ich nickte und lauschte dem Rhythmus, in dem die Blätter zu Boden fielen – ich mochte das Geräusch und den frischen grünen Geruch, der von Wachstum und nahender Ernte erzählte.

»Sie ändern auch das Gesetz. In Zukunft müssen alle Kinder acht Jahre zur Schule gehen.«

»Will ich nicht.« Wie von selbst rutschten die Wörter aus meinem Mund.

Papà sah auf. Er blinzelte und runzelte die Stirn.

»Aus meinem Sohn soll mal was werden.« Er nahm seine Mütze ab und strich sein Haar zurück. »Nimm dir ein Beispiel an deinem Bruder.«

Ich biss mir auf die Lippe. Franco hatte bessere Noten, er war folgsamer, doch auch er war kein Bücherfresser, kein Streber.

Papà spuckte aus und griff nach einem weiteren Trieb. »Mein Sohn soll mal ein Studierter werden. Einer, der es zu was bringt im Leben.«

»Aber ...« Ich beugte mich vor.

Papà hielt inne. »Aber?«

Ich richtete mich auf und streckte die Schultern. Ich war elf, fast zwölf – ich war alt genug, mir eine Arbeit zu suchen. Ich war dünn wie ein Grissini, aber zäh und kräftig. Vor einer Weile hatte ich mit Mario vor der Bar auf der Piazzetta gehockt, als Natale, Vito und Filippo dazukamen.

»Franceschina steht auf mich«, prahlte Natale.

»*Idiote*«, gab Vito zurück. »Die doch nicht.«

»Sie schreibt mir Briefchen.« Natale küsste die Spitzen seiner Zeigefinger und schlug die Augen zum Himmel.

»Du lügst.« Filippo zog an seiner Zigarette. Er war dreizehn, ihm wuchs bereits ein Bart. »Franceschina schreibt *mir* Briefe.«

»Du lügst!« Blitzschnell sprang Natale auf. Er war elf, aber größer als Filippo, und baute sich breitbeinig vor ihm auf, wie der Held in dem Westernfilm, den wir neulich in der Bar im Fernsehen angesehen hatten.

»Hörst du?« Mario, der neben mir stand und ein Stück Schorf von seinem Arm pulte, stieß mich an. »Natale ist der Weiberheld von Mandatoriccio.«

»Mir doch egal«, gab ich zurück.

Natale fuhr herum, ein rasches Kopfzucken, ein Funkeln in den Augen.

»Du gibst bloß an.« Mario warf ihm einen verächtlichen Blick zu. »Dir würde doch nicht mal Emma Briefe schreiben.« Emma, die Tochter des Metzgers, war das hässlichste Mädchen im Dorf, sie hatte Schatten unter den Augen und sah aus wie eine Eule, außerdem war sie flach wie ein Brett.

Natale starrte Mario an, als wollte er ihn erwürgen.

»Lass ihn in Ruhe«, sagte ich.

»Halt dich raus, Luigi«, zischte Natale.

Ich schob mich vor Mario.

Natale baute sich vor mir auf, rieb sich die Hände.

Ich streckte die Schultern.

Langsam ließ er seinen Blick an mir herunterwandern, und ein gemeines Lächeln zog über sein Gesicht.

»Wie steht's denn mit dir? Schon mal von 'nem Mädchen 'nen Brief gekriegt?«

Wut ballte sich in meinem Bauch, rot und heiß. »Hau ab.«

Eine Weile starrten wir uns an. Keiner sagte etwas. Die Glocken von *La Madre dei Santi Pietro e Paolo* schlugen acht Uhr.

Dann schaute Natale zur Seite.

Ich lächelte. Grub die Hände in die Taschen und zog die Nase hoch. »Hau ab, *stronzo*, und lass uns in Ruhe.«

Natale spuckte aus, wandte sich um und sagte im Fortgehen: »Mario, sag deinem Freund, ich trete ihn in den Hintern, wenn ich ihn das nächste Mal sehe.«

Da stürzte ich los.

Natale rannte über die Piazzetta und versteckte sich hinter Signor Ruffo, der gerade aus der Bar trat.

»Wollt ihr wohl aufhören, euch zu streiten?«, schimpfte er.

Natale grinste, streckte mir die Zunge raus und verschwand in einer Seitengasse.

»Wenn ich dich erwische«, schrie ich, »dreh ich dir den Hals um!«

Abends, ich fütterte eben Ciccio, kam Mario angelaufen. »Natale sitzt vor der Bar Riccardo oben am Hügel.«

Ich warf dem Esel das Heu hin, und wir rannten die Gassen hinauf. Natale hockte auf einer Mauer mit Vito und zwei von dessen Brüdern, sie rauchten. Mario und ich versteckten uns in einer Nische und zündeten uns ebenfalls eine Zigarette an; seit beim Ausmisten ein Zigarettenpäckchen aus meinem Hemd gefallen war und Papà mich windelweich geprügelt und zudem gedroht hatte, mir alle Zähne auszuschlagen, sollte er mich noch einmal beim Rauchen erwischen, war ich vorsichtig.

Wir warteten, bis es dunkel wurde. Als Vito und seine Brüder nach Hause gingen, schnappte ich mir Natale. Am Ende bluteten wir beide, doch er hatte auch zwei Veilchen. Wieder ging der Dottore zu den Carabinieri, wieder musste ich mit Mamma nach Cariati zum Gericht. Diesmal brachte sie den Eltern Wein; wieder wurde das Verfahren eingestellt. »Du bringst mich noch um den Verstand«, schimpfte sie, doch ihr Ärger hielt nicht lange an. Und Natale ging mir fortan aus dem Weg. Er wusste nun, dass ich stark war und mir nichts gefallen ließ.

Eine Katze schoss zwischen den Reben hindurch und hinter einer staubbraunen Eidechse her. Ich richtete mich auf und wischte Erde von meinen Händen. »Aber ...«

Papà griff nach einem Zweig und musterte mich mit düsterem Blick. »Ja?«

Ich schlug nach einer Bremse. Sollte ich sagen, dass er und Mamma auch kaum zur Schule gegangen waren, gerade einmal so lange, dass sie lesen und schreiben konnten? Dass sie trotzdem Weinberge und Felder besaßen, ein Haus hatten und zwei Söhne?

Die Sonne blendete mich, und ich schluckte.

»Ich will Bauer werden wie du.«

Ich trat einen Schritt zurück.

»Ich will Schafe züchten – ich verkaufe nur die männlichen Lämmer, die weiblichen behalte ich, so wächst die Herde, bis sie riesengroß ist.«

Papà spuckte aus.

In der Ferne ertönte ein blechernes Knattern, und als es näher kam, erkannte ich Signor Rossano, der mit seiner rostigen Ape über die Dörfer fuhr und Alteisen sammelte.

Papà bückte sich über die Reben, seine Schere schnitt weiter durch die Zweige, jeder Schnitt ein schnelles, präzises Geräusch, er arbeitete zügig und schweigend, nur das Laub unter seinen Füßen raschelte. Zwischen den Spalieren trieb die Katze die Eidechse vor sich her, sie spielte mit ihr, dabei hatte die Echse keinen Schwanz mehr und aus ihrem Bauch quollen Eingeweide. Ich warf einen Lehmklumpen nach der Katze – sie machte einen Satz, fauchte und stellte den Schwanz auf, dann wandte sie sich um und lief durch die Spaliere davon.

Die Eidechse zuckte ein paarmal, dann blieb sie reglos liegen.

Papà richtete sich auf und streckte sich, seine Knochen knackten. »Mein Sohn wird sich nützlich machen und nicht faul zu Hause rumsitzen, *basta*!« Er nahm seinen Hut ab und wischte sich die Stirn. »Und vergiss den Mist nicht!« Dann wandte er sich um und lief, leicht vorgebeugt, zwischen den Reben hindurch zum *casella*.

Er war fort, als ich zurückkam. Der Esel döste im Schatten eines Feigenbaums, und ich setzte mich ins Gras, lehnte mich mit dem Rücken an den blechernen Wassertank. Das Licht war nun weich, in der Ferne verschwammen die Konturen der Berge, und das Meer am Horizont schien in Dunst gehüllt. Ich nahm ein Friselle und benetzte es mit Wasser, damit es aufweichte, dann belegte ich es mit den Auberginen-Scheiben, die Papà übrig gelassen hatte. Die *melanzane* waren köstlich, nicht zu weich und nicht zu fest, denn Mamma hatte sie ohne Öl gegrillt und erst später etwas Olivenöl und Balsamessig darüber geträufelt, eine Scheibe Tomate dazugelegt. Ich lehnte mich zurück, kaute und leckte Petersilie und Basilikum von meinen Lippen.

Zum Nachtisch aß ich eine Feige, löste mit der Zunge

das Fruchtfleisch aus der Schale und lutschte den Saft, süß wie Sirup, von meinen Fingern. Von einem Birnbaum pflückte ich eine reife Birne, sie schmeckte herb und frisch. Dann band ich den Esel los.

Nebeneinander liefen wir hinterm *casella* einen Pfad hinauf, der in den Wald führte. Die Bäume warfen Schatten, und die Luft wurde frischer. Im Herbst suchten wir hier Kastanien, die wir an die Schweine verfütterten oder zu Mehl mahlten, Mehl, aus dem Mamma Brot backte oder Castagnaccio, einen flachen Kuchen, den sie mit Olivenöl beträufelte und mit Honig würzte und mit Rosmarin.

Ich hob einen Zweig vom Boden auf. Ich spähte ins Dickicht, hielt Ausschau nach vertrockneten Ästen und klaubte Reisig auf. Im Dorf würde ich das Brennholz verkaufen – vergangenen Sonntag hatte ich mit einer Ladung tausend Lire verdient.

Der Himmel hatte eine beinahe unwirkliche Farbe, orangerot wie zu früh gepflückte Peperoncini, und vom Meer zogen Wolken herauf, sie türmten sich bereits über den Weizenfeldern. Das Licht im Tal unterhalb von San Morello war matt, die Luft schwül, doch kam allmählich kühler Wind auf, der die Blätter der alten Olivenbäume knistern ließ. Drüben auf dem Nachbarberg lag Mandatoriccio im Schatten; noch war die Spitze des Kirchturms zu sehen, doch auch sie würde bald in den Wolken verschwinden. Ich zog einen Hemdzipfel aus meiner Hose und wischte mir übers Gesicht. Im zweiten Stock hockten die Arbeiter auf einer zur Hälfte gemauerten Wand, einer pfiff laut und gellend.

»Nachschub!«

»*Sì, sì* ...« Ich rieb mir Staub aus den Augen und stieß

die Schaufel in den Zement, warf drei Ladungen in den Eimer, dazu sechs Ladungen Sand, ließ Wasser dazulaufen und rührte; Zement anzurühren brauchte Kraft, und wenn er klumpte, schimpften die Männer.

»Kommst du heute Abend mit ins Kino? Sie zeigen *L'ira di Achille*.« Mario stapelte eine Ladung Steine. Er trug eine Hose, die er mit einem Strick zusammengebunden hatte, und ein Hemd, dessen obere Knöpfe abgerissen waren. Sein Haar klebte feucht am Kopf, eine Locke fiel ihm in die Stirn.

»Achilles?« Der Zement war zu trocken, und ich goss Wasser nach. »Schlachten, Prügel, Helden?«

»*Sì*, jede Menge.« Mario lachte. Über seiner Oberlippe spross ein schmaler Schnurrbart. Vor Kurzem hatten wir *Il gladiatore di Roma* gesehen und einen Film, in dem Herkules Atlantis eroberte.

»Ein andermal, heute hab ich keine Zeit.« Ich ließ Wasser über meine Hände laufen. Sie waren rot und spröde. Die Haut am Handballen war gerissen, zwischen zwei Fingern wuchs eine Blase.

»*Va bene*.« Mario lud sich eine Ladung Kalksteine auf den Rücken. Ich wischte mir die Hände ab, schulterte meinen Eimer und lief zur Leiter. Sie war schmal, zusammengezurrt aus einfachen Latten, und mit dem Zementeimer auf der Schulter konnte ich den Kopf kaum bewegen, darum tastete ich nach den Sprossen und stemmte mich Stück für Stück nach oben. Der Eimer wog zwanzig Kilo, vielleicht dreißig, ich musste aufpassen, um nicht das Gleichgewicht zu verlieren. Jeder Muskel, jede Sehne in meinen Armen und Beinen war gespannt. Ich hatte Schenkel wie Sandro Mazzola.

Am Ende der fünften Klasse hatte Papà darauf bestanden, dass ich weiter zur Schule ging.

»*No, no*«, sagte ich.

Er schimpfte und warf mir vor, ich wolle mich auf die faule Haut legen. Er drohte mit Prügel. Heimlich sprach ich mit Onkel Luigi, der seine Pfeifen inzwischen auch im Ausland verkaufte und neben der Fabrik mehrere Baustellen betrieb. Er machte mir ein Angebot, denn es gab kaum noch Bauarbeiter im Dorf, die meisten waren nach Deutschland gezogen, und gemeinsam stellten wir Papà vor vollendete Tatsachen.

Seither schleppte ich Zement, Sand und Steine, ich rührte Kalk und tat, was getan werden musste, nichts war zu schwer oder schmutzig. Anfangs hatte Zù Luigi mir sechshundert Lire gegeben, inzwischen war ich dreizehn und verdiente tausendzweihundert am Tag, so viel wie die Erwachsenen. Einen Teil des Gelds behielt ich, einen Teil gab ich Mamma, und sie trug es zur Post.

Franco hatte nach der Schule in der Pfeifenfabrik ausgeholfen, seit Kurzem war er Lehrling beim Schreiner.

»Den ganzen Tag schuften, für zweihundert, dreihundert Lire.« Ich schüttelte den Kopf. »Warum tust du das?«

»Ich lerne einen Beruf.«

»Den Beruf kannst du doch in zwei Wochen lernen.«

Er zuckte mit den Schultern.

»Komm mit auf die Baustelle, da verdienst du mehr. Dann hast du Geld, kannst ins Kino gehen, in die Bar, du musst nie wieder auf der Piazzetta hocken, wenn im Fernsehen Fußball läuft. Du kannst sparen, dir was Eigenes aufbauen, dein eigenes Geschäft aufmachen – dann bist du der Chef!«

Franco sah mich mit ruhigem Blick an und zuckte mit den Schultern. »Ich werde mir etwas Eigenes aufbauen, aber erst lerne ich einen Beruf.«

Ich schüttelte den Kopf. »Ich verstehe dich nicht.«
Mein Bruder lächelte. Er hatte Mammas gerade Nase geerbt, das runde Kinn, die stillen Augen, während ich eher nach Papà kam, ein hagerer, zäher Brunetti. Franco war ruhig, ich laut. Er war brav, ich nicht zu bremsen. Wir hätten kaum unterschiedlicher sein können – doch wir mochten uns und wussten, dass wir uns aufeinander verlassen konnten.

Mit dem leeren Eimer in der Hand kletterte ich die Leiter hinunter, übersprang die letzten Sprossen und landete mit Schwung in einem Sandhaufen.

»Nachschub!«, rief ein Arbeiter von oben.

»*Sì, sì* ...«, antwortete Mario und rannte los. Er lief barfuß, seine Zehennägel waren schwarz und rissig, seine Fußsohlen dick wie Leder.

Zum hundertsten Mal an diesem Tag stieß ich die Schaufel in den Zement, warf drei Ladungen in den Eimer, sechs Ladungen Sand, ließ Wasser dazulaufen, rührte. Das Licht war fahl geworden, die Wolken türmten sich nun auch über der Baustelle. Paolo, der vor kurzem neu angefangen hatte, ließ zwei Zementsäcke von seiner Schulter gleiten und wischte sich Hals und Nacken, dabei starrte er den Himmel an, als hätte er vergessen, dass es so etwas wie Regen überhaupt gab. Der Wind rauschte in den Bäumen, und die Luft roch nach trockener Erde, nach Sand und Gras und feuchtem Zement.

In der Ferne grollte Donner.

Paolo nahm die Zementsäcke wieder auf und trug sie ins Haus; er war einen Kopf größer als ich und kräftig wie ein Bär. Ich schulterte meinen Eimer und lief zur Leiter. Wieder unten, schnappte ich mir ebenfalls einen Zementsack, auch ein paar andere Arbeiter kletterten die Leitern herunter und packten mit an.

Wir hatten gerade die letzten Säcke ins Trockene gebracht, als ein Donnerschlag durchs Tal hallte, dass es in den Ohren dröhnte.

Dann riss der Himmel auf.

Regen stürzte herab, und die umliegenden Berge, das Tal, die Felder verschwanden hinter einer Wand aus Wasser. Dicke Tropfen schlugen auf den Boden, im Nu bildeten sich Pfützen groß wie Teiche – die Erde war zu trocken, um so viel Wasser aufzunehmen. Ein Blitz zuckte, und gleißendes Licht blendete. Ich rieb mir die Augen.

»*Grazie a Dio.*« Michele schüttelte sich wie ein Hund. Er war schon älter, hatte einen kantigen Kopf und eine Lücke zwischen den Schneidezähnen, durch die er pfeifen konnte. Er verschränkte die Arme vor seiner breiten Brust und sah hinaus in den Regen. »Das war knapp.«

Paolo zog ein Päckchen Nazionali aus seiner Hemdtasche, zupfte eine Zigarette heraus und reichte es herum. Alle bedienten sich, ich auch. Wieder rollte Donner durchs Tal, es klang, als würde ein Berg gesprengt, als stürzte eine Steinlawine ins Tal, ich schauderte, und eine Gänsehaut zog mir über Arme und Beine. Der Wind rüttelte an den Bäumen, bog ihre Zweige, er zerrte und riss an den Blättern.

Rauchend und müde sahen wir dem Wüten zu.

So plötzlich wie das Gewitter begonnen hatte, endete es auch.

Unterhalb der Baustelle bog ein LKW um die Kurve. Schwerfällig kroch er die Serpentinen herauf, seine nassen Planen hingen schlaff zu beiden Seiten herab, und zwei winzige Scheibenwischer klappten hin und her. Gab der Fahrer Gas, stob eine Rußwolke aus dem Auspuffrohr.

»Los, der nimmt uns mit ins Dorf«, sagte Michele. Paolo nickte. Ich schnippte meine Zigarette in eine Pfütze, und wir liefen los.

Auf der Ladefläche hockten Männer aus Casa Beneficio, sie reichten uns die Hände und zogen uns herauf. Der Lastwagen hatte Steine geladen, Kiesel und Feldsteine, wie man sie im Sommer in ausgetrockneten Flussbetten fand. Tausend Lire gab einem der Fahrer, wenn man einen Tag lang schippte.

Hinter San Morello führten die Serpentinen bergab. Vor jeder Kurve bremste der Fahrer und hupte lang und laut – es konnte immer sein, dass Kühe, Schafe oder Ziegen auf der Straße standen. Allmählich klarte der Himmel auf, einzelne Sonnenstrahlen brachen sich in Pfützen. Im Dorf schlugen die Glocken sechs Uhr.

Auf der Höhe der Fontana Milo trafen wir Domenico und Zù Peppe. Das Gewitter hatte sie überrascht, als sie ihre Herde zur Tränke führten, jetzt trippelten die Schafe auf dürren Beinen umher und zitterten unter ihrem nassen Fell.

»*Ciao.*« Ich sprang von der Ladefläche.

»Wie geht's?«, fragte Domenico.

»*Va bene.*«

»Kommst du mit? Zà Peppina hat Sardella gemacht, mit besonders viel Peperoncini.« Er küsste seine Fingerspitzen und schlug die Augen zum Himmel.

Ich liebte die Sardellenpaste meiner Tante, doch ich schüttelte den Kopf. »Ich hab Mamma versprochen, nach Hause zu kommen.«

»Hast du was angestellt?« Zù Peppe drohte mit dem Zeigefinger.

»*No, no.*« Ich hob die Hand zum Schwur.

Er lachte, und seine Augen blitzten.

Zu Fuß lief ich die Abkürzung zum Dorf hinauf, den Weg unter den Akazien entlang, durch Pfützen und Matsch. Die Landschaft leuchtete in satten Farben, das Unwetter hatte allen Staub der vergangenen Wochen weggewaschen, und überall am Wegrand leuchtete gelb der Ginster. Die Büsche verströmten einen betörenden Duft, der sich mit dem honigsüßen Duft der Akazienblüten mischte, ich sog ihn ein, legte den Kopf in den Nacken und ließ die Tropfen, die von den Bäumen regneten, auf mein Gesicht fallen.

Im Dorf traf ich Saverio Pugliese. Er war ein paar Jahre jünger als ich, ein stiller, freundlicher Junge, sein Vater arbeitete auf einer Baustelle in Deutschland und verdiente gutes Geld, im Herbst hatten wir in seinem Haus ein Badezimmer und eine Toilette eingebaut. Saverio sah von seinen Nüssen auf.

»*Ciao*, Gino.«

»*Ciao*, Tabaccòne.« Die Puglieses wurden im Dorf Tabaccòne genannt, denn der alte Pugliese besaß eine riesige Kiste, in der er Tabakblätter trocknete.

Saverio grinste und deutete auf einen cremeweißen Opel Kapitän mit schwarzem Dach, der vor der Bar parkte. Inzwischen kurvten öfter Autos durch die engen Gassen, hinterm Steuer saßen feine Signori in Anzug und Krawatte.

»Wem gehört der?«

»Davide Donnici.«

Ich pfiff leise durch die Zähne. Donnici war vor einer Weile in die Schweiz gegangen.

»Hör zu, Kleiner, ich muss los.«

Tabaccòne nickte und sammelte seine Nüsse ein.

»*Ciao*.«

Zu Hause roch es nach rohem Schinken. Neben dem

Herd stand eine Schale mit Erbsen, klein, rund und grün wie die Wiesen nach dem Gewitter. Mamma rollte eben mit dem Nudelholz Teig für Pasta aus, und ich spürte mit einem Mal, dass ich großen Hunger hatte.

Sie wischte sich die Hände an ihrer Schürze ab und deutete auf den Tisch, auf dem eine Karaffe und zwei Gläser standen. »Setz dich, Ginùzu. Papà ist noch nicht da, und ich muss mit dir reden.«

»Ich hab nichts ausgefressen, Ehrenwort.« Ich hob die Hände und lachte. Sie zog zwei Stühle heran und schenkte uns Wasser ein. Meine Finger juckten, und ich kratzte an einer rauen Stelle über dem Ballen; es klang, als riebe ich über groben Stein.

Mamma setzte sich mir gegenüber. Sie strich über ihre Schürze und sah mir fest in die Augen. »Ich habe mit Zù Saveru gesprochen. Er sagt, er kann dafür sorgen, dass du an der Hotelfachschule in Rom aufgenommen wirst. Als ausgebildeter Koch findest du überall Arbeit.«

»Ich hab Arbeit.«

Mamma schnaubte. »Was ist das für eine Arbeit? Sie macht dich kaputt, schau nur deine Hände an.«

»Das kommt vom Kalk und vom Zement. Die anderen haben das auch.«

»Eben. Willst du dich vielleicht zugrunde richten?«

»Aber ich verdiene gutes Geld ...«

»Es ist kein gutes Geld, wenn du dafür deine Gesundheit ruinierst.« Sie griff nach meiner Hand und betrachtete die Verätzungen. Ich sah, wie ihr Tränen in die Augen stiegen und sie schluckte, und als sie weitersprach, war ihre Stimme von einer Eindringlichkeit, die ich nicht kannte.

»Du musst fort von hier, Ginùzu. Was hat dir das Dorf schon zu bieten? Hier kannst du Bauer werden oder ...«

»Aber ich wäre gern Bauer!«

»Lass mich ausreden. Du bist ein kluger und tüchtiger Junge, das hat auch Zù Saveru gesagt. Er hat dich öfter beobachtet, du hast es vielleicht gar nicht bemerkt.«

Nein, das hatte ich nicht, aber es schmeichelte mir.

»Hör zu, du musst ...«

Draußen näherten sich Schritte, und Mamma verstummte. Papà trat in die Küche, nickte, sah auf den Tisch, den Herd, runzelte die Stirn.

»Wann gibt's Essen?«

Mamma seufzte. Sie ließ meine Hand los und erhob sich.

Später am Abend, als Papà zum Schuster Ligàcciu gegangen war, liefen Mamma und ich zum Haus von Zù Saveru. Er saß im Halbdunkel seiner Küche und summte ein Lied, das ich nicht kannte, vor sich einen Kanten Brot, ein Stück buttergelben Putiro-Käse, ein Glas Rotwein. Hinter ihm an der Wand stand ein schmales Bett, ordentlich gemacht, daneben die Gitarre, ein altes, abgestoßenes Harmonium, auf einem Sims ein Transistorradio, ein paar Fotos, eine Madonna.

»*Buonasera.*« Er griff nach seinem Stock und erhob sich. Aus einem winzigen Spülbecken nahm er ein zweites Glas. Er bot uns Wein an, Brot, Käse. Mamma schüttelte den Kopf und ordnete ihr Haar. Er füllte Olivenöl in seine kleine Öllampe und zündete sie an. Weiches Licht erhellte sein faltiges Gesicht. Einen Moment herrschte Schweigen, als wollte niemand das Gespräch eröffnen.

»Aber Koch ist doch kein Beruf«, brach es aus mir heraus.

»*Sì, sì, ragazzo ...*« Zù Saveru räusperte sich. »Koch ist sogar ein sehr guter Beruf.« Er setzte sich, lehnte den Stock gegen den Tisch, strich über sein hochgeschlagenes Hosenbein und seufzte leise. Dann beugte er sich vor, faltete die Hände und sah mich an.

»Hör zu, Luigi. Ich bin ein alter Mann, aber du, du warst fünf Jahre in der Schule, und jetzt arbeitest du auf dem Bau, denn hier im Dorf herrscht *miseria*.« Sein Haar war nass zurückgekämmt, sein Bart sauber gestutzt. »Du kannst mehr aus deinem Leben machen!«

Er sah mir fest in die Augen.

»Ich habe Verbindungen und werde dir erklären, was du wissen musst. Anschließend steigst du ins Postauto, fährst hinunter nach Marina di Mandatoriccio, nimmst die Eisenbahn, den Zug Crotone-Roma, abends um neun Uhr fährst du los, am nächsten Morgen um zehn Uhr bist du in Rom. An der *Stazione Roma Termini* steigst du aus, gehst einmal links, zweimal rechts, dort ist ein Geschäft, in dem kaufst du eine Kochjacke, einen Hut, ja, die Adresse schreibe ich dir auf. Dann fährst du in die Via Bernadino da Monticastro 3 in Castelfusano zur Hotelfachschule. Zweieinhalb Jahre lernst du alles, was du wissen musst, dann bekommst du ein Diplom und kannst überall auf der Welt arbeiten, in den besten Häusern. Du wirst viel Geld verdienen. Es wird dir gut gehen.«

Mich schwindelte.

»Ich sorge dafür, dass du an der ENALC aufgenommen wirst.«

Mamma rang mit den Händen, ihre Brust hob und senkte sich, sie seufzte.

»*Hai capito?*« Zù Saveru hustete und zündete sich eine Zigarette an. Er lehnte sich zurück, blies den Rauch in die Luft und ließ mich nicht aus dem Blick.

»*Hai capito?*«, fragte er noch einmal.

Ich nickte.

Mamma beugte sich vor. »Schau dir Antonio Pirillo

an, Ginùzu. Schau dir Mario Chiarelli an und Pasquale Rossano, den Sohn vom Alteisenhändler – sie alle arbeiten in der Stadt, in guten Restaurants, in großen Hotels. Und Mario und Giovanni Lavorato und Battista, der Sohn vom Schuster Ligàcciu, sie haben gerade ihre Diplome gemacht, bald werden auch sie Geld verdienen und feine Anzüge tragen.« Ihre Hände wirbelten durch die Luft, sie unterstrich jedes Wort mit einer raschen, entschiedenen Bewegung, und beinahe hätte sie dabei die Gläser beiseitegewischt. »Pirillo kann sich sogar ein Auto leisten!«

»Du bist ein kluger und tüchtiger Junge«, sagte Zù Saveru. In seiner Stimme lag etwas, das mich erschauern ließ. Er legte seine Hand auf meinen Arm. »Du musst mehr aus deinem Leben machen, Gino.«

Eine Mücke surrte um meinen Kopf, und draußen rannten Kinder die Gasse hinab.

»Giovanni, *dai*!« rief eine Frau. »Komm her!«

Ein Radio spielte, und ein Mädchen lachte.

»Gut«, sagte ich und zuckte mit den Schultern. »Dann werd ich eben Koch.«

Ein paar Wochen später kam ein Brief aus Rom. Wieder gingen Mamma und ich zu Zù Saveru, und er half uns, den Aufnahmeantrag auszufüllen.

»Wie alt bist du?«

»Fast vierzehn.«

»Du musst fünfzehn sein, damit sie dich aufnehmen.«

»Schreib, mein Junge ist fünfzehn«, sagte Mamma und wischte mit einer raschen Handbewegung alle möglichen Einwände vom Tisch. Da ich nach der fünften Klasse nicht zur Mittelschule gegangen war, brauchte ich außerdem eine Bescheinigung, dass ich bereits in einem Restaurant gearbeitet hatte; Mamma sprach mit ihrem Bruder, und Zù Luigi nutzte seine Beziehungen. Am Ende fälschte sie sogar Papàs Unterschrift, denn ich war minderjährig, und beide Elternteile mussten den Antrag unterschreiben, doch Papà hätte nicht gewollt, dass ich fortging, er hätte geschimpft, ich sei zu jung, er hätte geschrien und mit Prügel gedroht.

Ein paar Monate später, Anfang September, kam wieder ein Brief aus Rom. Man hatte mich angenommen. Am 9. September 1963 sollte ich mich in der Via Bernadino da Monticastro 3 in Castelfusano einfinden.

Es blieben nur wenige Tage.

Am Abend vor der Abfahrt packte Mamma meinen Koffer. Sie faltete eben die Hosen, die wir heimlich auf dem Markt in Cariati gekauft hatten, da kam Papà nach Hause. Stumm blieb er in der Tür stehen, blickte auf den Koffer, auf mich, auf Mamma. Er wurde blass, dann rot.

Und holte aus.

Ich duckte mich, hielt die Hände vors Gesicht, die Arme vor den Kopf, doch Papà schlug zu, seine Hiebe prasselten nieder, und er brüllte wie von Sinnen. Mamma schrie und riss an seinem Ärmel, er fuhr herum und schlug ihr ins Gesicht, dass sie taumelte, dann prügelte er auf sie ein, bis sie zu Boden fiel. Ich sprang auf, riss an seinem Arm, zerrte ihn zurück, doch er hatte unbändige Kraft, drehte sich um und holte aus – er traf mich mitten auf die Brust, ich rang nach Luft und fiel aufs Bett. Wieder prasselten Schläge herab, ich war zu schwach, um mich zu wehren.

Mit aller Kraft gelang es Mamma, Papà fortzuziehen und sich zwischen uns zu schieben. »Und wenn du mich totschlägst«, zischte sie, mit einer Stimme so leise und rau, dass ich eine Gänsehaut bekam. »Aber der Junge geht fort von hier. Er soll eine Zukunft haben.«

# ROMA

# Garretto di vitello al sale

1 Kilo saftige Kalbshaxe
50 Gramm fetten Speck (Lardo di Colonnata)
3 Esslöffel kalt gepresstes Olivenöl
1 Knoblauchzehe
4 bis 5 Blätter Salbei
die gleiche Menge Rosmarin
Pfeffer
4 Kilo Salz

Die Kräuter hacken, mit Olivenöl vermengen und über die Haxe streichen. Den Speck in Streifen schneiden und das Fleisch spicken. Das Salz mit etwas Wasser zu Brei verrühren und die Haxe damit einreiben, bis das Fleisch von einer ein bis zwei Zentimeter dicken Kruste ummantelt wird. Bei 250 Grad eine Stunde im Ofen garen. Bei Bedarf mit Olivenöl beträufeln.
Nach dem Garen die erstarrte Salzkruste abklopfen und mit einem Pinsel alles Salz vom Fleisch entfernen.

Die Küche glich einer Arena, sie war riesig und voller Männer, die schrien, als würden sie in eine Schlacht ziehen. Töpfe klapperten, Pfannen krachten, Öl zischte, und Flammen schossen hoch, es kochte, brodelte, sprudelte, und der Herd, ein eisernes Ungetüm, fauchte wie ein wütendes Tier.

»Brunetti, das Passiertuch!« Der Saucier wedelte mit der Hand. Fragend sah ich zum Entremetier, dem ich zugeteilt war, er deutete auf ein Stück Stoff, das neben einem Sieb lag, und ich lief und reichte es dem Soßenkoch. Gegenüber, in der Gemüseküche, wusch ein Lehrling Kartoffeln, weiter hinten sortierte ein Jungkoch Schöpflöffel, Kellen und Schneebesen. Überall gab es Posten, der Entremetier war für Beilagen zuständig, der Gardemanger für kalte Küche, der Rotisseur für Braten. Es gab Köche, die nur Gemüse kochten, andere bereiteten Desserts zu oder grillten Fische, und alle hatten sie französische Namen, die in meinem Kopf durcheinanderwirbelten.

»Brunetti!« Ich fuhr zusammen. Ein Commis wuchtete zwei Kisten Petersilie auf den Tisch, und der Entremetier, die Jackenärmel hochgekrempelt, den Kochhut stolz auf dem Kopf, schwang ein Messer. »Du wirst erst mal Petersilie schneiden.«

»*Sì, Signore.*«

Er reichte mir das Messer.

»Vorsicht Kleiner, scharf.« Der Saucier, rot im Gesicht wie eine Peperoncini, grinste. Der Entremetier musterte meine Hände, meine Fingernägel und nickte. Ich griff ein Büschel Petersilie, breitete es auf einem Holzbrett aus und setzte das Messer an.

Der Entremetier schüttelte den Kopf.

Er schob mich beiseite, packte das Krautbündel mit der Linken, ließ seine Fingerspitzen ein wenig nach innen kippen, sodass die mittleren Fingerglieder eine nahezu gerade Schnittkante bildeten, und schnitt mit der Rechten los, in atemberaubender Geschwindigkeit. Dann trat er beiseite und reichte mir das Messer.

Ich nahm ein Büschel Petersilie, bündelte es mit der Linken, bog meine Finger, damit sie eine nahezu gerade Schnittkante bildeten, und begann zu schnippeln. Ungelenk, langsam, wie ein Anfänger.

Der Entremetier nickte. »Mit der Zeit lernst du es.«

Dann überließ er mich den Kisten, öffnete einen Papiersack und begann, zartgelben, fein gemahlenen Hartweizengrieß herauszuschöpfen. Unauffällig wischte ich mir mit dem Küchentuch, das an meiner Schürze hing, die Stirn. Am Morgen hatten die Lehrlinge aus dem zweiten und dritten Jahr alle Neuen in den Keller geschickt, Kohlen holen. Vorsichtig, um unsere weißen Jacken nicht schmutzig zu machen, hatten wir die Eimer gefüllt und in den ersten Stock geschleppt, wo die älteren Jahrgänge, froh, nicht mehr die Drecksarbeit erledigen zu müssen, den Herd feuerten. Gegen neun, halb zehn kamen nach und nach die Chefs de partie, die Postenchefs, sie knöpften ihre Kochjacken zu, banden sich Schürzen um und befestigten Torchons daran, sie rückten ihre Kochhüte zurecht und musterten uns, manche amüsiert, manche prüfend. Dann wandten sie sich der Tafel an der Stirnseite der Küche zu und studierten die Menüs des Tages. Sie gingen zu ihren Tischen, und bald riefen sie nur noch knappe, aber lautstarke Kommandos, während sie Fische ausnahmen und Hummer auslösten, Butter schmolzen und Brühe ansetzten, Schnecken in heißer Tomatensoße schwenkten und Olivenöl *extra vergine* in ihre Pfannen gossen, um Côte de bœuf zu braten und Loup de mer. Es roch nach Meer und Oliven, nach frischen Zitronen und beißend scharfen Peperoncini, Wasser sprudelte, und Fett knisterte in Pfannen und Tiegeln.

»Guck auf deine Finger.« Der Entremetier schlug Eier auf, so behände, dass nicht einmal Mamma ihm Konkurrenz gemacht hätte. Auf der anderen Seite des Herdes hantierte der Saucier mit dem Schneebesen und ließ dabei Öl in eine Schüssel rinnen, der Strahl fein wie ein Faden. Die Luft war erfüllt von unterschiedlichsten Gerüchen, Paprikaschoten leuchteten gelb, Brokkoli schimmerte zartgrün, Fische glitzerten silbrig, und tiefrote Lammrücken lagen auf langen Platten, alles war so üppig, so reich, ich wusste kaum, wo ich zuerst riechen, schmecken, schauen sollte.

Der Gemüsekoch deutete auf eine Kiste Auberginen, so glänzend violett, wie ich sie in Signor Arenas Laden nie gesehen hatte, und wies Domenico und Severino an, sie zu waschen. Domenico Parotta war bereits eine Woche zuvor aus Mandatoriccio nach Rom gereist, auch ihn hatte Zù Saveru geschickt. Severino und sein Cousin Giacomo waren, wie ich, am Tag zuvor angekommen, zwei schüchterne Jungen aus Chieti, einem Ort hoch in den Abruzzen, in ihren Pappkoffern lagen wollene Unterhosen, und Walter aus Como, nahe der Grenze zur

Schweiz, und bereits im dritten Lehrjahr, lachte und sagte, die würden sie in Rom nicht brauchen. Andere Schüler kamen aus Verona, Cremona, Perugia, aus dem Piemont, Ligurien und Sizilien – zu zehnt teilten wir ein Zimmer, Signor Bassi, der Hausmeister, ein kleiner Mann mit quadratischem Schädel und hellen, blitzwachen Augen, hatte jedem Bett und Spind zugewiesen. Wecken um sieben, Licht aus abends um zehn, erklärte er. Ausgang nur in Anzug und Krawatte.

»In der Gastronomie weiß man sich zu benehmen.« Sein Blick schweifte durch den Raum wie ein Scheinwerfer. »Und ihr seid Schüler der ENALC – ihr habt einen Ruf zu verlieren.«

Niemand gab einen Mucks von sich.

»Menschen gehen ins Restaurant, weil sie gut essen und sich wohlfühlen wollen. Darum schaffen wir eine Atmosphäre, in der sie ihre Sorgen vergessen, in der sie sich entspannen und amüsieren. Das ist euer Beruf! Kein Gast will wissen, was für Sorgen ihr habt. Kein Gast will wissen, dass ihr ab und zu einen Schluckauf bekommt und mehrmals am Tag auf die Toilette geht. Also werdet ihr euch immer benehmen, als hättet ihr keine Sorgen. Ihr werdet immer so tun, als würdet ihr nie einen Schluckauf bekommen und nicht zur Toilette gehen. Und ihr werdet zu jeder Zeit sauber und wie aus dem Ei gepellt gekleidet sein.«

Niemand gab einen Mucks von sich.

»Wer sich nicht an die Regeln hält, schrubbt die Toiletten.« Noch ein Scheinwerferblick, ein gestreckter Zeigefinger. »*Bassi non prendete in giro.*«

Nein, ihn würde niemand hinters Licht führen.

»Brunetti!« Der Entremetier kniff mich in den Arm. »Nicht träumen!«

Schnell kratzte ich die gehackte Petersilie in die Schüssel und griff nach dem nächsten Büschel. Mit der Linken packte ich das Kraut, hielt es fest und schnippelte los, doch immer wieder rutschten Blätter beiseite, sie waren einfach zu glatt, nie bekam ich alle zu fassen. Der Entremetier rollte Pastateig aus, bestreute ihn mit etwas Grieß und schnitt ihn in schmale Streifen. Der Saucier dünstete Zwiebeln in Butter. Wieder leerte ich mein Brett; obwohl sich die Schüssel füllte, wurde die Kiste nicht leerer. Überall standen Kartons mit frischem Fisch, Wannen voller geschälter Kartoffeln, Eier wurden palettenweise aus den Kühlhäusern geholt, und ich fragte mich, wer all das essen sollte.

Am Pass, wo die Kellner die Speisen entgegennahmen, sah ich hinüber ins Restaurant; es hatte einen ausgezeichneten Ruf, ebenso das angeschlossene Hotel, wo Zimmermädchen, Portiers und Concierges lernten. Inzwischen war es Mittag, und die Gäste bestellten ihre Menüs. Der riesige Herd loderte, Schweiß lief mir den Rücken hinab, der Saucier schwenkte Töpfe, postierte manche am Rand der Herdplatte, manche in der Mitte, er rührte und quirlte, während der Entremetier abwechselnd Ravioli, Rigatoni und Spaghetti aus seinen Töpfen fischte, während ein Sous-Chef Hummer anrichtete, einen nach dem anderen, während der Rotisseur Pfannen hin und her schob, und sein Commis Braten aufschnitt. Lammrücken wurde vorbeigetragen, Kalbshaxe mit angerösteten Zwiebeln und Salbei, Hühnchenkeule mit Peperoni und Tomaten und immer wieder tellerweise Pasta, es duftete, brodelte, zischte, es schepperte, klirrte, krachte, und die Chefs schrien die Commis an, und die Commis scheuchten die neuen Lehrlinge, Stimmen jagten durch den Raum wie wilde Vögel – nur ein

Mann stand ruhig neben dem Pass, Signor Caruso, der Küchenchef. Wie ein Dirigent koordinierte er alle Einsätze, leitete Bestellungen der Kellner an die Posten weiter und sorgte dafür, dass der Rotisseur den Lammrücken anrichtete, sobald der Gemüsekoch die Bohnen bereithielt und der Saucier die Soße, damit im nächsten Augenblick ein Kellner den kunstvoll hergerichteten Teller auf seinem silbernen Tablett davontrug.

Nach zwei Stunden war die Schlacht geschlagen. Die Männer wischten sich die Hände ab, rieben sich die Stirn und gingen mit leicht hängenden Schultern aus der Arena in die Pause.

Am Nachmittag begannen die Vorbereitungen für die nächste Schlacht. »Brunetti!« Der Entremetier schlug mir auf die Schulter. »Du wirst Kartoffeln tournieren.« Ich nickte, ohne zu wissen, was er meinte.

Der Saucier grinste und gab Butter in einen Tiegel. »Wie alt bist du eigentlich, *ragazzo*?«

Ich schluckte und biss mir auf die Zunge. »Fünfzehn.«

»Und woher kommst du?«

»Aus Mandatoriccio.«

Er rollte mit den Augen. »Schon wieder einer.«

Mir war nicht klar, was das bedeutete, und es war auch keine Zeit, darüber nachzudenken, denn der Stellvertreter des Entremetiers wuchtete einen Kübel Kartoffeln auf den Tisch und reichte mir ein Messer. Es hatte eine gebogene Klinge und erinnerte ein wenig an Papàs Sichel. Der Demi-Chef de partie nahm eine Knolle – und verwandelte sie mit wenigen Schnitten in eine sauber geschälte, gleichmäßig geformte Spindel.

»So sehen sie schöner aus.« Er warf die Spindel in eine leere Schüssel. »Außerdem haben sie, wenn sie gleich groß sind, alle die gleiche Garzeit.«

Ich nickte. Holte Luft, nahm eine Kartoffel, setzte das Messer an, schälte. Zu Hause hatte Mamma Kartoffeln geschält, und es hatte stets so einfach ausgesehen, dass ich kaum glauben konnte, wie ungelenk ich mich anstellte. Meine erste tournierte Kartoffel sah aus, als hätte jemand mit einem Hammer daraufgeschlagen.

Der Entremetier und sein Demi-Chef schüttelten die Köpfe. »Anstrengen musst du dich schon, *ragazzo*.«

»*Sì, sì* ...«, stammelte ich. »Selbstverständlich gebe ich mir Mühe.« Aus dem Augenwinkel sah ich den Saucier grinsen und spürte, dass ich rot wurde. Ich nahm eine Kartoffel, setzte das Messer an, versuchte nicht zu dick und nicht zu dünn zu schälen und gleichzeitig aus einer krummen Knolle eine zarte Spindel zu formen.

Der Entremetier seufzte und wandte sich ab.

Scham kroch mir die Brust hinauf. Ich nahm die nächste Kartoffel, schälte. Mein Kopf schmerzte, mein Rücken, meine Beine waren schwer und meine Füße, den ganzen Tag zu stehen war anstrengender, als dreimal mit dem Esel vom Feld ins Dorf hinaufzulaufen.

Das Dorf. Es schien unendlich weit weg.

Mit dem Postauto war ich hinunter zum Bahnhof gefahren, in den Zug Crotone-Roma gestiegen und vierzehn Stunden später in der Hauptstadt angekommen. Mit meinem Pappkoffer stand ich auf dem Bahnsteig, der breiter war als die breiteste Straße in Mandatoriccio, und überall wimmelte es von Menschen, sie rannten und riefen, Frauen lachten, und Kinder brüllten, jemand stieß mich an, und ich stolperte.

»*S-scusi*«, stammelte ich. Der Mann eilte weiter, ohne sich umzusehen. Alle strömten in eine Richtung, und ich folgte ihnen und gelangte zu einer Treppe, die hinunter in eine Halle führte, auch hier Gerenne und Geschrei, doch neben einem Kiosk stand ein weißhaariger Mann und las den *Corriere della Sera*.

»Entschuldigung«, sagte ich, »ich muss nach Ostia, nach Castelfusano, wie komme ich dorthin?«

Er sah kurz auf und deutete mit dem Kopf in eine unbestimmte Richtung. »Nimm die Metropolitana.«

»Die ... was?«

»Die Metro.« Er blätterte um und vertiefte sich wieder in seine Lektüre.

Ich zögerte einen Moment, räusperte mich. »*Scusi*, was ist die Metro?«

Wieder sah der Mann auf, und nun musterte er mich wie einen Kranken. »Die Untergrundbahn, *ragazzo*, sie fährt unter der Erde.«

Dann faltete er die Zeitung zusammen und ging davon.

*Idiote*, dachte ich.

Eine Frau lachte, warf ihr langes rotes Haar zurück und lief auf hohen Absätzen leichtfüßig Richtung Ausgang. Ein Mann, beide Hände in den Hosentaschen, eine Zigarette im Mundwinkel, sah ihr nach.

»*Scusi, Signore*, ich muss nach Ostia, nach Castelfusano, wie komme ich dorthin?«

»Nimm die Metropolitana.«

*Idiote*. Sah ich aus wie einer aus Campana?

Ich nahm meinen Koffer und lief ebenfalls zum Ausgang.

Ein Omnibus raste vorbei, so dicht, dass ich seinen Luftzug spürte. Ich schrak zurück. Überall hupten Autos, Vespas knatterten, und die Häuser um mich herum schienen in den Himmel zu wachsen, ich zählte vier, fünf, sechs Stockwerke. Über einer Bar flackerte ein Neonschild, daneben ein Hotel, vor dem ein Portier wartete, es gab zahllose Geschäfte, in die Menschen strömten, und an allen Ecken zweigten weitere Straßen ab, wie ein Netz aus Adern schienen sie sich durch die Stadt zu ziehen. Und mitten in dem Gewühl stand, beinahe unwirklich still, ein Carabiniere.

»*Scusi*, ich muss nach Ostia, nach Castelfusano, wie komme ich dorthin?«

»Nimm die Metropolitana.« Er deutete auf ein rotes Schild.

Einen Moment zögerte ich, nickte dann. »*Grazie.*«

Wieder schleppte ich meinen Koffer die Stufen hinunter. »*Scusi*, ich muss zur Hotelfachschule.«

»Zur ENALC?« Der Mann hinter dem Schalter riss eine Fahrkarte ab. »Die Treppe dort drüben, der Bahnsteig unten rechts, der Zug Richtung Ostia, letzte Haltestelle.«

Ich nickte und zählte Geld in die Schale.

Die Treppe schien direkt in den dunklen Schlund der Erde zu führen, doch alle, die hinunterliefen, taten es mit der größten Selbstverständlichkeit, also wischte ich mir die Stirn und folgte ihnen. Als der Zug einrollte, stieg ich ein.

Ich war schließlich kein *idiote di Campana*.

Über Castelfusano war der Himmel schwer und schwarz. Es blitzte, Donner krachte. Eine Frau spannte einen Regenschirm auf und lief mit schnellen Schritten den Bürgersteig hinunter – über ihrem Kopf, in etwa einem Kilometer Entfernung, sah ich ein Schild, auf dem in riesigen Lettern ENALC stand, *Ente Nazionale Addestramento Lavoratori Commercio*. Regentropfen knallten auf den Asphalt, ich sah mich um, dann klappte ich meinen Kragen hoch und hastete auf das Schild zu, während ringsum Passanten in Bars und Geschäfte flüchteten, Wind zerrte an ihren Kleidern, stülpte ihre Regenschirme um, und irgendwo schrillte ein Martinshorn.

Nass bis auf die Haut erreichte ich die Hotelfachschule. Signor Bassi musterte mich, dann schickte er mich ins Bad.

»Und?« Der Entremetier sah mir über die Schulter.

»Ich gebe mein Bestes.«

»Das erwarten wir auch, *ragazzo*.« Er blickte auf eine Schale voller nicht sehr wohlgeformter Spindeln. Hinter ihm loderte bereits wieder der Herd. Der Saucier schwenkte seine Töpfe, der Gemüsekoch richtete Spinat und Brokkoli-Röschen an, während ein Demi-Chef Scampi briet und Steinbutt kochte und der Rotisseur Filets in die Pfannen warf und sein Commis Lammrücken aufschnitt und Hühnchen. Teller mit Spaghetti, Fusilli und Tagliatelle wurden vorbeigetragen, mit Penne und Rigatoni, bald darauf Desserts, so zart und fein, dass man sie behüten wollte, statt sie zu essen. Die Küche brodelte, es zischte, schepperte, klirrte, krachte, und die Chefs schrien die Commis an und die Commis die neuen Lehrlinge, nur ein Mann stand ruhig da und dirigierte seine Truppen.

Gegen 22 Uhr war auch diese Schlacht geschlagen. Die Männer wischten sich die Hände ab, lösten ihre Torchons, ihre Schürzen, müde nahmen sie ihre Kochhüte ab, fuhren sich durchs feuchte Haar und gingen aus der Arena.

Erschöpft kroch ich an diesem Abend ins Bett. Französische Fachausdrücke und fremde Gesichter jagten durch meinen Kopf, Namen von Küchengeräten, Bilder von Fischen, Petersilie, Kartoffeln. Walter und Claudio sprachen über Fonds und Veloutés, ich verstand kein

Wort – doch ich begriff, wie unendlich ahnungslos ich war. Es schnürte mir den Hals zu.

Was, wenn ich mich weiterhin ungeschickt anstellte? Was, wenn ich Fehler machte?

Was, wenn sie mich – *per dio!* – nach Hause schickten? Mamma wäre tief enttäuscht, und Papà würde sagen, er habe es ohnehin gewusst.

Meine Augen brannten. Ich zog mir die Decke über den Kopf und weinte.

Sekunden später löschte Signor Bassi das Licht.

Tag für Tag tournierte ich Gemüse, schnitzte Möhren zu Spindeln und Kartoffeln zu Fässchen. Ich palte Erbsen, putzte Bohnen und Spinat und sah zu, wie die Köche Gurken in hauchdünne Scheiben rieben und Paprika in streichholzdünne Streifen schnitten, wie sie Melonen zu winzigen Rauten formten, Kartoffeln zu Blüten und Tomatenschalen zu Rosen.

Dann kündigte der Küchenchef ein Bankett an.

»Brunetti!« Der Entremetier stieß Giacomo, der am Tisch lehnte und seine Beine ausruhte, in die Kniekehlen. Hastig warf ich die Mangoldblätter, die ich gerade wusch – ›Dass ich ja kein einziges Sandkorn mehr im Wasser finde, Brunetti!‹ – in ein Sieb.

»*Sì, Signore!*«

Der Entremetier deutete auf eine Wanne geschälter Kartoffeln. »Ihr beide macht Pommes parisiennes.«

Ich schielte zu Giacomo hinüber, der mit den Schultern zuckte. Der Postenchef griff nach einer Kartoffel und einem Ausstecher, bohrte mit flinker Hand eine kleine Kugel aus der Knolle und hielt sie in die Luft.

»*Avete capito?*«

»*Sì*, ich habe verstanden.«

Ich nahm eine Kartoffel, den Ausstecher, bohrte – und drehte ein unförmiges Ding heraus.

Der Entremetier grunzte.

Ich holte Luft und nahm eine weitere Kartoffel. Bohrte, drehte, zehnmal, zwanzigmal, dreißigmal, vierzigmal. Die fünfzigste Kartoffelkugel geriet halbwegs rund und eben. Der Entremetier hielt sie hoch und betrachtete sie wie ein seltenes Insekt.

»Na ja ...«

Der Saucier auf der anderen Seite des Herds grinste.

Ich schluckte und griff in die Wanne. Für zweihundertfünfzig Gäste hatte der Küchenchef ein viergängiges Menü zusammengestellt, Schinken mit Melone als Vorspeise, danach Pasta Bucatini all'amatriciana, als Hauptgericht Kalbsrücken Orloff mit Gänseleber, schwarzen Trüffeln und Pommes parisiennes und als Dessert Tiramisù. Zur selben Zeit wurde im Restaurant à la carte gespeist. Wieder verwandelten fünfunddreißig Köche die Küche in eine Arena, sie schrien und hackten, brühten, brieten, siedeten, glasierten und garnierten, sie ziselierten, panierten und parierten, es dampfte, brodelte, zischte und krachte. Gegen halb drei erhaschte ich einen Blick in den Speisesaal.

»Der Barone X ...«, raunte Walter im Vorbeieilen. »Und die Contessa Y ...« Namen, die mir nichts sagten, doch ich wusste, dass sich eine Contessa gemeinhin nicht mit gewöhnlichen Leuten abgab, während diese Dame unserem Küchenchef zunickte, ja, sie und der Barone unterhielten sich sogar mit Signor Caruso.

Sollte Zù Saveru recht haben?

War ein guter Koch, einer, der es in der Küche zu etwas gebracht hatte, jemand, der gut verdiente, die Welt sah und von den Menschen geachtet wurde?

In der zweiten Woche teilte der Chef de cuisine mich dem Gardemanger zu, einem wieselflinken Mann aus dem Friaul und der einzige unter allen Köchen, der keinen Bauch hatte. Er schnitt Filetsteaks, Chateaubriands und Medaillons aus Rindern, er beinte Lämmer aus und Zicklein, Schweine und Kälber, er bereitete Platten mit hauchzartem Carpaccio und zeigte mir, wie man aus lederzähem Frikandeau wunderbares Vitello tonnato kochte.

Dann schickte Signor Caruso mich in die Soßenküche. Der Saucier, der stets einen Topf auf dem Herd stehen hatte, in dem ein würzig duftender Sud köchelte, lehrte mich Jus de veau, Demi-glace und Sauce velouté zu bereiten, Mayonnaise und Pesto. Ich schöpfte Abschaum von siedender Brühe, er würzte Fischsud mit Piment, ich rührte Grand Jus, er verlangte ein Chinois, ich wusste nichts und sog alles auf, mir schwirrte der Kopf, und er grinste. Morgens, bevor er zur Schicht erschien, füllte ich unter den Augen des Demi-Chefs bereits die Keramikschalen am Rand des Herdes mit Salz und Pfeffer, mit Zwiebeln, Knoblauch und Petersilie. Doch da waren noch andere Gefäße – voller trockener Rinden und winziger Samen, voller Nüsse mit glatten Schalen und Pulvern in stumpfen Gelb- und Orangetönen. In einer Schale lagen braune Stifte, wie kleine Nägel sahen sie aus, doch ihre Köpfe waren seltsam aufgesplittert.

Ich griff danach.

»Gewürznelken«, sagte der Saucier, band seine Schürze und rückte seinen Kochhut zurecht.

Ich rieb den Stift zwischen Daumen und Zeigefinger, er fühlte sich geschmeidig an, und ein winziger Tropfen Öl trat aus, als ich zudrückte. Er roch süß, nach Holz und auch nach etwas vollkommen Fremdem, ich biss ein

Stück vom Kopf ab, es schmeckte erdig und irgendwie erhaben. Dann probierte ich ein Stück vom Stängel und verzog das Gesicht, denn es war bitter.

»Mit Gewürznelken würzt man Jus.«

Signor Caruso schickte mich zum Bratenkoch, zum Gemüse-, zum Suppen- und zum Vorspeisenkoch. Er schickte mich zum Küchenmetzger und immer wieder in die Spülküche, wo unter einem Kupferkessel ein Feuer brannte und ich Töpfe und Pfannen in siedendem Wasser einweichte und mit Stahlwolle schrubbte, bis sie glänzten. Nickte einer der Postenchefs anerkennend, wurde mir heiß vor Stolz.

»Willst du ein ordentlicher Koch werden«, sagte der Küchenchef, »ist Sauberkeit das oberste Gebot.«

Schließlich schickte er mich in die Patisserie.

Der Patissier, ein kleiner, dicker Römer und Lazio-Fan, der mit dem Chef tournant, einem glühenden Inter-Mailand-Anhänger, ständig über Kreuz lag, lehrte mich, aus Milch, Eiern und Zucker eine klassische Crème patissière zu rühren. Er brachte mir bei, Zucker zu karamellisieren und den Moment zu erkennen, in dem die Masse die richtige Temperatur hatte, um sie zu formen. Er zeigte mir, wie man Sahne schlug.

»Sahne?«

»Kennst du keine Schlagsahne, *ragazzo*?«

Stumm schüttelte ich den Kopf.

Er goss zwei Liter einer weißen Flüssigkeit, etwas dickflüssiger als Milch, in eine Schüssel. Er reichte mir einen Schneebesen, korrigierte meine Hand, meine Haltung. Er erklärte, dass Sahne immer frisch sein müsse, nie zu kalt und nie zu warm sein dürfe, und wenn man verhindern wollte, dass sich Molke absetzte, rührte man einfach ein wenig Puderzucker unter. Ich hörte zu und schlug, bis mein Arm taub war – und als der Patissier kurz mit dem Gardemanger sprach, fuhr ich mit der Fingerspitze in diese weiße Verheißung, ein wenig nur, man sah es kaum.

Es schmeckte unbeschreiblich!

Später ließ der Patissier mich Ananas kosten, Bananen, Schokolade und Vanille, und ich bekam Bauchweh vom Naschen, denn außer der Lakritze, die ich mit meinem Cousin in den Dünen am Meer gesucht hatte, kannte ich keine Süßigkeiten. Eine unbändige Lust überkam mich, an allem zu riechen, alles zu befühlen, alles zu schmecken. Gierig biss ich in süßes Marzipan, ließ es auf der Zunge zergehen, ich kostete bittere Mandeln, salzige Anchovis und sandigen Parmesan, probierte fein-säuerliche grüne Soße und saure Mixed Pickles. Die Köche ließen mich gewähren, meine Neugier amüsierte sie, und ich entdeckte eine ungeahnte Fülle an Aromen. Signor Caruso und seine Köche waren Giganten, und ich war ein Winzling – niemals würde ich diese opulente Vielfalt beherrschen, selbst wenn ich achtzig, neunzig oder hundert Jahre alt würde, älter noch als der alte Pantuso, ich würde es nicht schaffen, all diese unterschiedlichen Düfte, Gerüche und Würzen zu kennen und ein wirklich guter Koch zu sein.

Im Theorie-Unterricht lernten wir, wie Wein angebaut und Olivenöl gepresst wurde. Welche Mehlsorten gab es? Welche Pasta aß man zu welcher Soße? (Dickflüssige Sahne- und Käsesoßen zu Eiernudeln, leichtere Tomaten- oder Fischsoßen zu Spaghetti aus Hartweizengrieß.) Warum kochte man ein Risotto für ein Büfett mit Vialone Nano, im À-la-minute-Geschäft jedoch mit Arborio? (Weil Vialone Nano ein Mittelkornreis mit besonders hohem Gehalt an Amylose war und länger bissfest blieb.)

In unseren blau-weiß karierten Hosen, den weißen Kochjacken, die gestärkten Kochhüte auf den Köpfen, saßen wir in Reih und Glied und lernten Rezepte, kalkulierten Menüs und sprachen Französisch und Deutsch mit Frau Müller, einer hochgewachsenen, weißhaarigen Schweizerin. Sie erzählte von ihrer Heimat und ich von Antonio Pirillo, sie fragte, ob ich eines Tages in der Schweiz oder in Deutschland arbeiten wolle, und ich zuckte mit den Schultern. Darüber hatte ich noch nicht nachgedacht.

Tag für Tag wurde die Welt um mich herum größer und reicher, und schließlich gab es kein Halten mehr – ein Rausch aus Farben, Düften und Aromen hatte mich gepackt, ein wahrer Sog, und ich ließ mich mitreißen und tauchte ein in einen fremden Kosmos und entdeckte die Faszination des Kochens.

Ein eckiger weißer Fiat hielt am Straßenrand, eine Limousine mit vier Türen und Zierleisten aus Chrom. Der Fahrer sah sich um, dann fuhr er langsam die Via Bernadino da Monticastro entlang und musterte die jungen Männer, die am Straßenrand standen. Ich trat einen Schritt vor. Der Fiat hielt an. Ein Mann, das volle lockige Haar straff zurückgekämmt, lehnte sich über den Beifahrersitz und kurbelte das Seitenfenster herunter.

»He, *ragazzo*, kennst du hier jemanden, der spült?«

»*Sì!*« Ich lachte. »Er steht vor Ihnen.«

Der Mann musterte mich, er zögerte, als schätzte er ab, ob ich etwas taugte. Dann öffnete er die Beifahrertür.

»Steig ein.«

Er war schon älter, vierzig oder fünfzig Jahre vielleicht. Er trug einen Anzug und ein weißes Hemd, seine Hände, die das Lenkrad hielten, waren kräftig. Er war sorgfältig rasiert, sein Schnurrbart sauber gestutzt. Das Radio lief, und im Aschenbecher glomm eine Zigarette, am Rückspiegel hing ein Wimpel von Juventus Turin.

Er griff nach der Zigarette und nahm einen Zug. »Wie heißt du?«

»Luigi Brunetti.«

»Wie alt bist du?«

»Fünfzehn.«

Er schaute herüber, ein schneller, genauer Blick. »Und wie lange gehst du schon zur Hotelfachschule?«

Ich zögerte einen Moment.

»Seit drei Monaten.«

Wieder ein Blick.

»Und? Kannst du schon was?«

Ich schluckte.

»Ja.«

Er blinkte und bog rechts in die Straße, die am Meer entlang Richtung Norden führte. Es war früh, ein kühler Dezembermorgen, weiße Wolken mit weichen Rändern zogen über den Himmel, ab und zu verdeckten sie die Sonne. Ein frischer Wind wehte, und die Blätter der Oleanderbüsche raschelten. Ein schmaler Rauchfaden kräuselte sich über der glimmenden Zigarette, und ich schluckte wieder; ich besaß nicht einmal mehr Geld für ein Päckchen Nazionali. Alle zwei Wochen hatten wir Lehrlinge sonntags frei, und weil die Schule am Meer lag, mussten wir nur die Straße überqueren, schon waren wir auf der Strandpromenade – wobei Signor Bassi mit seinem Scheinwerferblick darüber wachte, dass niemand ohne Anzug und Krawatte ausging, und nicht einmal als wir längst außer Sichtweite waren, traute ich mich, die Krawatte zu lockern. Mit den anderen spazierte ich an Bars und Cafés vorbei, in denen Urlauber

Martini und Campari tranken und Kürbiskerne knabberten, aus bunten Musikboxen tönten Schlager von Mina, Adriano Celentano und Rita Pavone. Wir schlenderten an Kiosken entlang und an den Buden der Eisverkäufer, an denen bunte Fähnchen und Wimpel mit dem Namen *Algida* flatterten. Walter und ein paar andere kauften Eis; ihre Eltern schickten ihnen regelmäßig Geld, denn sie besaßen Restaurants oder Hotels, die ihre Söhne eines Tages leiten sollten.

»Willst du kein Eis?«, fragte Walter.

Ich schüttelte den Kopf.

Irgendwann spazierte ich allein über den Strand, sah den Wellen zu, die sich kopfüber in den Sand stürzten, der Sonne, die im Meer versank. Der Wind wehte Musik herüber, und ich sah Walter und die anderen auf der Promenade Eis essen und mit hübschen Mädchen tanzen, die ihre Locken zurückwarfen und lachten, dass ihre Zähne blitzten. Ein Bild stieg aus meiner Erinnerung auf – Franco und ich auf der Piazetta, in der Bar lief der Fernsehapparat, Inter Mailand spielte gegen Atalanta Bergamo, es waren bereits drei Tore gefallen, und wir besaßen nicht einmal dreißig Lire, um uns am Tresen eine Zitronenlimonade zu kaufen und das Spiel anzusehen.

Ich biss mir auf die Lippe und hockte mich im Schutz der Dämmerung vor einen angeschwemmten Baumstamm, während am Horizont Himmel und Meer verschwammen. Wir hatten zu Hause nie gehungert und Kleider und Schuhe bekommen, wenn die alten zerschlissen waren, doch für mehr hatten Mamma und Papà nie Geld gehabt, wir waren arme Leute. Allerdings hatte es im Dorf immer eine Möglichkeit gegeben, mir die Zeit zu vertreiben oder ein paar Lire zu verdienen.

In der Hauptstadt war das Leben ungeheuer teuer – und wo sollte ich hier Geld verdienen?

Zufällig schnappte ich eine Weile später auf, wie zwei Lehrlinge aus dem dritten Jahr darüber sprachen, dass früh am Morgen Restaurantbesitzer am hinteren Eingang der Schule vorfuhren, auf der Suche nach Köchen und Kellnern, die an ihrem freien Tag etwas dazuverdienen wollten.

Ich zögerte keinen Augenblick.

»Woher kommst du?« Der Mann lenkte den Fiat über die immer noch leere Straße.

»Aus Mandatoriccio.« Ich sah auf. »In Kalabrien.«

Er lachte und kratzte sich am Ohr. »Ich bin aus Tropea.« Hinter einer Wolke mit ausgefransten Rändern blitzten Sonnenstrahlen hervor. Ich blinzelte.

»Sie kommen auch aus Kalabrien?«

Er deutete auf den Wimpel von Juventus Turin – und nun sah ich, dass dahinter ein zweiter hing, von Regina Reggio Calabria.

»Tropea liegt auf einem Felsen – unter dir siehst du nur weißen Strand und bei gutem Wetter auch Stromboli und die Liparischen Inseln.« Er malte mit der rechten Hand kleine hügelige Inseln in die Luft und folgte dabei einem Wegweiser Richtung Fiumicino. »*Bellissimo!*«

Im Aschenbecher verglühte die Zigarette.

»Aber überall herrscht *miseria*, man kann kein Geld verdienen. Darum bin ich in Rom.« Der Mann zog ein Päckchen Marlboro aus seiner Sakkotasche und fischte eine neue Zigarette heraus.

»Trotzdem fahre ich immer wieder gern nach Hause.« Er begann, die Melodie von *Calabrisella mia* zu summen, und ließ sein Feuerzeug aufschnappen. Unwillkürlich dachte ich an Zù Saveru und schluckte; mein Heimweh hatte nachgelassen, nur ab und zu vorm Einschlafen kamen mir noch Tränen, wenn ich an Mamma und Papà dachte, an Franco und Domenico, an Zà Peppina, Zù Peppe und ihre Kühe, Schafe, Ziegen, an Ciccio, unseren Esel, und die Jungen im Dorf, an den Schuster Scalise, Signor Arena und Zù Saveru.

Eine halbe Stunde später parkten wir vor einer Trattoria. Auf der Terrasse las ein Mann *La Repubblica*, und ein Paar trank Cappuccino. Drinnen reihten sich zwischen hellgelb getünchten Wänden lange Holztische aneinander, im hinteren Teil erstreckte sich eine Bar über die Breite des Raumes, Flaschen mit Grappa, Campari und Martini standen ordentlich aufgereiht in einem verspiegelten Regal, Sambuca, Averna und Ramazotti, Amaretto und Fernet Branca.

Wir liefen einen schmalen Flur entlang.

Irgendwo fiel ein Topf zu Boden, es schepperte, und jemand fluchte. »*Porco dio!*«

Der Chef stieß die Küchentür auf.

Ein kleiner kräftiger Mann bückte sich nach dem Deckel, und als er sich wieder aufrichtete, spannte seine Kochjacke über seinem Bauch, und sein Kochhut saß schief auf seinen hellbraunen Haaren. Er war jung, höchstens dreißig, hatte buschige Brauen, kleine Augen und einen ruhigen Blick.

»Daniele«, stellte der Padrone ihn vor.

»*Buongiorno*«, sagte ich.

Der Koch nickte.

Neben ihm knetete eine Frau Teig. Ihre Schürze war voller roter Spritzer, ihr schwarzes Haar zu einem Dutt gebunden.

»Maria«, sagte der Padrone.

»*Buongiorno*«, sagte ich.

Die Köchin sah kurz auf und wandte sich wieder ihrem Teig zu. Hinter ihr türmte sich schmutziges Geschirr. »Wir hatten zwei Hochzeiten, zusätzlich zum normalen Geschäft.« Der Chef nahm eine Schürze vom Haken und warf sie mir zu. »Lasagne, Cannelloni, Hühnchen mit Ofenkartoffeln, Kuchen. Nach Hühnchen sind die Leute ganz verrückt ...«

Die Köchin kicherte. Der Koch trug einen leeren Topf zum Spülbecken und stellte ihn auf einen Turm schmutziger Teller – es sah aus, als trüge der Turm nun einen silbernen Hut.

»*Andiamo*«, sagte ich, band die Schürze um und krempelte die Ärmel hoch. »Los geht's.«

Der Padrone musterte mich, dann klingelte ein Telefon, und er wandte sich um und ging. Der Koch öffnete den Kühlschrank und nahm eine Kiste Zucchini und Auberginen heraus. Die Köchin walkte ihren Teig. Die Küche war nicht groß, kaum größer als ein einzelner Posten in der Hotelfachschule, und ich begann, schmutzige Schalen aus der Spüle auf einen Tisch zu räumen, stapelte leere Schüsseln und Platten ineinander, sortierte Gabeln, Messer und Löffel in eine Wanne und schob die hohen Tellerstapel vorsichtig beiseite.

In einem der beiden Spülbecken lag ein Schwamm, und ich begann, sie zu säubern. Mit einem Rührspatel schabte ich eingetrocknete Lasagne-Reste, abgenagte Hühnchenknochen und festgebackene Tomatensoße von den Tellern, kratzte Knorpel, Kuchen, Käsekrusten ab. Ich ließ heißes Wasser einlaufen und weichte das Geschirr ein. Später schrubbte ich es in Seifenwasser. Sobald zwanzig, dreißig Teller auf dem Abtropfgitter standen, trocknete ich sie ab und trug sie zum Wärmeschrank. Ich arbeitete zügig und gründlich, Wasser spritzte, und

Schaumflocken sprühten, die Luft war feucht und heiß, und das Plätschern und Klappern ließ alle anderen Geräusche in den Hintergrund treten.

»*Piano, piano*, Kleiner,« rief der Koch, als ich wieder mit einen Stapel Teller zum Wärmeschrank lief. »Der Tag ist noch lang.«

Ich zuckte mit den Schultern und eilte weiter.

Rechtzeitig, bevor das Mittagsgeschäft begann, stand alles Geschirr sauber im Schrank. Ich putzte die Spülbecken, polierte die Ablage, den Tisch, schließlich hängte ich die nassen Küchentücher säuberlich über die Herdstange. Der Koch schüttelte den Kopf und drehte dabei hauchdünn gewalzten Pastateig durch die Nudelmaschine – Spaghetti quollen heraus wie endlose Schnüre.

»Möchtest du was trinken?« Der Padrone stand in der Tür, ich hatte ihn nicht kommen hören.

An der Bar schenkte er eine Zitronenlimonade ein. Meine verschrumpelten Hände griffen nach dem Glas. Ich trank in hastigen Schlucken und sah mich um. In diesem Speisesaal konnten etwa zweihundert Leute essen – war gleichzeitig die Terrasse voll, hatten zwei Köche viel zu tun.

Ich stellte das leere Glas auf den Tresen. »Wo kann ich mich noch nützlich machen?«, fragte ich.

Der Padrone sah mich an. In seinem Blick, seinen Zügen, in jeder seiner sparsamen Bewegungen lag eine Entschiedenheit, die mich beeindruckte.

»Du kannst Kartoffeln aus dem Keller holen«, sagte er.

»Soll ich sie auch waschen und schälen? Ich kann sie auch tournieren oder Pommes parisiennes machen …«

»Ist nicht nötig.« Er nahm die leere Flasche und warf sie in eine Kiste. »Die gehen sowieso als Ofenkartoffeln weg.«

Bis zum Nachmittag wusch ich Kartoffeln, viertelte Tomaten und schnitt Zucchini in feine Scheiben. Ab und zu sah der Koch herüber und schüttelte den Kopf, während er Spaghetti in brodelndes Wasser gab. Die Köchin rührte Ragù, und der Duft von sonnenreifen Tomaten und frischem Basilikum zog durch die Küche, und ich nahm ein Bündel Blätter und schnitt sie, flink und geübt, immer an der Schnittkante entlang, und reichte sie ihr. Ich säuberte jede Schüssel, die sie beiseitestellte, jedes Sieb, jede Schale, ich hackte Knoblauch und Zwiebeln, füllte Salz und Pfeffer nach.

»Einen wie dich findet man nicht alle Tage«, sagte der Koch, als wir am Abend die Küche aufräumten. Er wischte den Herd, ich fegte. Ich war erschöpft, doch ich lachte.

Der Padrone bot an, mich zur Schule zurückzufahren.

»Müde?«, fragte er, als wir in den weißen Fiat stiegen. Eine schmale Mondsichel stand am Himmel, Sterne funkelten.

Ich schnalzte und schüttelte den Kopf. »Ich könnte gleich noch einmal loslegen.«

Ein schneller Blick. Und ein Lächeln.

Dann ließ er den Motor an. Die Straßen waren leer, nur einmal überholten wir einen Lastwagen, ein andermal einen alten Mann auf einer noch älteren Vespa. Das Radio spielte leise, und der Wind strich durch die Oleanderbüsche am Straßenrand. Die Luft war kühl. Als der Padrone einem Wegweiser Richtung Castelfusano folgte, zog er ein Päckchen Marlboro aus seiner Hemdtasche und reichte es mir.

»*Grazie.*« Ich zupfte eine Zigarette heraus.

Er ließ sein Feuerzeug aufschnappen, und ich beugte mich hinüber. Einen Moment hielt ich den Rauch in der

Brust, es war meine erste Zigarette, seit Daniele, Maria und ich am späten Nachmittag einen Teller Spaghetti gegessen hatten, und ich ließ das Nikotin durch meine Adern ziehen. Der Padrone blinkte und bog auf die Küstenstraße.

Wie viel würde er mir bezahlen?

Am Morgen hatte ich mich nicht getraut, nach dem Lohn zu fragen. Inzwischen hatte ich gezeigt, dass ich etwas taugte – doch mehr als einen guten Lohn wünschte ich mir, dass er fragte, ob ich wiederkäme.

Der Ozean schimmerte schwarz. Hier und da blitzten weiße Schaumkronen auf. In der Ferne sah ich bereits das Schild mit den riesigen Lettern, ENALC, und der Padrone zog an seiner Zigarette, die Glut erhellte seine gerade Nase, den Schnurrbart. Im Halbdunkel betrachtete ich sein Profil – sein Gesicht ließ nichts erkennen.

Ich nahm einen letzten Zug und warf meine Zigarette aus dem Fenster. Der Padrone blinkte und bog in die Via Bernadino da Monticastro.

War er zufrieden?

Warum sagte er nichts?

Vor der Schule hielt er. Vor uns stieg ein Mann aus einem Mercedes. Er öffnete die Beifahrertür und half einer Dame in langer weißer Robe auszusteigen. Sie hielt ein Hündchen auf dem Arm, und der Mann nahm ein Pelzcape aus dem Fond und legte es über ihre Schultern, dann winkte er dem Portier und reichte ihm den Autoschlüssel.

Ich biss mir auf die Lippe.

Der Padrone räusperte sich, kurbelte das Fenster herunter und spuckte aus.

»Du warst nicht schlecht.« Seine Stimme klang rau und kratzig.

Ich hielt die Luft an.

Er zog ein Bündel Geld aus der Tasche, blätterte mit einer raschen Handbewegung durch die Scheine und zählte sechs Hundert-Lire-Scheine ab.

Meine Finger zitterten, als ich danach griff.

Wieder räusperte er sich. Sein Blick ruhte auf mir, er musterte mich, wie er mich am Morgen gemustert hatte, bevor ich in den weißen Fiat gestiegen war.

Dann ein Lächeln.

»Du hast gut gearbeitet.« Er zählte noch zwei Scheine ab.

»*Grazie, Signore.*«

Er nickte.

Umständlich steckte ich das Geld in meine Hosentasche. Ein paar unendlich lange Sekunden saß ich in der Dunkelheit, sah die Sterne funkeln und die Lichter in den Zimmern des Hotels leuchten, spürte ein Ziehen in meinem Bauch und traute mich nicht zu fragen.

Schließlich zog ich am Türgriff, öffnete die Beifahrertür und stieg aus.

»Wie ist es?« Der Padrone lehnte sich über den Sitz, strich sich das Haar zurück. »Kommst du nächsten Sonntag wieder?«

Fast einen ganzen Tag dauerte die Zugfahrt von Rom in die Toskana. Über den sanft geschwungenen Hügeln ging die Sonne unter, der Himmel leuchtete golden und rosa, Schwalben segelten durch die Luft, und die Spitzen der Zypressen neigten sich im Wind, als der Zug an einem Abend im Mai 1964 in den Bahnhof von Montecatini Terme einrollte.

Ich drückte meine Zigarette aus, zog einen Kamm aus der Tasche und fuhr mir durchs Haar, dann nahm ich

meinen Pappkoffer und stieg aus. Die Luft war weich und roch nach Frühling. Der Bahnsteig war voller Menschen, doch sie eilten nicht auf ein unbestimmtes Ziel zu wie ein Dreivierteljahr zuvor bei meiner Ankunft in Rom – sie bewegten sich gelassen, ja gemächlich.
Sie waren hier, um Urlaub zu machen.
Ich stellte den Koffer ab und sah mich um. Auf dem Zettel in meiner Hosentasche stand der Name des Hotels, Grand Hotel La Pace, darunter eine Telefonnummer. Im Wartesaal, einer Halle mit Wänden und Böden aus rosa und schwarzem Granit, fand ich einen Münzfernsprecher. Ich warf einen *gettoni* ein und wählte.
Eine sonore Stimme meldete sich. Im selben Augenblick stieß eine Lok einen langen Pfiff aus.
»Luigi Brunetti hier!«, rief ich.
Einen Augenblick war die Leitung still, dann sagte die Stimme: »Ich werde in zehn Minuten dort sein.« Es knackte, und das Gespräch war beendet.
Zehn Minuten später fuhr eine Limousine vor. Ein Mann in dunkelblauer Livree stieg aus. Er war klein und zierlich, und er trug weiße Handschuhe. »Luigi?«
Ich holte Luft und nickte.
Mit einem leisen Klicken öffnete der Mann den Kofferraum. Zögernd, als könnte ich etwas beschmutzen, legte ich mein Gepäck hinein.
»Ich bin Italo.« Er tippte zum Gruß an seine Stirn. Er hatte buschige Brauen und freundliche Augen, war weder jung noch alt und sprach mit weichem toskanischen Akzent, bei dem ein »C« wie ein »H« klang. »*Allora*, steig ein.«
Der Motor summte tief und betörend, als wir vom Bahnhof in den Ort fuhren – vorbei an Häusern aus gelbem und ockerfarbenem Sandstein, an Türmen und

Thermen mit Säulengängen, Rundbögen und geschwungenen Toren. Auf der Hauptstraße, die zu beiden Seiten von Bäumen gesäumt wurde, flanierten Damen in eleganten Kleidern und Herren in Anzügen, sie zogen ihre Hüte, wenn sie jemanden grüßten, und selbst die Kinder sahen aus wie poliert und folgten ihren Eltern artig in eines der zahlreichen Cafés. Blumenrabatten leuchteten rot und gelb und rosa, nirgendwo ein welkes Blatt.

»Montecatini Terme ist eines der berühmtesten Heilbäder Italiens«, sagte Italo. »Seit Jahrhunderten kuren hier die Reichen und Berühmten. Die *Terme Leopoldine* beispielsweise wurde bereits 1775 erbaut. Später hat der Architekt und Künstler Galileo Chini den Ort geprägt, er ist berühmt für seine vielen Jugendstilhäuser.«

Stumm und etwas ehrfürchtig hörte ich zu, während seine weiß behandschuhten Hände den Wagen die Via della Torretta hinaufsteuerten. Einer der Direktoren der Hotelfachschule war mit einem der Direktoren des Grand Hotels befreundet. »Es ist ein Fünf-Sterne-Haus mit langer Tradition«, hatte er gesagt, als ich mit meiner Bewerbung für eine Stelle während der Sommerpause in seinem Büro gestanden hatte. »Natürlich wirst du das letzte Glied in der Kette sein. Trotzdem musst du zeigen, was du kannst und was du hier gelernt hast.«

Ich versprach, mein Bestes zu geben.

Wenig später bekam ich einen Saisonvertrag als Küchenhilfskraft, Arbeitszeit täglich von 9 bis 15 und von 17 bis 22 Uhr, Gehalt 60 000 Lire im Monat.

Italo blinkte, und die Limousine glitt durch ein Tor in einen Park. Jahrhundertealte Kastanien und Eichen, hochgewachsene Pinien und Zedern mit breiten Kronen warfen Schatten auf weitläufige Rasenflächen, einige waren mit Blumen verziert, üppig wie prunkvolle Torten. Einen Moment blitzte ein ausladendes Dach zwischen den Bäumen hervor – das Hotel musste von herrschaftlicher Größe sein.

Ein Schauer lief mir den Rücken hinab.

Vor einem abseits gelegenen Gebäude hielt Italo und zog die Handbremse. »Das Personalhaus.«

Ich folgte ihm durch lange Flure, stieg in meinen abgenutzten Schuhen die blanken Treppen hinauf, meinen Pappkoffer in der Hand, und fühlte mich seltsam schäbig.

Am Ende eines Gangs öffnete er eine Tür.

»Hier wirst du wohnen.« Er trat zur Seite.

Das Zimmer war klein, aber keineswegs winzig. An der Längsseite standen zwei Betten, gegenüber zwei Schränke und ein Hocker. Ich stellte meinen Koffer ab. Lichtstreifen fielen auf die straff gespannten Bettlaken, die weißen Kopfkissen, und ich ging zum Fenster und öffnete die Läden. Hinter einem weiten Park erstreckten sich gelbe und ockerfarbene Sandsteinhäuser, Türme und Palazzi, eingebettet in eine Landschaft aus Hügeln voller Weinberge und Olivenhaine, hier und da ein Feld mit blühendem Mohn, und darüber spannte sich ein Himmel so golden, als hätte Cardìllu ihn gemalt.

»Morgen kommt ein Bursche aus Triest, ihr werdet euch das Zimmer teilen.« Italo zupfte an seinen Handschuhen. Ein Lächeln huschte über sein Gesicht. »Nicht, dass du denkst, du bist zum Vergnügen hier.«

Ich schüttelte den Kopf. »*No, no!*«

Er nickte, hob die behandschuhte Hand zum Gruß und schloss die Tür hinter sich, leise und behutsam, als würde das Haus sonst erzittern.

Ich ließ mich aufs Bett sinken und schloss die Augen. Es war erstaunlich still, alles schien in nachmittägliche

Ruhe gehüllt, nur ein paar Vögel zwitscherten, Blätter raschelten im Wind. Von irgendwo erklang ein Plätschern und in der Ferne das helle Lachen einer Frau.

Am anderen Morgen lief ich durch den Hotelpark und stand eine Viertelstunde vor Schichtbeginn in der Küche. Sie war noch größer als die Küche in der Schule, ein Kohleherd von ungeheurem Ausmaß beherrschte den Raum, und es gab Posten, die ich nur vom Hörensagen kannte – ein Poissonnier bereitete Fische und Meeresfrüchte zu, ein Hors d'œuvrier Vorspeisen, ein Glacier Eiscreme, und ein Grillardin war für den Grill zuständig. An einigen Tischen hackten Lehrlinge Kräuter, Hilfsköche wetzten Messer, schnitten Gemüse – Arbeiten, die ich beherrschte. Mit dem Mise en place begann in jeder Küche der Tag, man bereitete die Posten vor, damit die Köche später schnell und ungehindert arbeiten konnten, doch hier stand ich nicht einmal auf einer Stufe mit den Lehrlingen.

»Brunetti?«

Ich fuhr herum.

Ein kräftiger Mann mit rundem Kopf und Pausbacken stand vor mir, Mauro Parlanti, der Küchenchef. Er hatte seine Kochjacke bis zum Hals geknöpft, knotete eben noch sein Halstuch und schnappte sich im nächsten Moment einen Stapel Küchentücher. »Du hilfst dem Entremetier.« Er deutete auf einen Posten in der Tiefe des Raumes. »Du weißt, was dort zu tun ist?«

»*Si, Signore*, der Entremetier macht die Beilagen.«

»Bei uns bereitet er Gemüse zu, Suppen und Pasta.«

Ich nickte und lief los, vorbei am Gardemanger, der gerade schneeweiße Mozzarella-Kugeln aus einem Eimer voller Lake fischte, und am Patissier, dessen Lehrling Aprikosenmarmelade für Petits Fours rührte, und am Poissonnier, der einen riesigen Loup de mer in der Hand hielt und seinen blau schimmernden Kopf betrachtete, das große Maul, die filigrane, beinahe transparente Rückenflosse.

Der Entremetier, ein Schönling mit zurückgekämmtem Haar, Schnauzbart und kohlschwarzen Augen, befestigte ein Torchon an seiner Schürze, während sein Demi-Chef und drei Commis sich über die Menüfolgen fürs Mittagessen beugten.

»*Scusi, Signore*, ich bin die neue Hilfskraft.«

Er sah kurz auf, musterte mich, gab ein paar knappe Befehle, dann wandte er sich wieder seinen Köchen zu. Die nächsten Stunden räumte ich Arbeitstische auf, machte sauber, trug Lebensmittel aus dem Keller herauf und leere Kisten wieder hinunter, ich wusch Gemüse und palte Erbsen, bis meine Finger grün waren. Ich arbeitete zügig und konzentriert, gab acht, niemandem im Weg zu stehen, und wich den Köchen doch nicht von der Seite.

Mittags fanden zwei Bankette statt, ein Menü sah Wildterrine mit Himbeersoße vor, als Suppe Tortellini in brodo, als Vorspeise Tagliatelle mit Scampi und Tomaten, dann Saltimbocca alla romana, als Dessert Profiteroles, danach eine Auswahl an Parmigiano mit Birne, Taleggio und Bel Paese; das andere Menü bestand aus Languste en bellavista, getrüffelter Gänseleber, Risotto mit sizilianischen Scampi und Pachino-Tomaten, Loup de mer in Salzkruste, Crème Caramel sowie einer Auswahl an Parmigiano mit Staudensellerie, Gorgonzola und Provolone. Außerdem wurde für die beiden Restaurants à la carte gekocht.

Mir schwindelte, als ich die Speisekarten las.

Gegen halb eins begann die Schlacht. Töpfe klapperten, Pfannen krachten, Öl zischte, und Flammen schossen hoch, es kochte, brodelte, sprudelte, und der Herd fauchte wie ein Ungeheuer. Die Köche richteten Filets und Loup de mer auf silbernen Platten an, drapierten drei Sorten Kartoffeln und vier Sorten Gemüse darum herum, ein Bouquet aus Karotten und ein Nest aus Mangold. Sie brieten ganze Fasane, die der Oberkellner am Tisch tranchierte. Sie brieten ein Lamm und lösten den Rücken sauber von den Knochen, richteten ihn auf einem Podest an und illuminierten es von unten mit kleinen Lampen. Silvester hatten wir in der Schule ein Bankett ausgerichtet, hatten Langusten, Roastbeef und Kalbsrücken aufgefahren, und der Gardemanger meißelte eine Statue aus Eis, die er von innen beleuchtete – als Signor Caruso sie in den Speisesaal schob, hatte ich mich gefühlt wie in einem Märchen, doch was ich nun sah, übertraf alles.

Inmitten dieses Tosens stand der Küchenchef und dirigierte seine vierzig Köche, so präzise, dass scheinbar spielend alle Gerichte in sämtlichen Speisesälen in tadelloser Reihenfolge serviert wurden und die fünfzehn verschiedenen Vorspeisen eines einzelnen Tischs alle zum exakt selben Zeitpunkt fertig waren, sowohl diejenigen, die nur wenige Minuten Zubereitungszeit benötigten, als auch die, die aufwendig anzurichten waren.

»Ein Menü ist eine Kunst, Luigi«, sagte Signor Parlanti am Nachmittag und rührte in seinem Cappuccino. »Ein riesiges Puzzle, bei dem sich alle Teilchen ineinanderfügen.«

»*Sì*, und dabei arbeiten alle Posten perfekt zusammen – vierzig Köche und keiner steht dem anderen im Weg, keiner schimpft, nichts fehlt, alles passt.« Ich nippte an meinem Espresso, er hatte eine feine goldbraune *crema* und schmeckte kräftig und sehr weich. »Die ganze Küche funktioniert wie ein gut geschmiertes Uhrwerk.«

Er lachte und leckte Milchschaum von seinem Löffel. »Bei uns geht es nicht zu wie in einem Büro, *ragazzo*, wo jeder seinen Schreibtisch hat und seine Arbeit macht. Eine Küche funktioniert nur, wenn alle zusammenarbeiten, du musst deine Kollegen immer im Blick haben, du musst immer mitdenken und dich abstimmen – *comunicazione*!«

Ich nickte, und er schlürfte einen Schluck Cappuccino und leckte sich die Lippen. »Außerdem arbeite ich schon lange mit dieser Brigade, im Sommer kochen wir im Grand Hotel La Pace, im Winter im Principe di Piemonte in Sestriere in den Alpen.«

Er nahm ein Petit Four, betrachtete es einen Moment wie ein Juwel, dann schob er es in den Mund.

»Himmlisch.« Er schloss die Augen und leckte sich ein weiteres Mal die Lippen. »Junge, unser Patissier ist ein Meister. Du wirst in ganz Italien keinen besseren finden.«

Luigi, dachte ich, als ich am Abend zum Personalhaus lief, du bist ein Nichts.

Trotzdem ließ der Entremetier mich nach einer Weile beim Mise en place mithelfen. Ich hackte Zwiebeln, Knoblauch und Petersilie, füllte Salz und Pfeffer nach, Gewürznelken und Rosmarin, Salbei und Schnittlauch, Weißwein, Rotwein und Olivenöl, ich tournierte Karotten, schnitt Zucchini, schnitzte Brokkoli-Röschen. Besprachen die Köche Speisefolgen, Rezepte oder Arbeitsabläufe, sog ich jedes Wort auf. Stellte ich eine Frage, bekam ich immer eine Antwort – und mit einem Mal fanden all die fremden Lebensmittel, die betörenden Aromen und verwirrenden französischen Ausdrücke, die ich in der Schule gelernt hatte, in eine Ordnung. War ich wie im Nebel durch den Unterricht der ersten Monate getaumelt, begann ich zu verstehen, warum Gemüse blanchiert wurde (um es vorzugaren und damit es seine Farbe behielt), warum Köche manchmal ein Stück in Mehl gewendete Butter in die Soße rührten (um sie schneller zu reduzieren) und wie man sich half, wenn der Herd nicht schnell genug heiß wurde (man gab einen Tropfen Öl auf die Platte und konnte im nächsten Moment die Pfannen erhitzen).

Anders als in der Hotelfachschule gab es in der Küche des Grand Hotel La Pace keine Scheibe, durch die man einen Blick ins Restaurant werfen konnte, und so streifte ich eines Tages in der Stille des Nachmittags durchs Haus. Es war von überwältigender Pracht. Hohe Deckengewölbe voller Stuckornamente wölbten sich über meinem Kopf, Säulengänge mit monumentalen Rundbögen führten in eine Lobby mit weichen Teppichen, ausladenden Sofas und funkelnden Kronleuchtern. Meine Schritte hallten auf Marmorböden, ich spähte in Speisesäle groß wie Fußballfelder, in denen weiß gedeckte Tische und rotsamtene Lehnstühle unter bemalten Kuppeln standen.

Mir war, als wäre ich in einem Film.

»Hier haben schon Verdi und Puccini gespeist«, sagte Fabio, einer der Commis, ein hoch aufgeschossener Mailänder. »Und Hollywoodstars wie Clark Gable, Spencer Tracy, Audrey Hepburn, Orson Welles und ...«, er schlug die Augen zum Himmel und küsste seine Fingerspitzen, »*la grande* Claudia Cardinale! In diesem Hotel wurden Filme gedreht, Verteidigungsminister Giulio Andreotti hat in einer Suite logiert und Gianni Agnelli, der Fiat-

Präsident. Generäle, Prinzen und Regenten lagen in den Thermen von Montecatini.«

Mir stand der Mund offen. Einige Namen hatte ich schon gehört, andere nicht, doch ich begriff, dass es sich um außergewöhnliche Persönlichkeiten handelte, Menschen, die Besonderes vollbrachten. An manchen Tagen, wenn ich durch den Park zum Personalhaus lief, erhaschte ich einen Blick auf einen Rolls-Royce oder eine Limousine, lang wie ein Autobus. Sonst sah ich nichts von den illustren Gästen. Als der Schah von Persien im La Pace abstieg, stand ich von morgens bis abends in der Küche. Als die Queen von England kam, schnippelte ich Gemüse und rührte Consommés, denn sie aß gern leicht, Suppen, Brühe, Gemüse.

»Mag Elisabetta etwa kein Lamm in Minzsoße?«, unkte der Rotisseur.

»*Madonna*, sie ist nach Italien gekommen, weil sie endlich einmal gut essen will«, antwortete der Poissonnier.

Alle lachten, auch der Chef de cuisine schmunzelte.

Abends ging ich, müde und aufgekratzt, mit meinen Kollegen aus. Das Gambrinus lag wenige Minuten entfernt in der Viale Verdi, an einem Platz, der an drei Seiten von historischen Gebäuden mit mächtigen Arkaden umgeben war. Adriano Celentano trat hier auf, Mina oder Gianni Morandi, der zwei Jahre zuvor mit *Fatti mandare dalla mamma a prendere il latte* über Nacht zum Star geworden war, und weil die meisten Kellner bei uns im Personalhaus wohnten, sahen sie weg, wenn wir uns nach Feierabend zu zehnt um einen Tisch drängten, während um uns herum Cocktails bestellt wurden und Champagner. Champagner – allein das Wort klang wie Musik. Eine Flasche kostete 60 000 Lire, einen ganzen Monatslohn, und manchmal steckte uns ein Kellner eine nicht leer getrunkene Flasche zu. Jeder nahm ein Schlückchen, ließ es im Mund prickeln, um schließlich mit Kennermiene zu sagen: »*Sì, sì*, der ist sein Geld wert.«

Etwas oberhalb des Ortes lag das Le Panteraie, wo Portiers in Livree Gäste wie Domenico Modugno oder Sophia Loren empfingen. Eines Abends trat Roberto, einer der Kellner im La Pace, als Sänger im Le Panteraie auf, sodass wir ausnahmsweise eingelassen wurden, durch den Hintereingang. Um einen beleuchteten Swimmingpool zogen sich weitläufig ein Restaurant, mehrere Bars und die Bühne, ein Orchester spielte, und die Gäste sprachen Englisch und Französisch, hier und da schnappte ich auch ein paar Wörter Deutsch auf. Die Kellner trugen weiße Handschuhe. Wir bestellten Bier und tranken es sehr langsam.

Inzwischen hielt ich mein Geld zusammen.

Am Ende des ersten Monats, ich hatte gerade meinen Lohn bekommen, sechs große Zehntausend-Lire-Scheine, war ich mit Amedeo, meinem Zimmerkollegen, in den Kursaal auf dem Corso Roma gegangen. Überall amüsierten sich schöne Frauen und elegante Männer, sie lachten, einige tanzten. In einer Ecke entdeckte ich einen Schießstand mit kleinen bunten Gipsfiguren. Als Hauptgewinn lockte ein Fotoapparat, eine Kodak-Kamera.

»Halt mal.« Ich reichte Amedeo mein Bierglas, winkte dem Mann hinterm Tresen und ließ mir ein Gewehr geben.

»Pass gut auf – siehst du den Fotoapparat? Den hol ich mir!«

Amedeo lachte und nahm einen Schluck Bier, während ich anlegte, zielte – und schoss.

Einmal. Zweimal. Dreimal.

»Noch ein Versuch?« Der Mann hinterm Tresen trat einen Schritt vor, im Mundwinkel eine Zigarette, auf seinen Lippen ein Grinsen. Ich streckte die Schultern, nickte.

Und schoss. Einmal, zweimal, dreimal.

Nach zehn Schüssen hatte ich zwei Gipsfiguren getroffen.

»Noch mal?« Das Grinsen schien dem Kerl auf den Lippen zu kleben.

Amedeo zog mich am Ärmel.

»Hör auf, das wird nichts, du hast kein Glück.«

»Lass mich!«

Ich schob ihn beiseite und ließ das Gewehr nachladen.

»Ich hol mir den Fotoapparat!«

Ich legte an, zielte, schoss. Es war wie ein Rausch, ein einziger Leichtsinn, und am Ende blätterte ich 10000 Lire auf den Tisch, und der Mann begleitete mich ins Personalhaus, wo ich ihm weitere 30000 Lire gab. Wut brannte in meinem Bauch. Die Arbeit von Wochen war dahin, und ich selbst schuld.

»Noch ein Getränk, *Signori*?«

Wir schüttelten die Köpfe. Der Kellner zögerte einen Moment, dann ging er weiter. Am Pool schien Licht aus dem Wasser aufzusteigen, und eine Frau in schimmernder Robe, auf ihrem Dekolleté ein Diamantcollier, rauchte eine Zigarette, die in einer goldenen Spitze steckte. Zwei Männer standen bei ihr, redeten auf sie ein, doch die Frau lächelte nur, erst als der jüngere der beiden offenbar einen Witz erzählte, legte sie den Kopf in den Nacken und lachte, sie hatte einen großen Mund, weich geschwungene Lippen und strahlende Zähne. Mir war, als hätte ich sie schon einmal gesehen. Der ältere

Mann winkte einem Ober, der herbeieilte und eine Flasche Champagner öffnete.

Wie schön die Welt sein konnte, wie luxuriös das Leben.

Würde ich Franco, Domenico oder den anderen im Dorf davon erzählen, sie würden es nicht glauben.

Zù Saveru hatte recht, Koch war ein guter Beruf. Noch stand ich am Anfang, doch schon jetzt öffnete er mir Türen. Es war Luigi Brunetti, Schüler der ENALC in Rom, den man in die Welt des Grand Hotel La Pace, des Gambrinus, des Le Panteraie einließ – Luigi Brunetti aus Mandatoriccio, Via Pace Nr. 26, hätten alle fortgejagt. Niemals würde ich reich sein wie die Gäste im Le Panteraie, nie berühmt wie Celentano, nie bedeutend wie die Queen – doch auch ich konnte etwas aus meinem Leben machen. Ein guter Koch konnte viel erreichen. Signor Parlanti verdiente als Küchenchef 1,8 Millionen Lire im Monat – seiner Kunst, täglich perfekte Menüs zu inszenieren, verdankte die Küche des Grand Hotel La Pace ihren Ruf. Wenn ich lernte, hart arbeitete und eine gute Prüfung ablegte, wenn ich Erfahrungen sammelte, ins Ausland ging und in namhaften Hotels kochte, als Commis anfing, mich zum Demi-Chef de partie hocharbeitete, zum Chef de partie, zum Sous-Chef, konnte ich auch Chef de cuisine werden.

Die Welt stand mir offen.

Es war eine Frage des Fleißes.

»*Allora...*« Gianni aus Cremona maß einen Meter fünfzig, doch sein Mundwerk war riesig. »Ich hab 400 000 Lire verdient.«

»Wo warst du?«, fragte Valeriano aus Verona.

»In einer Trattoria in Rimini.« Gianni trank einen

Schluck Coca-Cola, die Eiswürfel im Glas klirrten. In Rimini machten viele Deutsche Urlaub, in ihren Volkswagen fuhren sie über die Alpen, den kurvigen Passo del Brennero.

»Wir waren zu zweit in der Küche, der Koch und ich – zwölf Stunden am Tag Spaghetti al pomodoro und Würstel am Rost.«

Draußen über dem Meer sank die Sonne und tauchte alles in gelbes Licht. Es war ein Spätnachmittag Mitte September, vor einer Woche hatte das zweite Schuljahr begonnen. Ich zog an meiner Zigarette, und Domenico Parotta stupste Giacomo an, der zwei Mädchen nachsah, die in kurzen Röcken über langen Beinen die Promenade hinunterflanierten.

»Und du? Wo warst du während der Saison?«

Giacomo errötete. »In einer Pension in Riccione.« Er griff nach seiner Tasse. Sie war leer. Ich winkte dem Kellner. Drinnen warf jemand Geld in die Musikbox, *Il tuo bacio è come un rock* ertönte, und ich dachte an den Abend, als Adriano Celentano im Gambrinus aufgetreten war – wir kamen spät, weil im Hotel mehrere Bankette stattfanden, doch Celentano stand noch auf der Bühne, er trug ein schwarzes Jackett, weiße Hosen und weiße Schuhe und tanzte zu seinen Liedern, als hätte er Gummi in den Beinen.

»Der Padrone hat gekocht, und seine Frau war im Service. Sie haben mich Menüs zusammenstellen und Preise kalkulieren lassen.« Die Röte auf Giacomos Wangen wich stillem Stolz; diesmal hatten er und sein Cousin keine wollenen Unterhosen mitgebracht.

»Am Ende der Saison hat mir die Chefin sogar 50 000 Lire mehr bezahlt als vereinbart.«

Gianni schnalzte anerkennend.

»Ich hab im *ristorante* meines Onkels gearbeitet«, sagte Alessandro, der Metzgersohn aus Ligurien. »Von neun Uhr morgens bis Mitternacht.«
Ich pfiff durch die Zähne.
»Für 150 000 Lire im Monat!«
»Aber so eine Arbeit hält doch niemand lange durch.«
Ich zog an meiner Zigarette und drückte sie aus. Sandro zuckte mit den Schultern. Der Kellner brachte den *caffè*.
»Und wo warst du?«, fragte Gianni.
»In der Toskana.« Ich fuhr mit dem Finger zwischen Kragen und Krawatte; wie im Jahr zuvor hatte Signor Bassi uns mit seinem Scheinwerferblick empfangen. »Ich war im Grand Hotel La Pace.«
Nun stieß Gianni einen Pfiff aus. »Fünf Sterne, nicht wahr? Der Küchenchef ist Mauro Parlanti.«
Ich nickte.
»*Madonna* ...« Valeriano löffelte Zucker in seinen Cappuccino.
»*Piano, piano*. Ihr wisst, dass man in so einem Haus ein Niemand ist. Ich hab keine Menüs kalkuliert, und ich hab auch keine Prämie bekommen.«
Valeriano zog ein Päckchen Nazionali aus seiner Hemdtasche. »War Walter nicht auch mal im La Pace?« Er und Claudio hatten im Frühjahr ihr Diplom gemacht und arbeiteten nun als Commis in Genf.
Gianni nickte.
Ich lehnte mich zurück und streckte die Beine aus. »Es war auf jeden Fall eine tolle Erfahrung. Und ich habe ein gutes Zeugnis bekommen.« *Brunetti war aufmerksam, arbeitsam und pünktlich*, hatte Signor Parlanti geschrieben, *ich würde ihn jederzeit empfehlen*.
»So ist es immer.« Valeriano nippte an seinem Cappuccino. »Entweder du arbeitest in einem renommier-

ten Haus und lernst viel, oder du gehst in eine Pension oder Trattoria und verdienst viel.«

Ich schnippte einen Aschekrümel von meiner Hose. Der Himmel glänzte rosa, und eine goldene Linie schimmerte zwischen Horizont und Meer. »Um ein guter Koch zu werden, musst du Erfahrungen sammeln.«

Valeriano seufzte.

»*No, no!*« Gianni stellte sein Glas auf den Tisch; die Eiswürfel waren geschmolzen und klirrten nicht mehr. »Wenn wir die ENALC verlassen, haben wir eine erstklassige Ausbildung. Dann will ich Geld verdienen.«

Eine Möwe ließ sich von der Thermik tragen, und ich zuckte mit den Schultern. Mit guten Zeugnissen, Wissen und Erfahrung würde ich langfristig mehr Geld verdienen – zugleich schreckte mich der Gedanke, mich über Jahre hochzuarbeiten. In zehn Jahren wäre ich fünfundzwanzig, in fünfzehn Jahren dreißig, ein alter Mann, *Mamma mia.*

Valeriano gähnte und knackte einen Kürbiskern. Die halbe Nacht hatte Signor Bassi uns Toiletten schrubben lassen, und als alle Bäder bereits blitzsauber waren, schickte er uns ein weiteres Mal mit Schrubber, Schwamm und Scheuersand los, denn Gianni hatte am Abend zuvor einen Eimer Wasser auf die Zimmertür gestellt, sodass ein paar neue Mitschüler eine Dusche abbekamen, als sie eintraten.

»*Bassi non prendete in giro!*«

Wir fuhren zusammen, als der Satz durch den Flur dröhnte.

Gianni wurde blass.

»Wer war das?« Der Scheinwerferblick kreiste durchs Zimmer.

Niemand gab einen Mucks von sich.

»Gut.« Der Hausmeister senkte die Stimme. »Gianni, aufwischen! Alle anderen ins Bad, *subito*!«

Wir waren müde und wütend, doch niemand petzte. Anfangs hatte ich die rigiden Strafen verflucht, inzwischen verstand ich Signor Bassi. Er erwartete, dass wir uns an die Hausordnung hielten, so wie die Köche erwarteten, dass wir in der Küche aufmerksam, pünktlich und fleißig waren. Im Dorf war ich meinen eigenen Regeln gefolgt, denn ich wusste, dass Mamma mich immer beschützen würde. In der Fremde, allein auf mich gestellt, musste ich mich behaupten, und das hieß auch, mich zu fügen. Man erwartete Respekt von mir – und respektierte mich, wenn ich mich an die Regeln hielt.

»Aber erzähl mal, wie war es im La Pace?« Valeriano spuckte ein Stück Kürbiskernschale aus. Ich zögerte und fischte eine Nazionali aus dem weißen Päckchen auf dem Tisch; nur Neureiche und Wichtigtuer geben an, hatten die Kollegen im Grand Hotel gesagt.

»*Allora*, was mich am meisten beeindruckt hat, war die Organisation. Vierzig Köche kochen zweimal täglich à la carte und für mehrere Bankette – und alles funktioniert perfekt. Gut, der Entremetier hat mal geschimpft, der Saucier hat geflucht, aber die bereiten auch viel à la minute zu. Alles andere lief wie ein Uhrwerk.«

»Hast du berühmte Leute kennengelernt?« Gianni lehnte sich zurück und streckte seine kurzen Beine aus.

Ich grinste. »Einmal war der Schah von Persien da, aber ich hab den ganzen Tag Petersilie geschnitten. Und dann kam die Queen ...«

Gianni schoss vor. »Die Queen von England?«

»Welche sonst?« Ich hob die Brauen und lachte.

Auch im Dorf hatten sie gestaunt. Anfang September verabschiedete der Küchenchef im La Pace die Saisonkräfte, und da das neue Schuljahr erst in einer Woche begann, kaufte ich eine Zugfahrkarte und fuhr nach Hause.

»Ginùzu!« Mamma wischte sich die Hände an ihrer Schürze ab und zog mich an sich, sie umarmte mich, lachte und weinte und ließ mich nicht mehr los.

Nach einer Weile löste ich mich, wischte mir die Augen und zog ein Päckchen hervor.

Behutsam löste sie das Papier und zog ein seidenes Kopftuch aus der Verpackung. »*Che bello* ...« Sie strich über den weichen Stoff.

»Ich hab es auf dem Markt in Montecatini gekauft. Deine sind alle schwarz, und ich dachte, ein buntes Kopftuch wäre auch mal schön.« Draußen fuhr ein Fahrrad übers Pflaster, irgendwo spielte ein Radio *Il tuo bacio* ... und eine Frau lief die Treppe neben unserem Haus hinauf, ihre Absätze klackerten auf den Stufen. Auf dem Herd köchelten Bohnen, es roch nach gebratenem Speck, gedünstetem Knoblauch und Zwiebeln und nach dem Schinken, der an einem Stock unter der Decke hing. Ich nahm einen Stuhl und setzte mich an den Tisch.

Mammas Augen glänzten, und sie nahm meine Hände in ihre. »Du musst mir alles erzählen, Ginùzu, alles. Aber erst mach ich dir einen Teller Pasta e fagioli.«

Kurz darauf brodelte Wasser, Mamma kochte Bohnen und pürierte einen Teil, um die Brühe zu binden, sie wusch samtig-weiche Salbeiblätter und entfernte ihre Stiele, sie gab kross gebratenen Speck, tiefrote Peperoncini und Pasta in den Topf und füllte die Küche mit dem Duft von Trost und Zuhause. Schließlich schöpfte sie einen Teller voll Pasta e fagioli und stellte ihn vor mich. Ich schloss die Augen und sog den vertrauten Geruch ein. Mit einem Mal löste sich tief in meinem Inneren ein Knoten – all die heruntergeschluckte Angst der vergangenen Monate, mein Heimweh in der Ferne und die Sorgen ums Geld schmolzen wie die Lardo-Stückchen in der heißen Suppe. Ich tauchte den Löffel ein, kostete die mehligen Bohnen, die vertraute Schärfe der Peperoncini.

Mit jedem Bissen wurde mein Herz leichter.

Am Abend kam Franco aus der Schreinerei.

»Hast du im Hotel berühmte Leute gesehen?«, fragte er, als er die Weinflasche öffnete, die Mamma aus dem Keller heraufgeholt hatte.

»Der Schah von Persien war da.« Ich nahm drei Gläser vom Regal. »Und die Queen.«

Meinem Bruder stand der Mund offen. »Die Queen von England?«

Ich hob eine Braue und lachte. »Welche sonst?«

»*Madonna!*« Er ließ sich auf einen Stuhl fallen.

Mamma stellte zwei dampfende Teller Pasta auf den Tisch. »Esst, *ragazzi.*« Sie strich mir übers Haar. Ihr Gesicht glänzte im matten Licht, das durch die Fensterläden fiel, und sie lächelte, stolz und glücklich.

»Wie ist sie, die Königin von England?«, fragte Franco.

»Ich hab nur Suppe für sie gekocht.«

»Hast du nicht mit ihr gesprochen?«

»*No.*«

»Warum nicht?«

Ich lachte und schüttelte den Kopf. »Als Koch bekommst du wenig mit von den Gästen. Ich weiß nur, dass sie abends gern leicht isst.«

Ich sah die Enttäuschung in seinem Gesicht.

»Aber Adriano Celentano hab ich gesehen und Mina und Gianni Morandi. Und ...« Ich löste mit der Zunge ein Stück Peperoncini von meinen Zähnen. »Einmal kam Sandro Mazzola in die Schulküche.«

Franco erblasste. »*Der* Sandro Mazzola?«

Ich nickte. »Er war zu einem Bankett eingeladen, und nach dem Dessert fragte der Küchenchef, ob er ein Autogramm bekommen könnte, einer der Köche sei *Interista*. Daraufhin kam Mazzola höchstpersönlich in die Küche.«

Franco, der gerade angesetzt hatte, einen Löffel Bohnen zum Mund zu führen, erstarrte.

»Er hat sich angeschlichen und dem Koch auf die Schulter geklopft – dem ist beinahe das Salz in die Soße gefallen. Der ist fast ohnmächtig geworden!«

»Wäre ich auch.« Franco schnappte nach Luft.

Mamma lachte und schenkte uns Wein nach.

»*Per dio*, einen Star wie Sandro Mazzola – den sieht man doch nur im Fernsehen. Wenn ich erzähle, dass mein Bruder Sandro Mazzola getroffen hat, glaubt mir keiner.« Mein Bruder schob seinen Löffel in den Mund.

Ich zuckte mit den Schultern.

»Hast du auch ein Autogramm bekommen?«

»Ich bin nur ein kleiner Lehrling.«

Er schluckte, straffte die Schultern und streckte das Kinn vor, in seinem Blick lag die ganze Autorität des älteren Bruders. »Versprich mir, dass du das nächste Mal, wenn du einen Star triffst, ein Autogramm mitbringst!«

Ich lächelte. »*D'accordo* – einverstanden.«

Es dämmerte, als Papà aus den Weinbergen heimkam. Seine Hände waren schmutzig, seine Nägel voller Erde, von seinen Schuhsohlen bröckelte Lehm. Er legte seinen Hut ab und ließ sich auf einen Stuhl fallen, Mamma stellte einen Teller Pasta e fagioli auf den Tisch und schenkte ihm Wein ein, er nahm einen langen Schluck.

»Und?«, fragte er, als er den Löffel in die Suppe stach und mich über den Tellerrand hinweg musterte. »Bist du gesund?«

»*Sì*, es geht mir gut. In der Schule habe ich viel gelernt, und den Sommer über hab ich in einem Hotel in der Toskana gearbeitet.«

»Ein Hotel, in dem der Schah von Persien absteigt«, fügte Franco hinzu. »Und die Queen von England.«

Papà gab einen unverständlichen Laut von sich.

»Die Queen ist in einer Limousine vorgefahren, länger als ein Autobus! Und die Portiers und Kofferträger tragen weiße Handschuhe!«

Papà beugte sich vor und schob eine weitere Ladung Pasta und Bohnen in den Mund.

Am Tag darauf zog ich die grüne Weste an, die ich im Schlussverkauf in Montecatini gekauft hatte, dazu ein sauberes Hemd. Ich rasierte mich, kämmte meine Haare, putzte die Schuhe. Dann ging ich auf die Piazetta und kaufte in der Bar zwei Schachteln Zigaretten.

»*Prego*...«, sagte ich, als der Wirt nach den Nazionali griff. »Zweimal Marlboro.«

Er legte die Schachteln zurück.

»Bist du nun auch ein feiner *Signore*?«

»*No*.« Ich zählte die vier Hundert-Lire-Münzen auf den Tresen. »Ich bin Ginù, Ginù Generosu.«

Ich nahm die Zigaretten und ging die Via Pace hinunter zur Piazza del Popolo, wo das Postauto stand, der Fahrer hob eben eine Kiste vom Dach. Signora Bianchi trat aus der Apotheke, und Signora Parotta verließ mit einem Ballen roten Stoffs unter dem Arm den Laden des Tuchhändlers. Ich grüßte und bog in die Via Chiesa. Auf dem Bänkchen vor seinem Haus saß Zù Saveru im blassen Licht und spielte Gitarre. Er trug ein helles Hemd, eine schwarze Weste, sein Haar war zurückgekämmt, das linke Hosenbein hatte er aufgeschlagen. Er sah auf, als er meine Schritte hörte.

»Ah, Ginù ...«
»*Buongiorno*, Zù Saveru.«
»*Come va?*«
»*Va bene, grazie*, es geht mir gut.«
Er legte die Gitarre beiseite. »Ich habe gehört, du hast Karriere gemacht?«
»*No, no* ...« Ich errötete. Er lächelte und deutete auf den leeren Platz an seiner Seite.
»Erzähl mir, wie es dir ergangen ist.«
Ich setzte mich, lehnte mich an die Hauswand, die schon warm war von der Sonne, und dachte zurück an den Tag, an dem Papà Mamma und mich verprügelt hatte, jenen Abend, bevor ich in den Zug gestiegen und nach Rom gefahren war. Zù Saveru hörte zu, mit leicht geneigtem Kopf, er unterbrach mich nicht, fragte nur ab und zu nach einem Namen, einem Detail.
»Du wirst deinen Weg gehen, Ginù«, sagte er, als ich geendet hatte.
Wieder errötete ich.
»Bald wirst du Commis sein.« Er strich über meine Weste, befühlte die Wolle, nickte. Eine Katze sprang vom Sims von Signora Mariottis Küchenfenster, und ein Stück die Straße hinunter beugte sich Tabaccòne vor wie beim Boccia, holte aus und schwang den Arm, dann warf er eine Nuss. Mit einem trockenen Geräusch landete sie im Staub. Ich zog die Zigarettenpäckchen hervor – in eines hatte ich einen Fünftausend-Lire-Schein geschoben.
»Ich möchte mich bedanken, Onkel Saveru.«
Er stieß ein kurzes Schnalzen aus, schüttelte den Kopf.
»*Sì, sì*«, sagte ich.
Er räusperte sich, hustete.
»Ich hab Ihnen viel zu verdanken.« Ich legte die Zigaretten auf die Bank. »Ihnen und Mamma.«

Wieder schüttelte er den Kopf. »Das hab ich gern getan, Ginù.«

Am Nachmittag besuchte ich Domenico, Zà Peppina und Zù Peppe. Am Abend traf ich Mario und Giovanni Lavorato und Battista Ventura; auch sie waren nach Rom gezogen, doch sie waren älter als ich und hatten ihre Ausbildung schon beendet. Am Abend darauf trank ich *caffè* mit Pasquale Rossano, dem Sohn des Alteisenhändlers, der in einem Hotel in Lausanne arbeitete.

»Dort sprechen sie Französisch, oder?«

Pasquale nickte.

»Das lerne ich in der Schule. Vielleicht könnte ich eines Tages auch in der Schweiz arbeiten?«

Er schrieb die Adresse seines Hotels auf ein leeres Zigarettenpäckchen.

Im Nu war die Woche um, und an einem Nachmittag Mitte September 1964 stieg ich ins Postauto, fuhr hinunter nach Marina di Mandatoriccio, stieg in den Zug Crotone-Roma und stand am anderen Morgen auf dem Bahnhof *Stazione Roma Termini*. Diesmal wusste ich, dass die Metropolitana unter der Erde fuhr.

In der Pfanne schmolz Butter, es knisterte und zischte, als ich Zwiebelwürfel hineingab, und ein süß-scharfer Geruch stieg auf. In der Kasserolle am Rand des Herds köchelte Arborio, den ich zuvor angeröstet und mit Weißwein abgelöscht hatte.

»Brunetti, was gibt's?« Der Entremetier schnürte seine Schürze und sah mir über die Schulter.

»Risotto, *Signore*.«

Er schlug die Augen zur Decke. »Ist das alles, was du kannst?«

»Nein, *Signore*.« Ich schwenkte die Kasserolle und

prüfte die Festigkeit des Reises. »Aber Risotto kann ich ganz gut.«

Er grinste und nahm ein Küchentuch vom Regal. Als Lehrling im zweiten Jahr durfte ich, wenn der Chef de partie, sein Demi-Chef und die Commis am Nachmittag Pause machten, den Posten für den Abend vorbereiten. Nun war es halb sieben, der Knoblauch gehackt und die Petersilie, ich hatte Salz nachgefüllt, Pfeffer, Gewürze, Weißwein, Rotwein, Olivenöl, hatte Kartoffeln tourniert, Bohnen geschnippelt und Lauch geschnitten. Und ich hatte das Abendessen für meine Kollegen zubereitet.

Gerade tauchte der Entremetier einen Löffel in die Kasserolle. »Ein gutes Risotto ...«

»... ist sämig und schwappt wie eine träge Welle durch den Topf.« Ich nahm die Kasserolle vom Herd und zog Butter unter und Parmigiano. Der Entremetier gab meinem Kochhut einen Stüber; das tat er öfter, seit sich herumgesprochen hatte, was Signor Parlanti in mein Zeugnis geschrieben hatte.

Während die Köche Risotto alla parmigiana aßen, bereitete ich das Hauptgericht vor. Im Ofen garte eine Kalbshaxe, im Ganzen gebraten und mit Lardo di Colonnata gespickt. Lardo di Colonnata war schneeweißer Schweinespeck aus der Gegend um Carrara, die Arbeiter in den Marmor-Steinbrüchen aßen ihn, denn er gab Kraft, er wurde in Salz und Kräutern eingelegt und in Marmorkrügen gelagert, denn Marmor kühlte und ließ das Fleisch zugleich atmen, sodass er nach sechs bis acht Monaten ein betörendes Aroma von Rosmarin und Salbei verströmte, von Zimt, Nelken, Pfeffer und Kardamom. Inzwischen war der Braten, den ich mit einer Salzkruste ummantelt hatte, wohl durch – ein guter Koch hatte ein Gefühl für den richtigen Moment, denn unter der Kruste war das Fleisch nicht zu sehen. Mit einem Löffel schlug ich auf das weiße Stück Fleisch. Die Kruste splitterte mit einem Geräusch wie brechendes Eis auf einem See. Mit einem Tranchiermesser schnitt ich den Braten auf und arrangierte alle Teile wieder fein säuberlich um den Knochen.

»Oh ...« Der Patissier beugte sich über den Tisch und hob seine schweren Brauen.

»*Garretto di vitello al sale grosso?*« Der Gardemanger schob seinen Kochhut zurück; als Commis hatte er selbst in Montecatini Terme gearbeitet. »Kalbshaxe in Salzkruste, eine Spezialität im La Pace, wenn ich mich richtig erinnere.«

Ich nickte und beobachtete, wie er in das helle Fleisch stach, wie er es zerteilte, ein Stück aufspießte, es von allen Seiten betrachtete und schließlich die Gabel in den Mund schob. Mein Blick hing an seinen Lippen, seinem bedächtig kauenden Mund.

Auch die anderen kauten.

Niemand sagte etwas.

An meinem Haaransatz löste sich ein Schweißtropfen, rann die Stirn hinab, die Schläfe, die Wange.

»*È molto buono*«, murmelte schließlich der Gardemanger.

Der Entremetier gab ein unbestimmtes Geräusch von sich und spießte noch ein Stück Lardo auf seine Gabel.

»Vielleicht ein wenig zu lange gegart«, sagte der Rotisseur.

Ich schluckte.

»*No, no, à point*«, sagte der Gardemanger. »Das Fleisch ist zart und saftig, und die Salzkruste hat ihm ein feines Aroma gegeben.«

Ich errötete.

»Da hast du dich was getraut.« Der Patissier zwinkerte mir zu.

Der Entremetier nickte. »Du kannst doch mehr als nur Risotto.«

»Ich verstehe zwar nicht, warum in eurem Dorf alle Koch werden wollen«, sagte der Rotisseur mit vollem Mund. »Aber ihr stellt euch zumindest nicht dumm an.«

Der Gardemanger stieß auf und leckte sich Fett von den Lippen. »Es schmeckt genau wie im La Pace.«

Dann lud er ein zweites Stück Haxe auf seinen Teller.

»*Grazie*«, sagte ich und ging zurück an meinen Herd.

Ein paar Wochen später durfte ich während eines Banketts zum ersten Mal in den Speisesaal. Am Büfett schnitt ich Fleisch auf, erklärte, wie Pollo alla diavola gewürzt wurde – mit Rosmarin, Peperoncini, Zitronensaft und einer Messerspitze Zimt –, und empfahl Gästen, die eine leichte, aber sättigende Vorspeise wünschten, Vitello tonnato oder Carpaccio di Bresaola. Ich reichte Zutaten, als der Maître d'Hôtel Filet in Rotwein und Pfeffer am Tisch zubereitete, das Filet mit Mehl bestäubte, es mit Zwiebeln anbriet, mit Cognac ablöschte und in Rotwein und Demi-glace ziehen ließ, bis es die gewünschte Garstufe – cru, saignant, à point, bien cuit – erreichte. Ich assistierte dem Chef de rang, der in einer Kupferpfanne Tagliatelle in Butter und Schinken schwenkte, Sahne, Eigelb und Parmigiano unterzog und frische Pasta Alfredo servierte. Ich sah zu, wie er auf seinem kleinen Spirituskocher Crêpes Suzettes wendete und mit Orangenlikör flambierte, und spürte ein warmes, sattes Gefühl in meinem Bauch, es setzte sich fest und breitete sich aus, ein Gefühl von Glück.

Das Glück, ein Koch zu sein.

Die Angst, Fehler zu machen oder gar wegen Versa-

1. Neu in Deutschland: mit einem italienischen Bekannten Ende der Sechzigerjahre bei der Internationalen Kochkunstausstellung auf dem Frankfurter Messegelände

2. 1971: Eröffnung des ersten eigenen Restaurants im NordWestZentrum in Frankfurt

*3. Kochkurse in den Main-Gaswerken Anfang der Siebzigerjahre – La cucina italiana für deutsche Hausfrauen und Hobbyköche*

*4. Luigi, Elisabetta und Luigis Mutter*

5. 1971 mit Elisabetta zu Hause in Mandatoriccio

6. Luigi Brunetti und Elisabetta Chiarelli heiraten 1973 in La Madre dei Santi Pietro e Paolo

7. Die ragazzi Toni Grande (M.) und Domenico Pugliese (r.) kochen bei der Hochzeit ihres Freundes im Kindergarten von Mandatoriccio

8. Der Hochzeitszug vor der Kirche

9. Das Brautpaar und die Familien

10. Die drei Omis aus der Löwengasse Ende der Siebzigerjahre: Tina, Greta und Maria (v.l.n.r.)

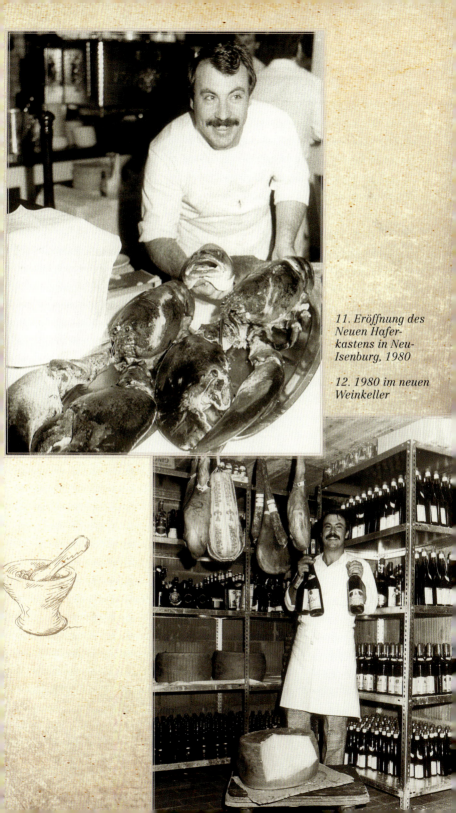

11. Eröffnung des Neuen Haferkastens in Neu-Isenburg, 1980

12. 1980 im neuen Weinkeller

*13. 1974er Barolo Cordero di Montezemolo für den Musiker Chris de Burgh*

*14. Die Jacob Sisters wohnen in der Nachbarschaft und essen gern im Haferkasten*

gens nach Hause geschickt zu werden, hatte ich hinter mir gelassen. Im Grand Hotel La Pace hatte ich meinen Platz in der Küche gefunden – nun experimentierte ich, variierte alte Rezepte und entdeckte neue, bereitete chinesisches Chop Suey mit Glasnudeln zu oder spanische Paella, englisches Roastbeef oder französische Foie gras, die Welt war so unendlich groß und voller fremder Kulturen und Küchen. Auch der Französisch- und der Deutschunterricht fielen mir leichter, und wenn Frau Müller von Genf und Lausanne erzählte, von Bern und Zürich, von Frankfurt am Main und Stuttgart, hörte ich aufmerksam zu – von Stuttgart hatte ich bereits gehört, denn viele im Dorf waren nach Feuerbach gezogen, nach Bad Cannstatt und Weilimdorf, sie hatten Arbeit bei Daimler gefunden, bei Porsche, Bosch und Züblin, und sie sprachen gut über das fremde Land.

»Wenn du auch in Deutschland arbeiten willst, Luigi, schreibe ich dir eine Referenz.«

Ich nickte. »Ich sehe.«

Sie schüttelte den Kopf. »Ich werde sehen – Futur!« Einen Moment setzte sie ihren Lehrerinnenblick auf, dann lächelte sie und fügte hinzu, was sie ihren Sätzen öfter hinzufügte: »Was du heute kannst besorgen, das verschiebe nicht auf morgen.«

»*Sì, Signora.*«

An meinen freien Tagen fuhr ich nach Ostia. Seit Maria, die Köchin, gekündigt hatte, bestand Daniele, der Koch, darauf, dass ich ihm half und ein anderer Bursche spülte; einmal hatte ich einen Mitschüler mitgenommen, doch am ersten Abend hatte er erklärte, für achthundert Lire würde er nicht so schuften.

An anderen Tagen versuchte ich, meine Schicht zu tauschen.

»Bist du so schlau, dass du nichts mehr lernen musst?«, fragte mein Postenchef.

»Nein, *Signore*.« Ich räusperte mich. »Es ist ...« Ich schob die Hände in die Taschen, und beinahe hätte ich sie umgestülpt. »Es ist, weil ich Geld verdienen muss.«

Sein Blick wanderte an mir herab.

Ich zuckte mit den Schultern. »Meine Eltern haben nichts.«

Er nickte. Er hatte selbst Kinder.

»Wo arbeitest du?«

»In einer Trattoria am Strand. Ich helfe dem Koch – Pasta, Hühnchen und jede Menge Calamari fritti und Scampi fritti ...«

Er nickte wieder und etwas in seinem Blick veränderte sich, leise Achtung blitzte auf. »*D'accordo.*«

»*Grazie.*« Ich lud ihn zum Espresso ein und gab dem Mitschüler, der meine Sonntagsschicht übernahm, dreihundert Lire.

Im Theorie-Unterricht lernte ich alles über Wein, Olivenöl, Gemüse und Käse – dass Parmigiano-Laibe über drei Wochen in Salzlake getaucht wurden, damit sie das für Geschmack und Reifung nötige Salz aufnahmen, und anschließend bis zu fünf Jahren reiften; dass sich während der Reifung keine Löcher im Teig bilden durften und, geschah es doch, man dies am Geruch erkannte oder indem man den Käse abklopfte. Ich schnitt milden San-Daniele-Schinken auf und hauchfeinen Parma-Schinken, ich bewunderte seine feine Fettmaserung und kostete den leicht mürben Biss. Ich probierte Mailänder Salami und Felino-Salami aus dem Apennin, sie dufteten würzig, und die Salame Felino hatte ein leicht süßes Aroma, doch auch wenn es die beliebtesten Salami-Sorten waren – die besten waren es nicht. Eine Sopressata, wie Mamma sie machte, mit Pfeffer und der beißenden Schärfe kalabrischer Peperoncini gewürzt, schmeckte herzhafter und feiner zugleich.

Im dritten Schuljahr fuhren wir nach Gragnano bei Neapel. In einem unscheinbaren Gebäude an der Hauptstraße, in dem es nach Weizen und Grieß roch und die Luft diesig war vom Staub des *grano duro*, kneteten Männer mit kräftigen Armen Pastateig.

»Wir arbeiten mit jahrhundertealten Rezepten«, erklärte ein Pasta-Meister. »Unser Hartweizengrieß kommt aus Apulien, denn dort ist es sehr trocken – in den Wochen vor der Ernte darf es nicht regnen, sonst verliert der Hartweizengrieß beim Mahlen seine goldgelbe Farbe. Mit Quellwasser kneten wir ihn zu Teig.« Hinter ihm in dem niederen Raum arbeitete ein Dutzend Männer an langen Tischen, alle trugen weiße Häubchen und Schürzen und walkten Teig, schleppten Säcke oder schoben Gestelle umher, auf denen über schmalen Stäben verschiedene Pasta-Sorten hingen wie lange Schnüre.

»Früher haben wir die Spaghetti, Bucatini und Tagliatelle an der Luft getrocknet, denn durchs Mulini-Tal weht immer ein feuchtwarmer Wind vom Golf von Amalfi herüber. Im Dorf sah es aus wie in einer großen Wäscherei ...«

Ich lachte und stellte mir vor, wie der Wind durch Gassen voller Pasta strich.

»Heute gibt es Trockenkammern, und anders als in den großen Fabriken trocknet unsere Pasta langsam, einen, manchmal zwei Tage lang, bei höchstens fünfzig Grad. So bleiben wichtige Inhaltsstoffe wie Eiweiß und Kohlenhydrate erhalten, und die Pasta lässt sich besser kochen, sie nimmt mehr Soße auf, schmeckt besser und ist leichter verdaulich.«

Er blieb neben einem Gerät stehen, das aussah wie ein Fleischwolf. »Das Wichtigste aber ist dies ...« Er nahm eine Handvoll Teig aus einer Schüssel, gab ihn in den Trichter am oberen Ende des Gerätes, drehte eine Kurbel – und zog mit geschicktem Griff hauchdünne Spaghetti aus einer Öffnung unterhalb des Trichters. »Traditionell werden Nudeln nicht mit Walzenmaschinen hergestellt, sondern mit einer *trafila al bronzo*. In dieser Maschine sitzt eine Bronzescheibe, durch die der Teig gepresst wird, und weil Bronze rauer ist als beispielsweise Edelstahl, bekommt die Pasta eine rauere Oberfläche.«

Er nahm einen *spaghetto* und hielt ihn in die Höhe. »Würde man diese Pasta mit dem Vergrößerungsglas betrachten, sähe man an der Oberfläche kleine Lamellen. Schwenken Sie die Spaghetti in Soße, bis sie al dente sind, füllen sich die Lamellen, und die Pasta schmeckt aromatischer.« Er legte den *spaghetto* auf den Tisch und rieb sich Grießstaub von den Händen.

»Bester *grano duro*, reines Quellwasser, eine *trafila al bronzo* und viel Liebe – daraus machen wir seit Jahrhunderten Pasta.« Der Pasta-Meister lächelte und wischte sich die Hände an einem Küchentuch ab. Seine Augen blitzten. Er war sichtlich stolz, doch kein Angeber, und das imponierte mir. Er wusste einfach um die Güte seiner Ware und die Qualität seines Handwerks.

»*Signor* Brunetti, bitte konjugieren Sie das Verb ›sehen‹.« Frau Müller saß aufrecht hinter ihrem Pult. Sie hielt ein Lineal in den Händen, ihr weißes Haar war zurückgekämmt, ihr schmales Gesicht ernst.

Ich schluckte und begann. »Ich sehe – du siehst – er, sie, es sieht – wir sehen – ihr seht – sie sehen.«

Ein Lächeln huschte über ihre Lippen. »Nun konjugieren Sie bitte im Imperfekt, im Präsens und im Futur.«
»Ich sah, ich sehe, ich werde sehen ...«
Ein Husten, irgendwo im Raum.
Ein Räuspern. Domenico? Valeriano? Gianni?
Mein Hals kratzte, ich schluckte wieder. »Du sahst, du siehst, du wirst sehen ...«

Meine Stimme klang rau, ich war nervös. Tagelang hatte ich Konjugationen gelernt, Deklinationen, Zeiten, und mit jeder Frage, jeder Antwort kamen sie mir leichter über die Lippen. Ich sah die Zufriedenheit in Frau Müllers Augen, auch wenn ihr Gesichtsausdruck ernst blieb.

»Gut, *Signor* Brunetti, nun lassen sie uns ein wenig über Deutschland plaudern.« Sie erhob sich und strich ihren Rock glatt. Der Teppich im Bankettsaal schluckte das Geräusch ihrer Schritte, als sie um das Pult herumging und dabei über Bonn und Berlin sprach, über Frankfurt und Stuttgart. Sie erzählte von Waiblingen, als läge es um die Ecke, von Anwerbe-Abkommen, *vita nuova* und Tariflohn.

Ich erzählte von Massimo, dem Sohn der Minottis, dessen Vater nun im Dorf ein neues Haus baute, mit Bad und Wasserklosett, das hatte Mamma erzählt, als sie am Vorabend aus dem Laden des Tuchhändlers angerufen hatte, denn er besaß seit Kurzem ein Telefon, einen Apparat mit einer Kurbel, wenn man sie drehte, wurde man mit der Signorina in der Vermittlung verbunden, und Mamma hatte um eine Verbindung nach Rom gebeten und mir Glück gewünscht.

Nach einer halben Stunde hatte ich das Examen in Deutsch bestanden, zwei Stunden später auch das in Französisch.

Am Tag darauf prüften der Entremetier, der Gardemanger und der Patissier unsere theoretischen Kenntnisse.

»Brunetti, wie bereiten Sie eine Jus de viande, eine Demi-glace und eine Grand Jus?«

Ich holte Luft. Und begann.

»Für eine Jus de viande röste ich gehackte Kalbsknochen mit Sellerie, Karotten und Zwiebeln. Wenn alles gebräunt ist, gebe ich ein wenig Tomatenmark dazu, stäube Mehl darüber und lasse es ebenfalls anbräunen. Ich lösche mit Weißwein ab, gieße Kalbsbrühe auf, füge ein paar Lorbeerblätter hinzu, einen Teelöffel Pfefferkörner, ein Bouquet aus Basilikum, Petersilie, Thymian und Schnittlauch und lasse die Soße ziehen, bis sie leicht sämig ist ...«

Der Entremetier lehnte sich zurück und hörte zu, halb interessiert, halb amüsiert, und ich dachte daran, wie er mir zweieinhalb Jahre zuvor beigebracht hatte, Petersilie zu schneiden. Wie er sich seufzend abwandte, als ich meine erste Kartoffel tournierte. Wie er am Tag zuvor, als er eine Seezunge in Salzkruste zubereitete, während ich einen Steinbutt auf einem Bett aus Gemüse anrichtete, sagte: »*Ragazzo*, wenn du dein Diplom nicht bestehst, hau ich dir eine runter.«

»Chef, ich hab keine Angst«, antwortete ich und schob den Steinbutt in den Ofen. »Ich hab gelernt.«

Der Gardemanger sah von seinen Papieren auf und runzelte die Stirn. »Warum grinsen Sie, Brunetti?«

Ich biss mir auf die Lippe, schüttelte den Kopf und fuhr fort mit der Zubereitung von Demi-glace und Grand Jus, von Crème patissière und Petits Fours. Ich erklärte, wie man Zucker karamellisierte und wann die Masse die richtige Temperatur hatte, um sie zu formen. Warum

man ein Risotto für ein Büfett mit Vialone Nano, im
À-la-minute-Geschäft jedoch mit Arborio kochte. Welche Pasta gut mit welcher Soße harmonierte und wofür man eine Sauteuse und wofür ein Chinois verwendete. Ich zählte Mehlsorten und Zwiebelarten auf, Käse, Wein, Öle.

Warum stellten sie so einfache Fragen?

»Und wie, Brunetti, bereiten Sie eine Sauce bolognese?«

»*Allora* ...« Ich lächelte. »Zuerst mahle ich Sellerie, Karotten und Zwiebeln im Fleischwolf, dann ein Viertel Schweine- und drei Viertel Rindfleisch, ich brate das passierte Gemüse an, das Fleisch, lösche mit Rotwein ab und füge etwas Tomatenmark hinzu, geschälte Tomaten, Brühe. Ich lasse die Soße ein bis eineinhalb Stunden köcheln und schmecke sie ab.«

Der Entremetier beugte sich vor, stützte beide Arme auf den Tisch. »Und?«

Ich stutzte. »Beim Abschmecken gebe ich ein wenig Lorbeer und ein paar Nelken dazu.«

Ein fragendes Gesicht.

»Vielleicht noch ein paar Pfefferkörner.«

Der Entremetier sah mich an.

Mir wurde warm.

»Was noch, Brunetti?«

Eine Schweißperle trat auf meine Oberlippe. Ich rieb die Hände an meiner Hose und überlegte fieberhaft, was ich vergessen hatte. Der Patissier lehnte sich zurück, faltete beide Hände über seinem Bauch. Der Gardemanger blinzelte und kratzte sich am Ohr.

»Was ist mit getrockneten Steinpilzen?« Der Entremetier legte den Kopf leicht schräg und sah mich an wie einen *idiote di Campana*.

Ich atmete auf.

»Natürlich, *Signore*, ein paar getrocknete Steinpilze wie in den alten Rezepten ...« Ich lachte und spürte, wie meine Anspannung nachließ.

»Doch ein bisschen nervös, was?«

Ich nickte.

»*Bene* ...« Der Entremetier erhob sich, nickte dem Gardemanger und dem Patissier zu, die wiederum ihm zunickten, dann wurde ich hinausgeschickt.

Am dritten Tag kochte ich vor dem Prüfungskomitee ein Vier-Gänge-Menü aus Vitello tonnato als Vorspeise, Bucatini all'amatriciana als primo piatto, Nodino alla sassi als Hauptgericht – ein T-Bone-Steak vom Kalb in Salbei – und als Dessert Profiteroles auf Eis mit heißer Schokoladensoße und etwas Sahne. Mit schlafwandlerischer Sicherheit begann ich Kalbfleisch mit Sellerie, Karotten und Zwiebeln zuzubereiten, fügte eine Prise Salz hinzu, drei Lorbeerblätter, vier Nelken, schlug Mayonnaise, pürierte Kapern und Anchovis, Gemüse und Thunfisch, gab etwas Weißwein dazu, einen Hauch Sud, schnitt das ausgekühlte Fleisch in feine Scheiben, strich die Creme darüber, dekorierte mit ein paar frischen Kapernfrüchten – ich durchmaß Welten, getragen von Düften, Aromen, Farben, ich tauchte ein und wieder auf, ich tat, was ich am liebsten tat, ich kochte.

Am letzten Tag der Prüfungswoche versammelten sich alle Prüflinge in einem Bankettsaal. Auf einem eigens errichteten Podium saßen der Direktor, der Chef de cuisine und der Maître d'Hôtel; der Direktor und der oberste Kellner trugen schwarze Anzüge, während Signor Caruso in blütenweißer Kochjacke erschienen war, auf dem Kopf einen stolzen, frisch gebleichten und gestärkten Kochhut. Die Luft im Saal schien zu knistern vor Spannung. Dreißig Schüler warteten auf ihre Noten: Um zu bestehen, musste man eine Sechs haben, ich rechnete mit einer Acht, vielleicht sogar mit einer Neun, denn bis auf den Schnitzer mit den getrockneten Steinpilzen war mir kein Fehler unterlaufen.

Nacheinander rief der Schulleiter unsere Namen auf. Ich musste nicht lange warten.

»Luigi Brunetti.«

Ich erhob mich.

Er sah auf den Zettel, der vor ihm auf dem Tisch lag. Er stutzte. Sah auf, musterte mich, sah wieder auf seinen Zettel. Sah wieder auf.

Mir wurde warm.

»Sie sind erst sechzehn?«

Mir wurde heiß.

»Sie waren noch nicht fünfzehn, als Sie an unsere Schule kamen?«

Ich nickte und schaute zu Boden.

Die ganze Zeit war es niemandem aufgefallen.

Wieder sah der Direktor auf seinen Zettel. Der Maître d'Hôtel nahm seine Brille ab, setzte sie wieder auf, er beugte sich zum Schulleiter, raunte etwas. Signor Caruso lächelte und zupfte an seinem grauen Bart.

Mein Herz hämmerte, und ich sah mich um. Alle Augen waren auf mich gerichtet.

Der Direktor blätterte in seiner Mappe, zog eine weitere Liste hervor, fuhr mit dem Zeigefinger über das weiße Papier.

Mein Herz – hörten es nicht längst alle?

Der Finger hielt an, der Schulleiter räusperte sich.

»Wie auch immer ...«

Dann las er meine Einzelnoten vor, Küchentheorie, Deutsch, Französisch, Mathematik, Kochen ...

»Macht in der Gesamtnote ...« Wieder ein Räuspern.
»Zehn Punkte, Brunetti.«
Ich erstarrte.
Der Direktor erhob sich. Auch der Maître d'Hôtel stand auf.
Wie festgewachsen stand ich da, unfähig mich zu bewegen.
Der Chef de cuisine lachte und winkte. »Kommst du nicht nach vorn?«
Langsam, ein wenig steif und wie von fremder Hand geführt, setzte ich mich in Bewegung, lief an Stuhlreihen vorüber, durchquerte den Saal, bis ich vor dem Podest stand. Der Schulleiter strich über sein spärliches Haar und lächelte, sein Gesicht zeigte feierlichen Ernst. In den vergangenen zweieinhalb Jahren waren wir uns gelegentlich auf den Fluren begegnet, jedes Mal hatte ich höflich gegrüßt, und er hatte genickt und war wortlos weitergeeilt.
Nun überreichte er mir mein Diplom.
Schüttelte meine Hand, überreichte mir eine Urkunde.
Ein wenig schwerfällig erhob sich nun auch Signor Caruso. Er griff nach einer Schatulle, die die Sekretärin des Direktors ihm reichte, öffnete sie und zog ein Band heraus. Er suchte meinen Blick, hob eine Braue, er sah mich an, leicht amüsiert, und in seinen Augen schien väterlicher Stolz zu liegen.
An dem Band hing eine goldene Medaille.
»*Congratulazione*, eine Auszeichnung für besondere Leistungen«, sagte der Direktor, und Signor Caruso beugte sich vor und überreichte mir eine *Medaglia di merito*.
»Herzlichen Glückwunsch, Brunetti.« Er schüttelte mir die Hand.

Auch der Schulleiter schüttelte noch einmal meine Hand, er klopfte mir auf die Schulter und blickte sehr feierlich, und nun begannen meine Mitschüler zu klatschen, ich hörte ein Rauschen wie von weit her und starrte auf das Diplom, die schimmernde Medaille, den Chef de cuisine und seinen stolzen Kochhut.

Eine Gänsehaut fuhr mir den Rücken hinab.

# GERMANIA

# Spaghetti calabrese

3 Knoblauchzehen
2 kleine getrocknete Chilischoten
8 Esslöffel kalt gepresstes Olivenöl
500 Gramm Kirschtomaten
evtl. 1 Messerspitze gekörnte Brühe, aufgelöst in 400 ml Wasser
1 Messerspitze Zucker
Salz

320 Gramm Spaghetti

etwas gehackte Petersilie


Knoblauch und Chilischoten fein hacken und in heissem Olivenöl goldgelb anbraten. Die Tomaten vierteln und hinzufügen, wenn sie nicht saisonreif sind, eventuell etwas Brühe hinzufügen und mit Salz und Zucker abschmecken. Etwa 10 bis 15 Minuten bei hoher Temperatur kochen lassen.
Die Spaghetti in kochendes Salzwasser geben, immer wieder umrühren und al dente garen. Vier Esslöffel vom Nudelwasser in die Sosse geben.
Die Pasta abgiessen und unter die Sosse heben. Einen weiteren Esslöffel Nudelwasser hinzufügen, die Spaghetti zwei Minuten ziehen lassen und mit gehackter Petersilie bestreuen.

*Senti, amico* ...« Die Leitung nach Deutschland rauschte, und Giovannis Stimme kam von weit her, sie kratzte und knarrte und klang mal lauter, mal leiser. »Hör zu, mein Freund, ich weiß Bescheid, ich bin schon hier, und ich sage dir, in Deutschland kannst du dir unter zwanzig Stellen als Koch die beste aussuchen.« Draußen dröhnten die Motoren, die Luft vibrierte, gerade hob wieder ein Flugzeug ab, und kaum hatte sich sein schwerer Körper vom Boden gelöst, verschwand er im Nebel.

»Luigi?«

»*Sì, sì*, ich bin noch dran.« Ich warf eine Münze nach und presste den Hörer ans Ohr. »Sag, könnte ich kurzfristig eine Stelle in Frankfurt finden?«

»Du kannst morgen anfangen!«

»Morgen?« Seit drei Monaten war ich Commis im Skyway Hotel am London Gatwick Airport. Den Sommer über hatte ich als Commis in Juan-les-Pins an der Côte d'Azur gearbeitet, war mit meinen Kollegen nach Antibes gefahren und in Nizza durch die Altstadt mit ihren Kathedralen spaziert, über die *Promenade des Anglais* mit den Belle-Epoque-Villen und luxuriösen Hotels. Eines Abends waren wir in die Spielbank gegangen, zuerst wollte der Portier mich nicht hineinlassen, denn ich trug keine Krawatte – »Hast du keine Krawatte, hast du kein Geld«, sagte er –, dann neigte er den Kopf, musterte mich, lächelte und lieh mir einen Schlips. Später wünschte ich, er hätte mich nicht hineingelassen. In einem Spiel, das ich nicht verstand, setzte ich auf Zahlen, die mir nichts sagten, immer wieder rief der Croupier: »*Rien ne va plus!*«, und am Ende der Nacht lief ich mit leeren Taschen die Strandpromenade hinunter, wütend wie an jenem Abend vor drei Jahren in Montecatini Terme, als ich an einer Schießbude meinen ersten Lohn durchgebracht hatte. Gegen Ende der Saison unterschrieb ich einen Vertrag in London; ich wollte mein Englisch verbessern. Nun saß ich in Gatwick, und das Wetter und die wortkargen Menschen, die stets höflich waren und kühl, machten mich mürbe, jeden Tag kroch mir die Kälte tiefer in die Knochen.

»Luigi?«

»*Sì, sì*, ich bin noch dran.« Ein Mann mit einem Gepäckwagen eilte vorüber, die Räder quietschten über den gebohnerten Boden, wie jaulende Hunde klangen sie, und ich steckte mir einen Finger ins Ohr.

»Aber mein Deutsch, Giovanni ...« Mir war, als hätte ich alles, was ich bei Frau Müller gelernt hatte, vergessen.

Ein Schnalzen am anderen Ende. »*Non c'è problema!*« Nach dem Diplom hatte ich als Commis im Lausanne Palace in der Schweiz gearbeitet, einem Fünf-Sterne-Haus mit Blick auf den Genfer See und langer Tradition, Könige stiegen dort ab, Präsidenten und Berühmtheiten der High Society. Das Lausanne Palace war berühmt für seine gehobene Gastronomie, und ich lernte viel, doch ließ man mich spüren, dass ich ein Fremder war. Sogar die Lehrlinge, in der Küchenbrigade unter mir, erwarteten, dass ich für sie putzte, sie waren schließlich

Schweizer. Nach sechs Monaten löste ich den Vertrag und wurde Demi-Chef Gardemanger in einer deutschen Ferienanlage auf Teneriffa. Die spanische Mentalität war mir vertrauter, nach der Arbeit zog ich mit meinen Kollegen durch die Straßen von Puerto de la Cruz, in Cafés und Bodegas tranken wir Sangria und hörten Flamencospielern zu. Wir sangen mit, klatschten und warfen Peseten in ihre Hüte, es fiel nicht auf, dass ich fremd war, alle waren freundlich und nahmen mich auf, ohne zu zögern. Auch mit meinen deutschen Kollegen kam ich gut zurecht. Es imponierte mir, wie sie sich um die Gäste kümmerten, alles war wohlorganisiert, und gab es doch einmal Schwierigkeiten, kam sofort jemand, um sie zu beheben. Giovanni und Battista, die *ragazzi* aus Mandatoriccio, waren unterdessen nach Deutschland gezogen, in Frankfurt am Main arbeiteten sie als Commis im Hotel InterContinental, das drei Jahre zuvor als erstes InterContinental in Europa eröffnet worden war.

»*Senti*, Giovanni ...« Ich räusperte mich. »Ich will aber in einem guten Hotel arbeiten, in einer exzellenten Küche.«

Ein Knacken in der Leitung, ein Knistern.

Oder ein Kichern?

»Giovanni?«

»*Sì, sì*, ich höre dich, und ich sage dir, steig ins nächste Flugzeug.« Wieder dröhnten Motoren, wieder rollte quietschend ein Gepäckwagen vorbei, es war derselbe Mann, diesmal lief er in die entgegengesetzte Richtung, sein Gesicht war gerötet, sein Blick gehetzt, und eine Frau mit blassblonden Haaren versuchte, mit ihm Schritt zu halten. Sie redete auf ihn ein, mit einer Stimme wie splitterndes Glas.

»*D'accordo*.« Ich holte Luft und presste den Hörer

fester ans Ohr. »Ich spreche mit meinem Küchenchef.« Eine Lautsprecherstimme kündigte schrill und scheppernd den nächsten Flug nach Bengasi via Genf und Tripolis an. Ein Kind heulte auf.

»Wenn du kommst, kannst du bei uns wohnen.«

»*Grazie* ...«

Das Kind warf sich zu Boden, seine Mutter schimpfte, woraufhin es mit den Beinen strampelte und kreischte.

»*I want some cheeeeewing gum!*«

»Eine Frage noch«, rief ich. »Wie ist das Wetter in Deutschland?«

Giovanni lachte. »Blauer Himmel, Sonne, Schnee. Es ist verdammt kalt, aber wenn du den ganzen Tag in der Küche ...«

»*Sì, sì*, schon gut.« Ich fischte eine Handvoll Münzen aus meiner Hosentasche, doch es waren keine *flat pennies* mehr dabei, sie passten nicht in den Schlitz. »Hör zu, ich muss Schluss machen ...«

»Mein Freund ...« Ein Rauschen und im nächsten Moment klangen Giovannis Worte klar, als stünde er neben mir. »Mein Freund, ich sage dir, komm her. Du wirst es nicht bereuen.« Wieder lachte er, und es klang so vertraut – ich sah ihn vor mir, wie er den Knoten seines Strumpfs löste und Nüsse aufs Pflaster leerte, sah sie mit ihren trockenen Schalen über die Steine rollen, aneinanderstoßen und sich im Kreis drehen, bis sie irgendwo in eine Fuge rutschten und liegen blieben. Ich spürte die Wärme der Sonne, die über der Gasse stand, sah die scharfen Schatten, die die Häuser warfen. Ich sah eine Handvoll *ragazzi* im Staub hocken, und Battista rief triumphierend: »Ich hab die meisten Nüsse!«

Ein Knistern im Hörer. Ich griff nach einem Reklamezettel, der auf dem Telefonbuch lag – *The Brigg Umbrella, a true gentleman's umbrella* –, und notierte die Adresse des Personalhauses, in dem meine Freunde wohnten.

»*Va bene*«, sagte ich, »für einen Winter komme ich nach Deutschland.«

»*Va bene!*«

Im selben Moment rutschte der letzte *flat penny* durch den Schacht, und die Leitung war still.

Mächtige Seitenflügel erstreckten sich links und rechts des Innenhofes, den zur Straße hin ein Säulengang begrenzte. Die Fassade war aus braunem Stein und reich verziert, das Gebäude wirkte herrschaftlich, und die hohen Fenster und die umlaufenden Balkone der oberen Etagen verliehen ihm bei aller Imposanz eine elegante Leichtigkeit.

»*Mamma mia.*« Ich stieß einen leisen Pfiff aus.

»Das beste Hotel der Stadt«, sagte Battista.

Es war noch früh, der Himmel weiß wie Milch, das Licht trüb, Schneeflocken wirbelten durch die Luft, und die Autos bewegten sich wie in Zeitlupe über den Kaiserplatz und bogen in die Straßen, die sternförmig nach allen Seiten abgingen. Die Menschen, die vorübereilten, trugen Mäntel und dicke Jacken, die Männer hatten ihre Hüte tief ins Gesicht gezogen, in schweren Stiefeln stapften sie durch den Schnee – und ich dachte an jenen Winter 1956, als es im Silagebirge geschneit hatte, einen Tag und eine Nacht lang tobte ein Schneesturm überm Dorf, und als ich am Morgen darauf die Haustür öffnete, stand ich vor einer Wand aus Schnee. Papà stieg aufs Dach, das unter der Schneelast zusammenzubrechen drohte. Zù Peppe lief hinab zu seinem Stall, um das Vieh zu füttern, und beinahe wäre er auf dem Rückweg im Schnee versunken und erfroren. Tagelang blieb das Dorf von der

Außenwelt abgeschnitten, dann kamen Hubschrauber und brachten uns Brot.

Ich sah mich um. In der Mitte des Kaiserplatzes stand ein Brunnen. An einer Straßenecke schräg gegenüber gab es ein Haus mit einem halbrunden gläsernen Treppenhaus an der Fassade, über eine Wendeltreppe stiegen Menschen von Stockwerk zu Stockwerk. Die meisten Fassaden waren grau, einige schmucklos, andere verziert, doch keine war von so üppiger Pracht, so voller Simse, Balkone und Giebel wie die des Hotels Frankfurter Hof.

»Und hier suchen sie Personal?« Schneeflocken rieselten mir ins Gesicht, und ich drückte die Mappe mit meinen Zeugnissen fester an meine Brust.

»*Sì.*« Battista klappte seinen Kragen hoch. »Gute Köche werden überall gesucht.« Eine Böe trieb eine leere Tüte die Kaiserstraße hinauf, ließ sie über den Bürgersteig tanzen, bis sie sich schließlich im Gitter eines Gullys verfing. Hinter vielen Fenstern des Hotels brannte Licht, und trotz seiner Opulenz wirkte das Gebäude anheimelnd.

»Auch andere Branchen suchen Arbeiter.« Giovanni strich sich Schnee aus dem Haar. »Weil sie nicht genug Arbeitskräfte haben, holen die Deutschen immer mehr Gastarbeiter.«

»*Avanti.*« Battista wischte sich über die Nase und griff nach meinem Arm.

Wir überquerten den Kaiserplatz und liefen an den Säulen vorbei, den hohen Bögen, hinter deren Halbrund sich der Ehrenhof erstreckte. Über unseren Köpfen schwebte auf einem Sims in goldenen Lettern der Name HOTEL FRANKFURTER HOF. Eine Dame in schwarzem Pelz tippelte auf hohen Absätzen durch den Schnee, ein Mann reichte ihr den Arm, und sie ergriff ihn mit einem

Lächeln und ließ sich zu einer wartenden Taxe führen. Ein Wagenmeister eilte auf ein ankommendes Auto zu, einen dunklen Mercedes, er sprach Englisch mit dem Herrn, der ausstieg – mehr bekam ich nicht mit, denn Battista trat durch eine Glastür, stieg acht Stufen hinauf und öffnete eine zweite Glastür.

Wir traten in die Lobby.

Unsere Schritte hallten auf dem schimmernden weißen Marmor. In der Mitte der Halle stand ein antiker Tisch mit einem Blumenstrauß, ausladend und prächtig. Die Wände waren mit Holz vertäfelt, die Empfangstresen im hinteren Teil ebenfalls aus Marmor, und neben der Rezeption lag die Loge des Concierge. Nicht jedes Hotel leistete sich einen Concierge, gab es einen, war das stets ein Zeichen, dass man sich in einem wirklichen Luxushotel befand.

Ein Hoteldiener in grauer Uniform mit goldenen Knöpfen begrüßte ein älteres Paar, das eben aus dem Aufzug trat, ein Herr mit weißem Haar und aufrechtem Gang und eine Dame, die einen grauen Pudel an der Leine führte. Der Diener bot ihr einen Sessel an und geleitete den Herrn durch die Halle, während ein Page sich um das Gepäck – fünf große Koffer – kümmerte. Mit einem Seufzer sank die Dame in den Sessel.

»Wartet hier.« Battista ging zur Rezeption und sprach mit einem Fräulein, sie trug ein dunkelblaues Kostüm, ihr blondes Haar war hochtoupiert, und sie hörte aufmerksam zu, während er sprach, scheinbar fließend und ohne zu zaudern. Funkelnde Kristallkronleuchter tauchten die Halle in weiches Licht, an beiden Seiten standen Polstersessel und bequem aussehende Sofas und auf kleinen Tischen schwere Aschenbecher, und ein älterer Mann saß in einem Sessel, las und rauchte eine

Zigarre, doch ich traute mich nicht, mir eine Zigarette anzuzünden.

»Es ist wirklich das beste Haus in der Stadt«, raunte Giovanni. »Fünf Sterne.«

»Warum arbeitet ihr dann nicht hier?«

»Während der Sommersaison waren wir in Ligurien, dort hat uns ein Kollege die Adresse des Hotel InterContinental gegeben. Das Unternehmen ist international und sehr modern – dieses Haus ist gediegener, konservativer.«

»Mir gefällt das Traditionelle.« In der Tiefe meiner Tasche strich ich über eine Zigarette.

An der Rezeption lachte Battista dem Fräulein zu, er nickte, und beinahe sah es aus, als verbeugte er sich, dann wandte er sich um, winkte uns und deutete auf eine breite Tür, hinter der ein Flur in den Seitenflügel führte.

Eine Stunde später standen wir wieder in der Lobby. In meiner Mappe lag ein unterschriebener Arbeitsvertrag. Der Personalchef, ein feingliedriger und vornehmer Mann, hatte die Zeugnisse durchgeblättert, zügig und ohne eine Miene zu verziehen, er hatte ein paar Fragen gestellt, die ich mit Giovannis und Battistas Hilfe beantwortete, dann erhob er sich, reichte mir die Hand, eine sorgfältig manikürte Hand, die meine kühl und kräftig drückte. »Ich freue mich, Herr Brunetti, Sie als Ersten Commis bei uns zu begrüßen.«

»Danke, *Signore*. Iste auch sehr meine Freude.«

»Könnten Sie morgen früh anfangen?«

Ich nickte. »Sicher, *Signore*, iste selbstverständlich.«

»Herr Tobler, der Küchenchef, wird Sie einweisen.«

Er griff zu einem kieselgrauen Telefon und sprach ein paar knappe Anweisungen in den Hörer, kurz darauf erschien ein Fräulein, auch ihr Haar war toupiert, doch sie trug ein dunkelrotes Kostüm. Sie reichte dem Personalchef einen Ordner mit Papieren, er unterschrieb sie und gab mir meinen Arbeitsvertrag.

Auf dem Kaiserplatz fielen nun schüchtern ein paar Sonnenstrahlen durch die Wolkendecke. Ein Flugzeug flog dicht über die Dächer hinweg, ein hellblauer VW-Käfer knatterte vorbei, ein beigefarbener NSU-Prinz 1000 mit Doppelscheinwerfern folgte ihm, dann ein orangefarbener BMW 1600 GT Coupé.

»Der ist neu.« Giovanni zog Luft durch die Zähne und deutete auf den Kühlergrill, der spitz wie ein Haifischmaul geformt war. »Den bauen sie erst seit ein paar Monaten.«

Wir liefen die Kaiserstraße hinauf, vorbei an Prachtbauten, Bürohäusern und Geschäften, deren Schaufenster mit Tannenzweigen und Weihnachtssternen dekoriert waren und vor denen Kinder sich die Nasen platt drückten. In der Nähe des Bahnhofs wurde gebaut, Bauarbeiter, die Italienisch sprachen und Spanisch, mischten Beton und zogen Fassaden hoch, die wesentlich schlichter waren als die der Gründerzeit-Bauten. Hier und da blitzten Hochhäuser hervor, und an einer Litfaßsäule warb ein Plakat für Asbach Uralt – *Im Asbach ist der Geist des Weines* –, ein Hund hob sein Bein. Ein Mann, eine Aktentasche unterm Arm, einen Borsalino tief im Gesicht, eilte vorbei und stieß mich an, ich stolperte.

»*Scusi, Signore* ...«

»Verzeihung«, sagte der Mann und zog seinen Hut.

Am Bahnhofsvorplatz verabschiedete sich Giovanni, seine Schicht begann. Battista und ich stiegen in eine Straßenbahn und fuhren zum Personalhaus, wo beide am Abend zuvor eine Matratze auf dem Boden ihres Zimmers ausgerollt hatten.

»Ein Hotel ist teuer«, sagte Giovanni.

»Warum willst du dein Geld verschwenden?«, fragte Battista.

Während ich meine Sachen packte und sie wieder in den Pappkoffer legte, mit dem ich an einem sonnigen Septembernachmittag in den Postbus gestiegen, nach Marina di Mandatoriccio und von dort mit dem Zug Crotone-Roma in die Hauptstadt gefahren war, stellte Battista eine Schale mit grünen Oliven auf den Tisch. Er wickelte einen Laib duftendes Weißbrot aus, ein Stück buttergelben Caciocavallo-Käse und schnitt ein paar dicke Scheiben herunter.

»Woher hast du den Käse?«

»Ein Freund hat ihn aus Italien mitgebracht.« Er deutete auf seinen eigenen Koffer, der neben dem Wandschrank stand. Ich klappte den Deckel auf – zwischen zwei Bettlaken lagen in steifes Strohpapier eingepackte Spaghetti.

Ich lachte. »Gibt es in Deutschland nichts zu essen?«

Battista schüttelte den Kopf. »Hier machen sie die Spaghetti aus Weizenmehl, das schmeckt nicht. Außerdem sind sie viel zu kurz, nur zwanzig Zentimeter, höchstens dreißig.« Der Deckel klackte, als er ein Marmeladenglas öffnete.

»Selbst gemachte Sardella?«

»*Sì*, mit viel Peperoncini.«

Ich küsste meine Fingerspitzen, und Battista zog zwei Stühle heran. Er schenkte Wein in Zahnputzgläser, und ich fischte Oliven aus der Schüssel, sie schmeckten salzig und etwas bitter; im Dorf legten Mamma und die anderen Frauen sie in Salzlauge ein, die entzog ihnen einen Teil der Bitterstoffe, nahm ihnen aber nicht ihren Geschmack.

»*Salute!*« Battista hob sein Glas.

»*Salute.*« Ich nahm einen Schluck Wein und strich rote, von der Fischhaut silbrig schimmernde Sardellenpaste auf das Weißbrot, reichte Battista eine Scheibe und biss in die andere. Das Brot war weich, die Rinde kross, und nach ein paar Sekunden kitzelte der Geschmack der Peperoncini auf meiner Zunge, ein leichtes Brennen breitete sich im Mund aus, wurde kräftiger und wärmer und drängte das salzige Fischaroma in den Hintergrund.

Es war der vertraute Geschmack von Meer und Heimat.

Battista schenkte Wein nach, und ich nahm einen langen Schluck und lehnte mich zurück. Durch das schmale Fenster fiel schmutziges Licht, doch mochte der Himmel über Frankfurt grau sein wie über London – kalt war es in dieser Stadt nicht.

»Rotkohl?« Der Rotisseur sah zum Legumier hinüber.

Der Legumier nickte und sah zu mir herüber. »Salzkartoffeln?«

Ich nickte.

»Tisch zwanzig, zweimal Sauerbraten kann gehen«, rief der Rotisseur und schnitt vier Scheiben von dem von der Marinade beinahe violett gefärbten Braten, während der Legumier Rotkohl aus dem Topf schöpfte und ich Salzkartoffeln auf die Teller gab und der Saucier dunkle Soße mit Rosinen und Mandeln.

»Zwanzig ist bereit«, rief der Annonceur, und zwei Kellner erschienen, drapierten Petersilien-Blättchen auf den Tellerrändern und verschwanden mit dem Rheinischen Sauerbraten. Der Rotisseur wendete die Entenbrüste für Tisch 33, der Saucier prüfte die Temperatur seiner Demi-glace, Töpfe wurden über den Herd geschoben und Pfannen, Öl knisterte und Butter, und der Entremetier, ein kleiner Mann mit rosafarbenem Gesicht und kahlem Kopf, lächelte still vor sich hin wie ein zufriedenes Kind.

Am ersten Tag hatte der Küchenchef gefragt, auf welchem Posten ich am meisten Erfahrung hätte.

»Ich kann alles und arbeite, wo Sie mich brauchen«, übersetzte Pasquale, der Commis des Sauciers, ein Bursche aus Salerno, südlich von Neapel, mit dem ich im Personalhaus an der Mainzer Landstraße ein Zimmer teilte.

»Wie wird im Frankfurter Hof gekocht?«, fragte ich, als ich meinen Koffer auspackte.

»Wie in allen großen Hotels«, sagte er. »Viel internationale Küche, ein paar deutsche Gerichte, alles stets auf höchstem Niveau. Im Grunde funktioniert die Küche wie eine Fabrik.«

»*Bene*«, sagte ich, überzeugt, dass ich bestens zurechtkommen würde.

Bald begriff ich, dass das ein Irrtum war. Sobald der Küchenchef eine Frage stellte, meine Kollegen Speisekarten besprachen, Bestellungen aufgaben oder einen Witz machten, stand ich daneben und verstand kein Wort. Frau Müller hatte uns Küchendeutsch beigebracht, ich wusste, was ein Passiertuch war, ein Schneebesen, ein Bräter, ein Seiher. Ich konnte nach einem Gießlöffel fragen, einem Schaumlöffel, einem Soßenlöffel, ich konnte »bitte« und »danke« sagen, Verben konjugieren.

Viel mehr konnte ich nicht.

»Also, Brunetti – Entremetier oder Saucier?«, fragte Herr Tobler, der Küchenchef, ein hochgewachsener Österreicher, dessen blütenweißer, frisch gestärkter Kochhut ihn noch größer wirken ließ, beinahe imposant.

Ich zuckte mit den Schultern. »Iste gleich, *Signore*.«

»So einen haben wir gesucht.« Er schüttelte den Kopf und ernannte mich zum Tournant, zum Springer, der überall kochte, wo Hilfe gebraucht wurde. Gerade ging ich dem Entremetier zur Hand und bereitete Pommes dauphinoises und Salzkartoffeln zu, während er Lauchjulienne abgoss, und der Saucier Fonds aus seiner Bain-Marie schöpfte und der Grillardin Lamm briet und Kalb und Huhn – er hantierte mit neun Pfannen gleichzeitig auf seinem Herd, es roch nach süßen Zwiebeln und mit Rotwein abgelöschtem Bratenfett, nach essigsaurer Marinade und Lorbeer, und der Annonceur gab ständig neue Bestellungen herein. Es war ein Uhr und das Restaurant voll, doch anders als in der Schule, im Grand Hotel La Pace, im Lausanne Palace oder im Hotel Provençal an der Côte d'Azur arbeiteten die etwa fünfzig Köche im Frankfurter Hof sogar in Spitzenzeiten ruhig und konzentriert. Niemand fluchte, niemand schrie, niemand knallte Backofentüren zu oder Pfannen auf den Herd. Alle bewegten sich mit sparsamer Präzision an ihren Posten, die noch aufgeräumt, sauber und wohlsortiert aussahen, wenn sie hundert Portionen Chateaubriand, Entrecôte und Seezunge Colbert zubereitet hatten, Kalbsbäckchen mit Zuckererbsen und Froschschenkel, Schnecken und Beef Tatar oder Rheinischen Sauerbraten mit Mandeln und Rosinen.

Allerdings fiel mir auf, dass deutsche Fleischgerichte selten im eigenen Saft zubereitet wurden. In Italien brieten wir Scaloppine, Steaks oder Hühnerbrust in Olivenöl, reduzierten den Bratensaft, banden ihn und ließen das Fleisch darin ziehen. Gemüse kochten meine deutschen

Kollegen in Wasser – wir brieten es in Olivenöl, mit etwas Knoblauch, und ließen es im eigenen Saft ziehen. In der zweiten Woche im Frankfurter Hof hatte ich im Kühlhaus eine *melanzane* gesucht, um sie für meine Kollegen zuzubereiten. Mit einer Ladung Tomatenmark, Schalotten und Erbsen kehrte ich in die Küche zurück, wo der Saucier mit *caffè* und einem Rest Tarte Tatin saß und seine Knie rieb.

»*Prego, Signore* ...« Ich stellte die Dosen und Kisten ab. »Wie sage man auf Deutsch zu diese Früchte, diese ...«

Der Saucier war ein hochgewachsener Mann mit feinen Zügen, ein Meister seines Fachs, gebildet und belesen, und er arbeitete schon lange im Frankfurter Hof.

»Diese gute Gemüse ...« Suchend sah ich mich um. »Grillte man oder machte *frittata*.« Ich faltete die Hände und schlug die Augen zum Himmel.

Der Saucier sah mich fragend an.

Ich öffnete die Kühlschubladen am Posten, fand Tomaten, Gurken, Bohnen, tournierte Kartoffeln. »*Mamma mia*, ich meine diese ... nun diese *melanzane*!« Mit den Fingern malte ich ihre Form in die Luft. »*Me-lan-za-ne.*«

Der Saucier lächelte höflich.

»Siehte aus wie große *ouvo* in Farbe von ...« Was hieß violett auf Deutsch?

»Eiergemüse?« Der Saucier hob eine Braue.

*Madonna!*

Und plötzlich fiel mir auf, dass ich in dieser Küche noch nie eine *melanzane* gesehen hatte.

Auch keine Zucchini.

Konnte es sein ...?

Ich hielt die Luft an. *Per dio*, konnte es sein, dass die Deutschen weder *melanzane* noch Zucchini ...?

Ich stand am Posten und rang die Hände. Der Saucier trank seinen Espresso aus, schob sich das letzte Stück Tarte Tatin in den Mund, klopfte mir freundlich auf die Schulter und sagte mit vollem Mund: »Kooppfehooch.«
Kooppfehooch?
Ich sank auf einen Hocker und sah ihm nach. Bei Frau Müller hatte es leicht geklungen, doch seit ich in Deutschland war, hörten sich die fremden Wörter sperrig an, hart und hölzern kamen sie aus meinem Mund.
»Tisch fünfunddreißig, dreimal Chateaubriand mit Karotten, Blumenkohl, Erbsen, Rosenkohl und Sauce bérnaise, zweimal Coq au Vin de Bourgogne mit Kartoffelpüree«, sagte der Rotisseur und sah zum Legumier, der nickte und zu mir herübersah.
Ich nickte.
»Dreimal Chateaubriand, zweimal Coq au Vin fertig«, rief der Rotisseur und zog fünf der neun Pfannen vom Herd. Der Legumier schöpfte Karotten, Blumenkohl, Erbsen, Rosenkohl, ich gab Kartoffelpüree auf die Teller und der Saucier Sauce bérnaise.
»Abholen Tisch fünfunddreißig«, rief der Annonceur, »Neues! Tisch zwanzig, viermal Escargots provençales.«
»Alles paletti?«, fragte der Legumier, als ich ein Blech Pommes dauphinoises aus dem Backofen zog. Das Wort klang italienisch, doch ich kannte es nicht, also zuckte ich mit den Schultern und sagte »Ja«, und weil der Legumier lachte, lachte ich auch.
Am Tag zuvor beim Umziehen war mein Gürtel, ein altmodisches, aber praktisches Modell aus Gummi, gerissen. Nach Feierabend kam ich an einem SPAR-Laden vorbei. Drinnen roch es nach Waschmittel und Wurst, in langen Regalen standen Konservendosen mit Erbsen, Gläser mit Rotkohl und Büchsen mit Pichelsteiner Ein-

topf. Meine Schritte hallten auf dem gefliesten Boden, als ich an Mehltüten – *Aurora mit dem Sonnenstern* –, an Schokolade, Bohnenkaffee und Colgate-Zahnpasta entlanglief. Im hinteren Teil des Ladens, hinter einer Wursttheke stand ein Fräulein. Sie war sehr jung, keine zwanzig Jahre, schätzte ich, sie trug einen rosa Kittel, ihr blondes Haar hatte sie mit einem Stirnband zurückgebunden. Ihre Augen waren klein, flink und sehr blau.

»*Prego, Signorina*, iche suche eine Gummigürtel.«

Ich deutete auf meinen Hosenbund.

Sie errötete, holte Luft, wandte sich um und verschwand hinter einem Vorhang aus braunen Perlen.

Ein wenig ratlos stand ich vor dem Tresen. Es war still im Laden, kurz nach drei, und das Geschäft hatte gerade erst wieder aufgemacht, nur die Kühlung rauschte leise. Ich betrachtete die Salami in der Auslage, den Schinken, von dem jemand – das Fräulein? – fingerdicke Scheiben heruntergeschnitten hatte. Die rosa Sülze, die grobe Leberwurst, die Mortadella, auch sie war in dicken Scheiben aufgeschnitten. An einer dunkelroten Wurst mit großen Fettaugen lehnte ein Schild, auf dem in runder Schrift *Blutwurst* stand.

Nach einer Weile kehrte die Verkäuferin zurück. »Bitte sehr.« Mit einer Geste, als wollte sie sich entschuldigen, legte sie ein Päckchen auf die Theke.

Ich griff danach. Betrachtete das Foto, auf dem eine Frau lächelnd an ihrem Bein hinunterblickte und mit der Hand über einen Strumpfhalter strich.

Ein Strumpfhalter?

»*Scusi?*«

Warum hatte sie einen Strumpfhalter gebracht?

Ich legte das Päckchen zurück, schluckte, holte Luft – und lachte. Verwundert sah die Verkäuferin mich an.

Noch immer stand eine leichte Röte in ihrem Gesicht, und sie sah sehr hübsch aus – nach Worten suchend zuckte ich mit den Schultern und machte eine entschuldigende Handbewegung. Im selben Moment schrillte die Klingel an der Ladentür. Eine Frau kam herein, sie hielt einen geflochtenen Korb überm Arm und ein Mädchen an der Hand, die Kleine hatte blonde Zöpfe und trug ein Trägerkleid mit Litze, ihre Knie waren aufgeschürft. Die Verkäuferin huschte hinter der Theke hervor und lief zur Kasse.

Ich streifte durch die Gänge, vorbei an Regalen mit dreieckigen Sunkist-Safttüten und grünen Bluna-Flaschen, Gläsern mit Nutella und in braunes Papier gewickelten Underberg-Fläschchen, Packungen mit Rama-Margarine und Pfanni-Knödeln, ich betrachtete die Auslage mit dem Obst – Apfelsinen, Zitronen, Äpfel, Gurken. An der Kasse deutete ich auf ein Päckchen Peter Stuyvesant und hob zwei Finger. »*Prego, due* ...«

Das Fräulein streckte sich und nahm die Päckchen aus dem Regal.

»Und *due* Kaugummi, *Signorina*.« Wieder hob ich die Finger und deutete auf ein Glas mit bunten Kaugummikugeln, das neben ihrer Kasse stand. Ein Lächeln huschte über ihr Gesicht, als sie eine rote und eine blaue Kugel herausfischte. Sie tippte alle Preise in die Kasse und nannte eine Summe. Ich legte einen Zehn-Mark-Schein in die Schale. Sie zählte mein Wechselgeld ab. Ihre Wangen glänzten noch immer wie frühe Äpfel. Ich schenkte ihr die rote Kaugummikugel.

Anderntags im Frankfurter Hof beschrieb ich gestenreich, was ich erlebt hatte, und fragte meine Kollegen, was Gummigürtel auf Deutsch hieß.

»Saurokrauto, was redest du?« Der Demi-Chef des Legumiers wetzte seine Messer.

»Sauro ... krauto?«

»*Amico!*« Er drohte mit dem Gemüsemesser. »Du nix verstehen meine Italienisch?«

Ich schüttelte den Kopf. *Non capisco una parola.* »Sauro« war ein italienischer Vorname – aber »krauto«?

Ein Beikoch aus Frankreich und ein Spüler aus Spanien, die schon länger in Deutschland waren, lachten, und der Demi-Chef ließ sein Messer sinken, rollte mit den Augen, dann zuckte er mit den Schultern und lachte ebenfalls. Ich stimmte ein. Meine deutschen Kollegen amüsierten sich über meine Sprachkenntnisse, doch sie hatten schnell gemerkt, dass ich mein Fach verstand und fleißig war, darum luden sie mich ein, wenn sie nach Feierabend ein Bier trinken oder kegeln gingen.

»Brunetti, kannst du morgen die Spätschicht übernehmen?« Der Chef de cuisine, der eben einem anderen Spüler erklärt hatte, dass er keinen freien Tag nehmen konnte, trat an meinen Posten, als ich das Mise en place für den Abend machte. »Du weißt, Überstunden werden extra bezahlt.«

Ich griff nach der Schale mit den gehackten Zwiebeln, sie war beinahe leer. Die Petersilie würde reichen, auch die anderen Garnituren, die Perlzwiebeln, der bunte Pfeffer, der Schnittlauch, die Karottenscheibchen.

»Nun?«

Die Spätschicht dauerte bis dreiundzwanzig Uhr, und die Kollegen, die Familien hatten, wollten stets früh nach Hause – im ersten Monat im Frankfurter Hof hatte ich über hundert Überstunden gemacht.

»Jawohl, Chefe«, sagte ich. »Mache ich wieder Spätschicht.«

Er klopfte mir auf die Schulter, und ich schälte weiter Zwiebeln.

»Rotkohl?«, sagte wenig später der Rotisseur und sah zum Legumier hinüber.

Der Legumier nickte und sah zu mir herüber. »Salzkartoffeln?«

Ich nickte. »Iste selbstverständlich.«

»*Prego*, Herre Ober«, ich klappte die Speisekarte zu und legte sie auf den Tisch, »eine Schweinshaxe.«

Der Wirt notierte die Bestellung.

»Ich nehme gekochten Schweinebauch mit Knödeln«, sagte Heinz.

»Für mich Rippchen mit Sauerkraut«, sagte Günther.

»Schweinskopfsülze mit Spiegelei und Kartoffelsalat«, sagte Werner.

»Und viere Biere, bitte.« Meine Kollegen nickten, und der Wirt machte Striche auf einem Bierdeckel und schob den Bleistiftstummel hinters Ohr. Er war klein und gedrungen, und sein Gesicht glänzte sauber, als hätte er es mit der Bürste geschrubbt. Er hatte braunes Haar, das er sorgfältig gescheitelt trug, und flinke, freundliche Augen. Sein Großvater hatte den Grauen Bock einst gekauft, früher tranken die Metzger und Viehhändler vom nahe gelegenen Schlachthof hier ihren Äppelwoi.

»Alt-Sachsenhausen war ein Viertel der einfachen Leute.« Heinz zog eine Schachtel Reval aus der Hemdtasche. »Unten am Main wohnten die Fischer und Schiffer, weiter oben die Handwerker und Gärtner.«

»Bei denen hat's weniger gestunken.« Werner lachte.

»Die Gärtner haben selbst gekeltert und Äppelwoi in ihren Stuben ausgeschenkt. Wer ein neues Fass anstach, hängte einen Fichtenkranz an die Haustür, und alle wussten Bescheid.« Heinz riss ein Streichholz an, es knisterte, als er an seiner Zigarette zog, dann reichte er die gelbe Schachtel herum. Am Nebentisch las ein alter Mann Zeitung, in seinem Mundwinkel hing ein Stumpen, und ein Rauchfaden kräuselte sich über der Glut; eine Schlagzeile auf der Titelseite erzählte von Studentenunruhen in Paris. Das Lokal war geräumig, die Decken waren holzvertäfelt, die Wände weiß verputzt, die schweren Eichentische an den Kanten glatt gerieben. Es roch nach Fleisch und brauner Soße, nach Kraut und Bier und nach Gemütlichkeit. Die italienischen Gastarbeiter in Frankfurt blieben meist unter sich, sie trafen sich in Hinterzimmern oder im Gemeindesaal einer Kirche, tranken *caffè* für zwanzig Pfennig und hörten Musik aus der Heimat, lasen den *Corriere della Sera* und die *Gazetta dello Sport* und sahen Fußballspiele der italienischen Liga, mit Mazzola, Rivera, Facchetti und Burgnich, mit Horst Szymaniak, Helmut Haller und Karl-Heinz Schnellinger, Deutschen, die bei Inter, Juventus und beim AC Mailand spielten. Ich traf mich lieber mit meinen deutschen Kollegen, sie brachten mir Deutsch bei; in den vergangenen sechs Monaten hatte ich viel gelernt.

Hinterm Tresen füllte die Wirtin, eine flinke junge Frau mit kurzen dunklen Haaren, einen Krug.

»Erst in de Bembel, dann ins Gerippte, dann in de Horst!«, rief ein korpulenter Blonder vom Stammtisch herüber.

Die Wirtin lachte.

»Hast du's verstanden?«, fragte Heinz.

»*No.*« Ich schüttelte den Kopf.

»Der graue Krug ist der Bembel und das Glas, aus dem man Äppelwoi trinkt, das Gerippte.«

»Bembe?«

»Bembel.«

»So, das Bier für die Herren.« Der Wirt stellte vier Pils auf den Tisch, die Gläser waren beschlagen, feine Tropfen rannen an der Außenseite hinab, die Bläschen in der Schaumkrone knisterten.

»Prosssst!«, rief Heinz, ein echter Hesse, und wir stießen an.

»Gut, was?«, fragte Werner, als er sich Schaum von den Lippen wischte.

»*Benissimo!*« Deutsches Bier schmeckte kräftiger als italienisches, und anfangs hatte ich gestaunt, dass die Deutschen es sogar zum Essen tranken. Allerdings war ihr Wein unangenehm lieblich. »Deutsche Biere iste beste von Welt.«

»Reinheitsgebot«, sagte Werner.

»Rein... – was ...?«

»Das Gesetz, nach dem in untergärigem Bier nichts anderes sein darf als Hopfen, Malz, Hefe und Wasser. Ein Gütesiegel, sozusagen.«

»Ah, iste bisschen wie *denominazione di origine controllata* von die Wein, die Käse, die Balsamico?«

Heinz zuckte mit den Schultern und nahm noch einen Schluck. Die Wirtin trug ein Tablett mit Schnapsgläsern zum Stammtisch, und ein grauer Hund, der dem blonden Horst zu Füßen lag, hob den Kopf. Gegenüber in einer Nische aß eine Familie Abendbrot, der Mann saß aufrecht am Kopfende des Tischs, sein straff zurückgekämmtes Haar glänzte, seine Frau trug ein buntes Nylonkleid und hatte eine Serviette in den Kragen gesteckt, gerade zerteilte sie ein Frankfurter Würstchen mit Messer und Gabel. Die Kinder kauten Bauernbrot mit Griebenschmalz. Ich sah auf die Uhr. Es war kurz nach 18 Uhr – die Deutschen aßen pünktlich, Mittagessen um 12 Uhr, Kaffee um 15 Uhr, Abendbrot um 18 Uhr.

»Hast du schon mal Schweinshaxe gegessen?«, fragte Günther und schnippte Asche von seiner Zigarette.

»*No*«, sagte ich. In einem Lokal am Mainufer hatte ich Bratwürstchen bestellt, Schnitzel und Kotelett mit Rosenkohl, der Kohl war weich gewesen wie Babybrei, doch den Gästen hatte es geschmeckt, schweigend hatten sie sich über ihre Teller gebeugt und gegessen, und ein Junge, dreizehn oder vierzehn Jahre alt, mit Sommersprossen und borstigem roten Haar, rief »Kaiser!«, kaum dass er den letzten Bissen in den Mund geschoben hatte. Es schien, als wollten alle nur satt werden, was sie aßen, war den Leuten nicht wichtig, solange sie nur ein Stück Fleisch auf dem Teller hatten. In Italien bestand jedes Menü aus zwei Gängen, dem kohlehydratehaltigen *primo piatto* – Pasta, Gnocchi, Risotto – und dem eiweißhaltigen *secondo piatto* – Fleisch oder Fisch. Vorweg aß man Antipasti, nach dem Essen ein Dessert, man trank Wein, *caffè*, vielleicht einen Grappa. Essen war ein sinnliches Vergnügen – die tiefe Freude über eine einfache Soße aus sonnengereiften Tomaten, mit viel Geduld sämig reduziert, die Wonne eines fruchtigen Olivenöls, das Glück einer guten Pasta, das Verzücken über eine federleichte süße Zabaione.

»Schweinshaxe ist ein urdeutsches Traditionsgericht.« Heinz drückte seine Zigarette aus. »Im Norden wird sie gepökelt und gekocht, im Süden gebraten oder gegrillt, darum ist die Kruste knuspriger.«

Im selben Moment brachte der Wirt das Essen. Der Schein der Lampe fiel auf sein glänzendes Gesicht, als er Heinz einen Teller mit rosa Schweinebauch und dampfenden Knödeln reichte und Werner ein paar gefleckte Scheiben Schweinskopfsülze mit Spiegelei. Günther schloss die Augen und sog den Duft seiner Rippchen ein.

»Die Schweinshaxe kommt gleich.« Der Wirt nickte mir zu und wischte einen Soßenfleck vom Tischrand.
»Danke, *Signore*.«
Heinz stach mit der Gabel ins Fleisch. Werner schnitt ein Stück von der Sülze, wobei das Eigelb zerlief und sich über den Aspik ergoss.
»Gute *appetito*«, sagte ich und spürte meinen Hunger. Drüben in der Nische kauten die Kinder ihre Schmalzbrote, und das Mädchen starrte sehnsüchtig auf ein Glas mit Coca-Cola neben dem Teller seiner Mutter, die gerade ein Stück Würstchen in Senf tunkte.
»Es ist meine Coca-Cola«, sagte das Mädchen.
Die Mutter setzte zu einer Antwort an, als der Vater von seinem Teller aufsah. »Mach die Augen zu, was du dann siehst, ist deins.«
Das Mädchen schluckte.
»Bitte sehr, einmal Schweinshaxe.« Die Wirtin stellte einen Teller vor mich. Auf einem Bett aus dampfendem Sauerkraut lag ein mächtiges Stück Fleisch von einer glänzenden Fettkruste umhüllt, in der Mitte stand ein heller Knochen heraus.
»Viele Danke, *Signora*.«
»Gude!« Sie lachte, und ihre Zähne blitzten; ihr Lachen gab einem Gast das Gefühl, willkommen zu sein, auch ich war kein Fremder, obwohl ich zum ersten Mal in ihrem Lokal aß. Kurz sog ich den Duft des Fleisches ein, die säuerliche Note des Sauerkrauts und spürte, wie mir das Wasser im Mund zusammenlief. Vorsichtig löste ich das Fett vom Fleisch – es war rosa, ein wenig gebräunt und so zart, dass es sich leicht vom Knochen schneiden ließ. Ich löffelte Senf auf meinen Tellerrand, strich eine Messerspitze auf das Fleisch auf meiner Gabel und lud noch etwas Sauerkraut auf.

Es schmeckte köstlich. Die Haxe war saftig und mürbe und das Sauerkraut mit Kümmel gewürzt, mild und gut durchgezogen.

»Das ist defftisch, was?« Heinz schob eine Ladung Schweinebauch in den Mund.

»Deff...?«

Günther kaute an einem Rippchen. »Deftig«, wiederholte er. »Solides Essen.«

»*Solido ... sì!*« Mein Messer glitt durch das Fleisch, es war gut gebraten, nicht zu kurz und nicht zu lange, und ich tränkte es im Saft des Krauts.

Als ich die letzten Sauerkrautfäden vom Teller kratzte, fühlte ich mich wohlig satt.

»Wieso lässt du das Beste liegen?«, fragte Werner und deutete auf die Fettkruste auf meinem Tellerrand.

Ich hob die Schultern und nahm einen Schluck Bier. »Iste so fett.«

Günther lehnte sich zurück und stieß auf, seine Lippen glänzten, und in Heinz' Augen stand die Seligkeit des Satten, als er eine Runde Schnaps bestellte. Der alte Mann am Nebentisch faltete seine Zeitung zusammen und entzündete seinen erloschenen Stumpen. Der Hund unterm Stammtisch schnarchte.

Als der Wirt die Teller abräumte, runzelte er die Stirn. »Hat's nicht geschmeckt?«

»Doch, doch«, antwortete ich, »hatte gut geschmeckt.«

Sein Blick wanderte über die Speckschwarte.

»Das Fleisch ware ganze ...« Ich legte die Spitzen von Daumen, Zeigefinger und Mittelfinger zusammen, küsste sie. »Ganze ausgezeichnet.«

Er sah mich an, ruhig und verständnislos.

»Aber die Fette ...« Wieder hob ich die Schultern.

Er musterte mich, meine muskulöse Brust, den flachen Bauch, und zuckte seinerseits mit den Schultern.

Am Nebentisch kauten die Kinder ihre letzten Bissen Schmalzbrot. Die Mutter löste die Serviette aus ihrem Kragen, der Vater trank die Coca-Cola aus.

»Kommst du am Wochenende mit zum Bowling, Luigi?« Werner pulte ein Stück Fleisch aus seinen Zähnen und Günther reichte eine Schachtel HB herum.

»Iste Tag nach Freitag?«

»Sonnabend.« Werner nickte, und ich gab ihm Feuer.

»Ja, gute.« Die Wirtin brachte den Schnaps.

»Ja, gern«, korrigierte Heinz und blies Rauch aus, graue Schwaden schichteten sich im Schein der Lampe übereinander. Eine junge Frau kam herein und sah sich suchend um. Die Männer am Stammtisch hoben die Köpfe, der Alte am Nebentisch zog einen Kugelschreiber aus seiner Hemdtasche und begann, ein Kreuzworträtsel zu lösen. Die Wirtin lächelte der Frau zu und deutete auf einen freien Platz am Tresen – zögernd folgte sie der Aufforderung und löste dabei den Gürtel ihres Popelinemantels. Sie trug modische Schlaghosen und unter ihrem Mantel eine Bluse mit buntem Muster. Ihr langes Haar war zum Pferdeschwanz gebunden, ihr Mund hellrosa geschminkt. Sie bestellte Äppelwoi und die Wirtin stellte ein Geripptes hin. Die junge Frau nahm einen tiefen Schluck. Als sie das Glas wieder auf die Theke stellte und sich eine Zigarette anzündete, trafen sich unsere Blicke.

Heinz stieß mich in die Seite.

»Noch eine Biere?«, fragte ich. »Gebe ich eine Runde aus.«

Heinz grinste und die anderen nickten.

Ich stand auf und ging zur Theke. Die Wirtin lief

gerade mit einem Tablett voller Schnapsgläser zum Stammtisch, und ich lehnte mich an den Tresen.

»Guten Abend«, sagte ich in bestem Deutsch.

Das Fräulein blies Rauch aus und nickte kurz. Der Wirt zapfte Bier und nahm eine Limonade aus dem Kühlschrank, *Sinalco* stand auf der gelben Flasche. Er nahm ein Tuch und wischte über das Glas, mit dem Flaschenöffner löste er den Deckel, ein flinkes Klicken.

»Noch was zu trinken?«, fragte die Wirtin und schob ihr leeres Tablett auf den Tresen.

Ich nickte. »Viere Biere, bitte schön.«

Der Wirt stellte vier frisch gezapfte Pils, die *Sinalco* und zwei Gerippte auf das Tablett.

»Möchten Sie auch eine Biere, Fräulein?«

Sie wischte sich eine lose Strähne aus dem Gesicht und musterte mich.

»Darfe ich Ihnen einladen?«

Sie deutete auf ihr halb volles Glas und zog an ihrer Zigarette.

Ich zuckte mit den Schultern und lächelte. »*Bene*, vielleicht andere Male ...«

Sie musterte mich wieder, mit leicht geneigtem Kopf. »Bist du öfter hier?«, fragte sie. »Ich hab dich noch nie gesehen.«

»Iste erste Male.« Ich deutete auf den Tisch, an dem Werner, Heinz und Günther rauchten und taten, als würden sie sich unterhalten. »Bin ich hier mit meine Kollegen.«

»Kollegen?«

»*Sì*, arbeiten wir zusammen.«

»Aha. Wo denn?«

»Oh ...« Ich schluckte und zögerte einen Moment. Am Wochenende hatten Giovanni und Battista mich in eine

Kneipe in der Klappergasse mitgenommen. Es gab keine Karte und der Wirt hatte nichts dagegen, dass wir Friselle und Sardella zu unserem Äppelwoi aßen.

»Willst du probieren?«, fragte Giovanni. »Ist kalabresische Marmelade.«

Der Wirt, ein großer, breitschultriger Mann mit wildem Haar und Augen blau wie das Meer, setzte sich zu uns. »Zeisch e ma.« Er griff nach dem Friselle, auf das Giovanni eine Schicht Sardella gestrichen hatte, und biss hinein. Kaute. Sprang auf. Schrie. »Wollt ihr mich umbringen?«

Er stürzte zum Tresen, griff nach einem Gerippten und leerte es in einem Zug. »Ihr seid keine Köche, ihr seid ...« Er schnappte nach Luft. »Ihr seid ...«

Ihm fehlten die Worte, doch ich begriff, dass den Deutschen, die sich nicht viel aus Essen machten, auch ein Koch nichts galt. Jeder Maurer, jeder Maler, jeder Müllmann war hierzulande angesehener als ein Koch.

»Iche arbeite bei die Müllabfuhr«, sagte ich, strich mir durchs Haar und lockerte meinen Kragen.

Das Fräulein griff nach ihrem Glas. »Müllabfuhr?« Ihr Blick wanderte zu meinen Händen.

»*Sì*, Müllabfuhr.« Ich nickte. »Fahre ich die Auto, die große Müllwagen.«

Sie betrachtete meine graue Hose, mein hellblaues Hemd, die neuen Halbschuhe. Sie glaubte mir nicht, ich war zu gut gekleidet, hatte keine schmutzigen Fingernägel, keine Schwielen an den Händen. Wieder zog sie an ihrer Zigarette, drückte den Stummel im Aschenbecher aus, trank ihren Äppelwoi aus und griff nach ihrer Handtasche, einem braunen Wildlederbeutel mit Fransen. Sie öffnete ihr Portemonnaie und legte ein paar Münzen auf den Tresen.

»Vielleicht ein andermal«, sagte sie.

Ich sah ihr nach, wie sie den Raum durchquerte, mit festen, etwas steifen Schritten. Die Männer am Stammtisch hoben die Köpfe, der Hund wachte auf und nieste. Der Alte am Nebentisch sah von seinem Kreuzworträtsel auf. Im nächsten Moment trat sie zur Tür hinaus und verschwand.

Ich zuckte mit den Schultern, nahm der Wirtin das Tablett mit den vier Biergläsern ab, die knisternden Schaumkronen kräuselten sich am Rand, und trug es zu unserem Tisch, wo Heinz, Werner und Günther rauchten und mir grinsend entgegensahen.

Kalter Aprilregen schlug gegen die Scheibe des Omnibusses. Draußen eilten Menschen mit hochgeklappten Kragen und gesenkten Köpfen vorüber, das Laternenlicht warf fahle Schatten. Ein blauer NSU-Prinz hielt vor einer roten Ampel. Ich gähnte, zerknüllte meinen Fahrschein und schnippte ihn unter den Sitz.

»Haltestelle Jahrhunderthalle.« Die Stimme des Fahrers knarzte aus dem Lautsprecher. Neben mir erhob sich ein Mann, er fasste seine Aktentasche fester und schloss den oberen Knopf seines Mantels. Weiter vorn stand eine Frau in einem roten Kostüm und Stiefeln aus glänzendem weißen Leder auf und schlüpfte unter ein Regencape. In der Fensterscheibe betrachtete sie ihr Spiegelbild und zupfte ein paar Locken zurecht, die sich aus ihrer Hochsteckfrisur gelöst hatten; ihre Augenbrauen waren zu dünnen Strichen gezupft, ihre Augen veilchenblau geschminkt.

Langsam und schwerfällig öffneten sich die Flügel der Bustür. Die meisten Fahrgäste, die ausstiegen, nahmen den Pflasterweg hinauf zur Jahrhunderthalle, und ich folgte ihnen. Im Januar hatte ich im Frankfurter Hof gekündigt, weil ich eine besser bezahlte Stelle gefunden hatte. Ich hatte Hunderte Überstunden gemacht: Mal steckten hundertfünfzig D-Mark extra in meiner Lohntüte, mal hundertzwanzig D-Mark, schließlich sprach ich mit dem Küchenchef.

»Sie wissen, Chefe, ich bin eine gute Arbeiter.«

Er nickte und band seine Schürze fester.

»Aber *scusi*, eine Marke fünfzig in der Stunde iste zu wenig. Will ich nicht länger dafür schuften.«

Er hob eine Braue. »Der Stundenlohn ist ja höher, aber es geht so viel runter wegen der Steuern.«

Ich schüttelte den Kopf. »Mache ich eine Vorschlag. Mache ich weiter Überstunden, aber feier ich sie ab.«

Er nahm seinen Kochhut ab, fuhr sich durchs Haar, überlegte einen Moment, dann zuckte er mit den Schultern. »Einverstanden.«

Von Giovanni und Battista wusste ich, dass die Messe Frankfurt Köche suchte und fünfzig D-Mark pro Schicht bezahlte, darum nahm ich, als wieder eine große Ausstellung war, frei.

»Bist du wahnsinnig, Brunetti? Das Haus ist voll und zusätzlich zu den beiden Restaurants haben wir jeden Tag mehrere Bankette!«

»Chefe, Sie haben gesagt, dass ich kann Überstunden abfeiern.«

»Zum Teufel, aber nicht wenn Messe ist!«

Ich zuckte mit den Schultern und arbeitete fortan jeden Monat ein paar Schichten im Messerestaurant. Neben den sechshundert D-Mark Lohn als Commis im Frankfurter Hof verdiente ich nun vier- bis fünfhundert D-Mark zusätzlich.

Regen rann mir in den Kragen, und in der Ferne rauchten die Schornsteine der Hoechst Chemiefabrik, als ich die Pfaffenwiese hinauflief. Seit Tagen lag die Stadt unter einer Wolkendecke; meine Kollegen schimpften, doch ich mochte das kühle Wetter. Eine Dohle hüpfte über den Rasen, in ihrem Schnabel wand sich ein Regenwurm, und eine frische Böe blies mir ins Gesicht, als ich auf die Jahrhunderthalle zuhielt. Ihr Dach wölbte sich wie ein in der Mitte aufgeschlitzter Golfball. In drei Tagen würde Janis Joplin ihr einziges Deutschlandkonzert geben. Heinz hatte Karten gekauft. »*Down on me? Ball and chain?*«

Ich schüttelte den Kopf. »Nie gehört.«

Er sah mich an, in seinem Blick fassungsloses Staunen und jene milde Nachsicht, mit der man hoffnungslose Fälle bedachte.

Im Umkleideraum knöpfte Willy, der Frittierkoch, ein schmaler, blasser Mann, der den ganzen Tag Kartoffeln schälte, blanchierte und frittierte, seine Kochjacke zu und band sich ein weißes Halstuch um. Ich hängte meinen Mantel in den Spind, schlüpfte in meine karierte Hose, die weiße Jacke, knotete meine Schürze, nahm meinen Kochhut; wenn ich ihn aufsetzte, dachte ich manchmal an die Schule in Rom, jeden Abend hatten wir unsere Hüte und Jacken in der Wäscherei abgegeben und am Morgen darauf frisch gewaschen und gestärkt abgeholt – der Anblick der sorgfältig in den Regalen aufgereihten blütenweißen Hüte hatte mich jedes Mal gefreut.

In der Küche röstete der Saucier Knochen für Fonds, der Grillardin portionierte Steaks, Schnitzel, Entenbrust und Leber. Der Patissier schlug Eier in eine Schüssel, gab Milch und Zucker dazu, sein Demi-Chef dekorierte eine Sachertorte, der Legumier blanchierte Karotten und Lauch. Die Commis hatten bereits die Posten vorbereitet, zwei wetzten noch Messer, und der Chefkoch prüfte Bestellungen. Die beiden Köche aus Tirol, die stets betonten, sie seien Österreicher und keine Italiener, nahmen Fische aus, ein Spüler schleppte leere Bratpfannen, ein anderer kratzte Essensreste von Tellern. Als Demi-Chef tournant hatte der Küchenchef mich an diesem Tag dem Gardemanger zugeteilt, der gerade die Speisekarte studierte.

»*Ciao.*« Ich knuffte ihn in die Rippen.

Er sah müde aus, sein Atem roch nach Rauch, und er lutschte ein Pfefferminzbonbon. »Sonnabend ist ein Bankett mit zweitausend Gästen, wir brauchen Zentner an Roastbeef, Rehmedaillons, Schinkenröllchen mit Spargel, gefüllten Eiern, Russischem Salat, Matjes nach Hausfrauenart und Truthahn.«

»Gute, machen wir uns an Arbeit.«

Thomas Werner, ein Lehrling, lief mit einem Klemmbrett unterm Arm vorbei, auf dem Weg ins Kühlhaus.

»*Va bene?*«, fragte er.

»*Grazie*«, antwortete ich und gab ihm einen Knuff. Thomas war ein Schlappmaul, wie die Hessen sagten, einer, der viel babbelte, aber er war aufgeweckt und interessierte sich für Italien und italienische Küche, ich hatte ihm Rezepte beigebracht, Pasta e fagioli, Bucatini all'amatriciana und Spaghetti mit Fenchel.

Hinter ihm balancierte der Commis des Legumiers einen Stapel Gemüsekisten, er hielt die obere mit dem Kinn fest, damit sie nicht rutschte. Ein paar violett glänzende, pralle Früchte blitzten über den Rand.

*Melanzane!*

»*Scusa* ...« Ich sprang hinterher und fischte eine *melanzane* aus dem Karton, wie eine Trophäe hielt ich sie in die Höhe, in ihrer dunkel glänzenden Schale spiegelten sich die Lichter der Decke.

»Was ist das?«, fragte der Patissier.

»Iste eine *melanzane*!« Beinahe zärtlich sprach ich das Wort aus und roch den Duft von Basilikum, Rosmarin und Knoblauch, schmeckte das fruchtige Olivenöl, das Mamma nach dem Grillen über die Scheiben träufelte, den leicht säuerlichen Balsamessig, der auf der Zunge kribbelte, wenn man in eine Scheibe eingelegter *melanzane* biss.

»Wie sagt man auf Deutsch zu diese Gemüse?«

»Aubergine«, sagte Thomas.

»Was macht ihr damit?«, fragte ich den Commis.

»Wir nehmen sie für Ratatouille.«

»Ich werde eine Rezept von meine Mamma machen – hat sie *melanzane* in Scheiben geschnitten, gegrillt und hinterher mit Olivenöl, Basilikum, Rosmarin und Knoblauch gewürzt ...« Ich küsste meine Fingerspitzen.

In der Jahrhunderthalle wurde international gekocht, doch seit einiger Zeit spürten wir einen neuen Einfluss. In Frankreich hatte Paul Bocuse begonnen, die bürgerliche Küche zu revolutionieren, mit fettarmen Gerichten und frischen Zutaten aus regionaler Küche, die er à la minute zubereitete, sodass sie ihren Eigengeschmack behielten. Die Menschen arbeiteten nicht mehr so hart wie früher, sie verbrauchten weniger Kalorien – eine leichte Küche mit kleineren Portionen, mit gedünstetem Gemüse oder im eigenen Saft geschmortem Fleisch entsprach diesen veränderten Lebensgewohnheiten. Bocuse war ein innovativer Koch, seine Nouvelle Cuisine ein Kunstwerk und eine wachsende Schar Gourmets, nicht nur in seinem Restaurant *L'Auberge du pont de Collonges*, hingerissen von seinen Menüs. Während man in Deutschland gerade anfing, ins Restaurant zu gehen und zu Hause mit Konserven und der neuen Tiefkühlkost kochte, mit

Maggi, Brühwürfeln und Fertigsoßen, weil das Zeit und Arbeit sparte, wussten Feinschmecker, dass Essen mehr sein konnte, dass es eine Kunst sein, dass man es genießen und zelebrieren konnte. Viele Köche reagierten begeistert, einige taten sich schwer mit den Neuerungen; mir selbst waren sie aus der italienischen Küche vertraut.

Der Küchenchef der Jahrhunderthalle, Gerhard Russ, und der Küchendirektor, Ernst Faatz, ließen sich von der Nouvelle Cuisine inspirieren. Bald kochten wir für die Mitarbeiterkantine Schweineschnitzel, Gulasch und Linseneintopf mit Würstchen und für das Restaurant, in dem die Direktoren der Hoechst AG mit ihren Gästen aßen, die Künstler, die in der Jahrhunderthalle auftraten, die Konzertbesucher, à la carte. Jeden Fisch, jedes Putenfilet, jeden Kalbsrücken bereiteten wir à la minute zu, wir grillten statt zu braten, legierten Kalbsjus nur mit etwas Crème double und schnitzten aufwendige Garnituren. Wir kreierten, kombinierten, dekorierten.

Auch wir waren Künstler.

Kalter Regen schlug mir ins Gesicht, als ich am Nachmittag wieder zur Bushaltestelle lief. Noch immer eilten die Menschen mit hochgeklappten Kragen und gesenkten Köpfen vorüber, und der Wind zerrte an den Bäumen, rupfte an den schüchtern sprießenden Knospen. Ein Ford Taunus bremste am Straßenrand, und ein Fahrradfahrer klingelte, ein Hund hockte im Rinnstein und verrichtete sein Geschäft. An einer Litfaßsäule klebte ein Mann ein Werbeplakat – *Mouson Lavendel Seife – Sauber sein macht so sympathisch* –, und ein beigefarbener Omnibus ruckelte die Straße herauf. Eine junge Frau in einem roten Mantel stieg aus dem Ford, der Fahrer hupte kurz und fuhr weiter, sie winkte ihm nach, spannte einen Regenschirm auf und lief über die Straße. Eine Böe fuhr in ihr langes schwarzes Haar.

Antonia?

Vor ein paar Tagen hatte ich in einer Gaststätte in der Nähe ein Feierabendbier getrunken. Ein wenig müde saß ich am Tresen und sah dem Wirt, einem älteren Mann mit schütterem Haar und Schwitzflecken unter den Armen, beim Gläserpolieren zu.

»Gehörst du nicht zu denen?«, fragte er nach einer Weile.

»Zu wem?«

»Zu den Spaniern.« Mit dem Kinn deutete er Richtung Stammtisch, wo eine Gruppe junger Männer saß und zwischen ihnen eine einzelne Frau, sie trug eine rote Bluse, und ihr schwarzes Haar fiel ihr locker über die Schultern, als sie den Kopf in den Nacken legte und lachte, ein tiefes, kehliges Lachen.

»Die treffen sich jeden Mittwochabend. Ich versteh kein Wort, aber sie sind ruhig und anständig.« Der Wirt stellte ein Glas ins Regal hinter dem Tresen; er trug ein braunes Nylonhemd, und ich sah die Schwitzflecken unter seinen Armen. Die Frau stand auf und schüttelte ihr Haar, es schien zu knistern, und unsere Blicke kreuzten sich, als sie herübersah. Dann ging sie mit wiegenden Schritten zur Musikbox. Sie warf eine Münze in den Schlitz, und eine Weile lag ihre Hand auf dem Glas, als könnte sie sich nicht entscheiden. Ich beobachtete ihr Profil, die hohe Stirn, die schmale Nase, die weichen Lippen, den langen, geraden Hals, dann drückte sie ein paar Knöpfe, und eine Frau sang *Die Liebe ist ein seltsames Spiel...*

Sie wandte sich um, sah mich wieder an und ging zurück zum Tisch. Ich bestellte noch ein Bier. Einer der

Männer, ein kleiner, kräftiger mit dunklen Brauen, die über der Nasenwurzel zusammenzuwachsen schienen, erhob sich und klopfte gegen sein Glas. Die anderen verstummten. Der Kleine räusperte sich, dann sprach er in schnellem harten Spanisch, sein gerolltes »R« klang wie eine Drohung, und ich verstand nur, dass jemand, der offenbar nicht in der Runde saß, bald Geburtstag hatte. Er sah zu der jungen Frau hinüber, und ich meinte, einen Namen zu hören, Antonia.

Als ich am Mittwoch darauf wieder in die Gaststätte ging, saßen die Männer allein um den Stammtisch.

Der Omnibus fuhr an die Haltestelle und bremste. Langsam und schwerfällig öffneten sich die Türflügel, ein Zischen und Ächzen, und ich sah mich um – der Ford bog um die Ecke, und die Frau mit dem roten Mantel war verschwunden. Zwei ältere Damen klappten ihre Regenschirme zusammen, und ich trat beiseite, sah noch einmal die Straße hinab.

Sie war fort.

Ich schüttelte meine nassen Haare und stieg in den Bus. »Einmal Goetheplatz, *prego*.« Ich zählte Geld in die Schale, und der Schaffner gab mir einen Fahrschein.

Ein paar Tage später stand ich wieder am Goetheplatz und wartete auf die Straßenbahn. Es regnete, und die Lichter der vorbeifahrenden Autos schimmerten gelb im Dunst, Wasser spritzte von den Reifen. Ich sah auf meine Uhr – noch sieben Minuten –, zog ein Päckchen Marlboro aus der Innentasche meiner Jacke und zündete mir eine Zigarette an. Im Wartehäuschen saß ein junges Mädchen, versunken in ein Buch, und ein älterer Mann zog eine Zeitung aus seiner Aktentasche, auf der ersten Seite stand ein Artikel über Apollo 11 und die bevorstehende Mondlandung. Unten am Rathenauplatz bog eine Straßenbahn einer anderen Linie um die Ecke, und oben beim Rossmarkt leuchtete ein Blaulicht auf. In einzelnen Büros brannten Neonlichter, und vor der grauen Fassade einer Bankfiliale blieb eine Frau mit einer Flasche Milch in der Hand und einem Dackel an der Leine stehen, der Hund hob sein Bein. Aus dem Milano, dem einzigen Restaurant am Goetheplatz, trat ein Mann.

»Luigi!« Ich erkannte den Maître d'Hôtel aus dem Frankfurter Hof, einen kleinen, molligen Mann, älter schon, etwa sechzig Jahre, er stand in der offenen Tür und winkte. »Komm her!«

Ich hob die Schultern und deutete auf die Haltestelle. »Meine Straßenbahn kommt gleich«, rief ich auf Italienisch.

»Macht nichts«, rief er. »Komm trotzdem her!«

»Ich muss zur Messe, meine Schicht fängt an.«

»Ich fahre dich später, aber jetzt komm!«

Eine Straßenbahn, die in die entgegengesetzte Richtung fuhr, klingelte kreischend.

»Luigi!«

Ich sah auf meine Uhr – noch fünf Minuten. Einen Moment zögerte ich, dann lief ich über die Straße.

»Komm rein, Junge. Das ist doch ein Wetter, bei dem man nicht mal einen Hund vor die Tür schickt.« Er zog die Tür zu und schob mich an einer Glaswand, durch die man in die Küche sah, vorbei ins Innere des Lokals. Das Milano war eine elegante Trattoria mit weiß eingedeckten Tischen, an den Wänden hingen Bilder des Mailänder Doms mit seinen Säulen und farbigen Glasfenstern. In den wenigen italienischen Restaurants der Stadt, dem Da Bruno, Da Mario, Da Angelo, dem Da Capasso und dem Isola Bella, das bereits Anfang der Fünfzigerjahre eröffnet worden war, kochten die Frauen und Mütter von

Gastarbeitern, die sich selbstständig gemacht hatten. Sie bereiteten Spaghetti, Cannelloni, Rigatoni, Lasagne und Scaloppine in allen Variationen, al limone, al marsala, al fungi, im Da Mario und im Milano backten sie Pizza im Steinofen. Das Essen war einfach und gut, doch im Milano arbeiteten professionelle Köche, es war das beste *ristorante* der Stadt.

An einem Tisch am Fenster saßen zwei ältere *Signori*. Der eine klein und kräftig, das schüttere schwarze Haar nach hinten gekämmt, der andere groß und kräftig, das volle graue Haar gescheitelt. Beide trugen Anzüge, helle Hemden, Krawatten, sie waren unaufwendig, aber sorgfältig gekleidet und musterten mich, freundlich und genau.

»Antonio Tavano«, sagte der Maître d'Hôtel und deutete auf den Kleinen. Die beiden hatten im Zweiten Weltkrieg als Speisewagenkellner gearbeitet und waren in Deutschland geblieben, Anfang der Sechzigerjahre hatte Tavano das Milano eröffnet.

»Und das ist Luciano Arisi.« Der Große reichte mir die Hand. Er war kräftig, stattlich, ein Mann, der einen Raum füllte, kaum dass er ihn betrat. Ihm gehörte der Alte Haferkasten in Neu-Isenburg, eines der ersten italienischen Restaurants im Rhein-Main-Gebiet. Er deutete auf einen freien Stuhl.

»Setz dich.«

Tavano winkte einem Jungen, der die Tischdecken vom Vorabend von den leeren Tischen zog, und bestellte *caffè*.

Ich sah auf meine Uhr.

»Keine Sorge, du wirst pünktlich zur Arbeit kommen«, sagte der Maître d'Hôtel. »Ich werde dich fahren. Aber erst solltest du diese Herren kennenlernen.«

Draußen rollte meine Straßenbahn über den Goetheplatz. Das Mädchen mit dem Buch erhob sich, der Mann faltete seine Zeitung zusammen. In der Bank schaltete jemand das Licht an, und ein Krankenwagen fuhr vorbei. Hinterm Tresen gurgelte eine Espressomaschine, und der Junge schlug alten Kaffee aus dem Filter.

Ich setzte mich.

»Zigarette?«, fragte Tavano und schob ein Päckchen über den Tisch.

»*Grazie.*« Ich nahm eine Marlboro.

»Wie geht's im Frankfurter Hof?«, fragte ich den Maître d'Hôtel. »Wie geht's Heinz, Günther und Werner?«

»*Bene.*« Er ließ sein Feuerzeug aufschnappen, eine Flamme züngelte hoch, und einen Moment roch ich den scharfen Geruch von Benzin. »Heinz ist jetzt Postenchef.«

Ich beugte mich vor, zündete meine Zigarette an. »Gardemanger?«

»Entremetier.« Der Deckel des Feuerzeugs schnappte wieder zu. Der Junge brachte zwei Espressi, und der Maître d'Hôtel schob mir eine Tasse und die Schale mit dem Zucker hin. Dann steckte er das Feuerzeug in die Innentasche seines Jacketts, lehnte sich zurück und strich über seinen leicht gewölbten Bauch.

»Antonio, Luigi wäre der perfekte Küchenchef für dich.«

Ich sah auf.

»Er ist ein ausgezeichneter Koch, kreativ, fleißig und zuverlässig.«

Ich sah vom Maître d'Hôtel zu Tavano und wieder zum Maître d'Hôtel.

»Wo arbeitest du?«, fragte Tavano.

Ich strich eine nasse Strähne aus meinem Gesicht. »Ich bin Demi-Chef tournant in der Jahrhunderthalle.«

»Und wie alt bist du?«
»Neunzehn.«

Er hob eine Braue, ein wenig nur, doch es entging mir nicht. Der Junge brachte noch zwei Espressi.

»Nun ...«, sagte Tavano. Er sprach mit leiser Stimme, ruhig und unaufgeregt. »Ich könnte dich in der Tat hier gebrauchen.«

Die *crema* auf meiner Tasse hatte die Farbe von Sand; der Junge hatte den Espresso zu schnell oder zu kalt gebrüht. Ich rührte Zucker hinein und nahm einen Schluck; er war heiß und etwas bitter. Wieder sah ich von einem zum anderen – Tavano rührte in seinem *caffè*, Arisi zog an seiner Zigarette, der Maître d'Hôtel strich mit dem Finger über die Tischdecke. Tavanos Blick ruhte unverändert auf mir.

Ich lächelte und lehnte mich zurück. »Mir geht's gut. Ich habe eine gute Stelle, ab und zu mache ich ein paar Schichten nebenher auf der Messe, ich verdiene nicht schlecht.« Ich zog an meiner Zigarette, blies langsam den Rauch aus. »Ich bin zufrieden.«

Tavano nickte.

Arisi schnippte Asche von seiner Zigarette. »Und was machst du nach deinen Messeschichten?«

»Feierabend.«

Arisi beugte sich vor. »Wenn du willst, kannst du abends im Alten Haferkasten kochen.«

Ich lachte. Zwei Angebote während eines *caffès*?

»Wenn Messe ist, rennen uns die Leute die Bude ein.« Er griff nach einem Zahnstocher. »Ich zahle dir 50 D-Mark pro Abend.«

»Abgemacht.« Meine Hand schoss über den Tisch.

Er schlug ein, und ich rechnete – achthundert D-Mark Lohn in der Jahrhunderthalle plus vier- bis fünfhundert

D-Mark, die ich auf der Messe verdiente, plus künftig noch einmal so viel im Alten Haferkasten.

Bald wäre ich reich!

»Trotzdem brauche ich dich als Küchenchef«, sagte Tavano und beugte sich ebenfalls vor, noch immer sah er mich an, und es war, als dränge sein Blick in jeden Winkel. Draußen fuhr ein Streifenwagen vorbei, und zwei Jungen liefen hinter einem Mädchen her. Der Wind trieb die Wolken über die Dächer der Häuser, ein Fahrradfahrer überquerte den Platz, Tauben flogen auf. In der Küche klapperte jemand mit Geschirr und pfiff die Melodie von *Azzurro*.

Küchenchef, hatte Tavano gesagt.

Er nickte und nahm einen Schluck *caffè*. Auch Arisi trank seinen Espresso. Der Maître d'Hôtel ließ sein Feuerzeug auf- und zuschnappen. Küchenchef zu sein bedeutete Verantwortung und viel Arbeit – in der Jahrhunderthalle hatte ich geregelte Arbeitszeiten und Freizeit.

»Ich zahle dir 1600 D-Mark.«

Ich schluckte.

»Überleg es dir«, sagte Antonio Tavano und schob seine leere Tasse beiseite.

Antonio Tavano ließ nicht locker. Kam ich von der Arbeit ins Personalhaus, klingelte bald das Telefon im Flur. Höflich erkundigte er sich, wie es mir gehe. Er lud mich ein. Er bot mir mehr Geld.

»Im Milano bist du nicht ein Koch unter vielen«, sagte er mit seiner leisen, eindringlichen Stimme. »Du bist Küchenchef in einem der beliebtesten Restaurants der Stadt.«

»Ich habe einen guten Job.«

»Es ist deine Küche, du kannst planen, einkaufen, kochen, wie du willst. Du bist der Boss.«
»Aber ich werde kaum Freizeit haben.«
»*Bene*, ich zahle dir 1800 D-Mark Lohn. Überleg es dir, Luigi.«
»*D'accordo*«, antwortete ich eines Abends. »Für 2000 im Monat komme ich.«
Einen Moment war es still in der Leitung.
»2000 D-Mark und ein Zimmer.«
»Einverstanden.« Er räusperte sich, dann legte er auf. Auch ich hängte den Hörer ein und schluckte: 2000 D-Mark – nie zuvor hatte ich so viel Geld verdient.

Sechs Köche schälten Knoblauch, hackten Thymian und Rosmarin, wuschen Tomaten, Zucchini und *melanzane*, als ich an einem Morgen Anfang Januar 1970 in die Küche des Milano trat. An der Wand stand ein moderner Gasofen, in der Ecke eine Spülmaschine, an der Stirnseite ein Pizzaofen. Ein Kleiner mit schwarzem Bart sah auf, auch die anderen murmelten einen Gruß.

Nur einer schwieg.

»Wie heißt du?«, fragte ich und nahm ein Torchon von dem Brett überm Herd.

»Peppino.« Er war klein und älter als ich, hatte ein rundes Gesicht und hellbraune Haare.

»Woher kommst du, Peppino?«

»Aus der Romagna.«

»Schöne Gegend.« Ich nickte und befestigte das Küchentuch an meiner Schürze. »Fleißige Menschen, die Romagnoli, und sehr vernünftig. Keine Spinner wie diese hitzköpfigen Neapolitaner.«

Peppinos Gesicht zeigte keine Regung. Er hatte als Lehrling im Milano angefangen und sich hochgearbeitet, jahrelang hatte er die Küche geleitet, hatte montags

Involtini alla siciliana, dienstags Ossobuco alla milanese, mittwochs Spezzatino di vitello, donnerstags Arrosto di vitello und freitags Fisch zubereitet. Er kochte solide, doch fehlte ihm internationale Erfahrung.

Und er sah die Zeichen der Zeit nicht.

»Hör zu, Peppino.« An seiner rechten Schläfe klopfte eine feine Ader, während ich langsam um den Posten ging und über die Schalen mit dem Salz strich, dem zerstoßenen Pfeffer, dem geriebenen Parmesan, den Kräutern. »Die Speisekarte im Milano soll moderner werden, darum werde ich ein paar Gerichte streichen und neue ausprobieren. Statt Scaloppine werden wir Entenbrust servieren, Lammrücken oder Kalbslenden, wir werden frischen Fisch grillen statt gefrorene Seezunge zu braten.« Ich schnippte einen Petersilienstängel in die Spüle.

Ein paar Köche sahen verstohlen zu ihrem ehemaligen Küchenchef. »Ich erwarte«, sagte ich und hob einen leeren Besteck-Container auf, »dass ihr mich unterstützt.« Mein Blick wanderte über ihre weißen Jacken, die Kochmützen, die verschlossenen Gesichter. »Wer gegen mich arbeitet, ist bald draußen.«

Der Pasta-Koch, ein schlaksiger Kerl mit Locken und einem fadendünnen Schnurrbart, blinzelte, ein anderer kratzte sich am Hals. Auf Peppinos Stirn zeichnete sich eine Falte ab.

»Ich würde mir aber wünschen, dass wir zusammenarbeiten.« Ich schloss die Tür der Spülmaschine und schaltete sie ein. Einen Moment war es ganz still, dann begann das Wasser in der Maschine zu sprudeln.

Peppino blinzelte und senkte den Kopf. Er räusperte sich. Dann trat er einen Schritt vor und reichte mir die Hand.

Ich schlug ein.

»Bis die neue Speisekarte fertig ist, läuft alles weiter wie bisher.«

»Also gibt's heute wieder Ossobuco?«, fragte der Pizzaiolo.

Neben der Tür hing ein Pirelli-Kalender, ein roter Plastikpfeil zeigte auf DIENSTAG. Ich zuckte mit den Schultern. »*Sì*, heute gibt's Ossobuco.«

Die Köche gingen zurück an ihre Arbeit, schälten Knoblauch und rieben Parmesan, wuschen Tomaten, Zucchini und Basilikum, und der Pasta-Meister schöpfte zartgelben, fein gemahlenen Hartweizengrieß aus einem Papiersack.

Ein paar Tage später, das Abendgeschäft war vorüber und der Pasta-Mann und der Pizzaiolo räumten die Küche auf, röstete ich Knoblauch in Olivenöl. Ich gab Vongole dazu, löste sie aus ihren Schalen, als sie sich öffneten, fügte Tomatenwürfel hinzu, und eine Minute bevor die Pasta al dente war, nahm ich sie aus dem Wasser und ließ sie kurz in der Muschelsoße ziehen.

Draußen im Speisesaal saßen die Gäste bei Espresso und Vecchia Romagna, nur an Tisch eins aßen noch drei Geschäftsleute von der Börse Scaloppine al marsala und Entenbrust in Balsamico-Soße. Aus den Lautsprechern klang leise Musik, der Büfettier polierte Gläser. Der Hilfskellner war bereits gegangen, und Rocco, ein junger Kellner, einer, der sein Publikum zu unterhalten wusste, schluckte ein Aspirin und brachte dem Paar an Tisch zehn noch zwei *caffè*. Ich stellte einen Teller mit Spaghetti alle vongole vor Peppino und setzte mich. Er schenkte einen trockenen, weichen Soave ein, und auf seiner Stirn stand eine Falte, als er mit der Gabel in die Spaghetti stach, ein paar heraushob, sie geschickt um die Zinken wickelte und in den Mund schob.

Ich trank einen Schluck Wein und mahlte etwas Pfeffer über meine Pasta. Wir aßen schweigend, doch ich sah, dass es ihm schmeckte, seine Züge glätteten sich. Nach dem Essen zog er ein Päckchen Zigaretten aus seiner Hosentasche. Ich nahm eine, er ließ sein Feuerzeug aufschnappen.

»Es gibt ein paar Dinge, die ich ändern möchte«, sagte ich, als ich langsam den Rauch ausblies. Peppino streckte die Schultern.

»Mario, der Pizzaiolo, kommt jeden Tag zu spät.« Ich nahm einen zweiten Zug und spürte, wie das Nikotin durch meine Adern zog. »Heute eine Viertelstunde, gestern sogar eine halbe.«

»Er ist so.« Peppino sah den Rauchschwaden nach. Die Falte auf seiner Stirn vertiefte sich.

Ich schüttelte den Kopf und spürte wieder das Pochen in meinem Bauch, den Ärger, den ich jeden Morgen geschluckt hatte. Ein Koch sollte nicht nur pünktlich, sondern überpünktlich erscheinen, fand ich, zehn Minuten vor Schichtbeginn, das wäre ein Zeichen des Respekts, er würde zeigen, dass er seine Arbeit ernst nahm, seine Kollegen, seinen Chef, in diesem Punkt dachte ich deutsch.

»Aber Mario macht gute Pizza.« Peppino schnippte Asche von seiner Zigarette. »Wenn wir ihn rausschmeißen …« Er hob die Hände, zog die Schultern hoch. »Ein guter Pizzabäcker ist nicht leicht zu finden.«

Ich schüttelte den Kopf. »Luca oder Andrea können die Pizzen übernehmen. Wir sind ohnehin zu viele, wir stehen uns auf den Füßen herum.«

Peppino ließ die Hände sinken und starrte auf seine Zigarette.

»Und Flavio, der Pasta-Macher, braucht eineinhalb Stunden, um ein Blech Lasagne zuzubereiten. Für das zweite braucht er noch mal eineinhalb Stunden – den ganzen Vormittag ist der Mann mit ein paar Portionen Lasagne beschäftigt!«

Peppino blinzelte.

»*Per dio*, wir müssen auch Geld verdienen. Drei Stunden für ein bisschen Lasagne – was soll die Portion denn kosten?«

Er schluckte. »Wenn du das so siehst ...«

Wenn ich das so sah? Der gesunde Menschenverstand sagte einem, dass die Rechnung nicht aufgehen konnte. Ich schnaubte. »Zwei Bleche Lasagne mache ich dir in einer Stunde.«

Peppino sah auf, runzelte die Stirn.

»Nur ein fauler Koch braucht drei Stunden für ein bisschen Lasagne.« Ich drückte meinen Zigarettenstummel in den Aschenbecher.

Am nächsten Morgen stand ich um zehn vor neun in der Küche, mahlte Sellerie, Karotten und Zwiebeln im Fleischwolf, Rind und Schwein, briet das passierte Gemüse an, das Fleisch, löschte mit Rotwein ab, fügte Tomaten hinzu und Brühe, Lorbeer, Pfefferkörner, Nelken und ein paar getrocknete Steinpilze. Während die Bolognese kochte, bereitete ich Bechamelsoße zu. Ich kochte Pasta, schreckte sie ab und legte die Platten auf einem Tuch zum Trocknen aus, gab Bechamel und Bolognese auf ein Blech, eine Lage Pasta, eine Schicht Soße, Mozzarella und Parmigiano. Die anderen Köche kamen, schälten Knoblauch, hackten Thymian, Rosmarin und Basilikum, rührten Pastateig, blanchierten Bohnen. Niemand sah herüber, doch alle verfolgten genau, was ich tat. Um kurz nach zehn schob ich die beiden Bleche in den Ofen. Peppino räusperte sich. Flavio riss das Küchentuch von seiner Schürze und lief hinaus.

Später nahm ich ihn beiseite. »Du kannst gehen.«

Aus seinem Gesicht schrie Wut, seine Augen blitzten, seine Mundwinkel zuckten, doch er schluckte und schwieg. Erst als er die Tür hinter sich zuzog, stieß er einen halblauten Fluch aus.

Am Tag darauf, ich machte wieder Lasagne, kam Mario eine Dreiviertelstunde zu spät zur Arbeit. Ich nahm auch ihn beiseite.

»Ich geh doch auch nicht um Punkt drei nach Hause. Wenn kurz vor Schluss noch jemand Pizza bestellt, geh ich auch erst um halb vier«, schimpfte er, und seine Hände wirbelten durch die Luft.

»Du bleibst länger, weil du über Tarif bezahlt wirst«, sagte ich mit ruhiger Stimme.

Seine Hände hielten inne, er holte Luft.

»Trotzdem hast du pünktlich zur Arbeit zu erscheinen.«

In seinem Gesicht las ich die Verwünschungen, die ihm durch den Kopf schossen.

»Wenn jeder kommt, wann er will, ist das hier keine Küche, sondern ein Flohzirkus.«

Er schnalzte, und ein Zischen kroch aus seiner Kehle. *Du bist einer von uns*, stand in seinem Blick, *warum benimmst du dich deutscher als die Deutschen?*

»Bislang war ich nachsichtig, in Zukunft werde ich es nicht mehr sein. Du verdienst gutes Geld, dafür erwarte ich Fleiß, Disziplin und Pünktlichkeit.«

Mario öffnete den Mund. Und schloss ihn wieder. Ein saftiges *stronzo*! lag auf seinen Lippen, doch er schluckte und wandte sich ab.

Am nächsten Tag erschien er pünktlich zur Arbeit. Am Tag darauf auch. Am dritten Tag kam er zehn Minuten zu spät.

»Geh wieder nach Hause«, sagte ich und schloss die Tür zur Küche.

Bald setzte ich neue Gerichte auf die Karte – à la carte zubereitete Kalbslendchen mit frischen Spitzmorcheln, Entenbrust al balsamico, Kalbsleber alla veneziana und Rigatoni mit Käse und Pfeffer. In der Woche darauf schrieb ich eine neue Karte. Entdeckte ich morgens auf dem Großmarkt zarten Lammrücken oder kleine, helle Kalbsnierchen, kochte ich mittags Lammrücken provençal oder briet Kalbsnierchen kurz in Olivenöl, mit etwas Knoblauch und frischen Tomatenstückchen, gab Weißwein hinzu, Petersilie und Peperoncini. Ich rief Thomas Werner an, mit dem ich in der Jahrhunderthalle zusammengearbeitet hatte. Kurz bevor ich im Milano anfing, waren wir nach Mandatoriccio gefahren, in seinem VW-Käfer, auf der Rückbank einen gewaltigen Fernsehapparat, den ich für Mamma gekauft hatte. Mit 34 PS krochen wir über den verschneiten Passo del Brennero, und während Thomas fuhr, kratzte ich Frost von den Scheiben, denn das Auto hatte kein Gebläse. In Neapel reichten uns ein paar Bengel Orangen und Nüsse durchs Seitenfenster, während ihre Freunde sich am Kofferraum zu schaffen machten, doch alles, was sie fanden, war der Motor. Schließlich fuhren wir ins Dorf ein, und auf der Via Nazionale stand Franco Scotti, neun Jahre alt und Autonarr, er bestaunte den blonden Mann am Steuer, den Fernsehapparat, dann legte er Daumen, Zeigefinger und Mittelfinger zusammen, eine typisch italienische Geste, und sagte: »*Ma queste sono macchine –* das sind Autos!«

Ich bot Thomas eine Stelle als Postenchef an. »Ich brauche einen Saucier wie dich, der die italienische Küche kennt und sich für die Nouvelle Cuisine begeistert.«

Thomas sagte zu. Mit ihm und Domenico Pugliese, einem Koch, den ich aus Mandatoriccio kommen ließ, war meine Küchenmannschaft komplett. Wir kochten Involtini, Ossobuco und Spezzatino – und Rigatoni mit Gorgonzola und Safran, Spaghettini alle vongole und Bucatini all'amatriciana. Die Gäste waren begeistert, sie schätzten es, dass beliebte Menüs auf der Karte blieben und wir gleichzeitig Neues boten. Die meisten waren wohlsituiert, sie kannten fremde Länder und Kulturen und genossen gutes Essen und edlen Wein. Sie waren Vorreiter – und die anderen zogen nach. Wirtschaftlich ging es den Deutschen gut, und immer mehr aßen im Restaurant, reisten ins Ausland. In ihren Käfern und Kadetts fuhren sie über die Alpen – und wenn sie wieder nach Hause kamen, wollten sie zu Hause essen, was ihnen im Urlaub geschmeckt hatte, auch wenn viele nicht wussten, dass die italienische Küche mehr bot als Pizza und Spaghetti. Sie waren nicht über Märkte gestreift und durch *alimentaris*, hatten nicht die traditionelle Küche in den Dörfern entdeckt, nicht Stracotto, in Rotwein geschmortes Rindfleisch, probiert, nicht Fasan, Schnepfe und Hase oder Carpione, frittierte Sardinen, die mit Essig, viel Zwiebeln, Karotten, Lorbeer, Pfeffer, Nelken und etwas Zimt gekocht wurden. Sie kannten Chianti in bauchigen Bastflaschen, doch nicht den nach Kirschen und gekochten Pflaumen schmeckenden San Giovese di Romagna, nicht den kräftigen weichen Trebbiano mit seinem Aroma von Ginster und Zitronenblüten.

Beständig entwickelte ich Karte und Küche im Milano weiter und entdeckte dabei selbst Neues. Hatte ich bislang in internationalen Hotels und Restaurants gearbeitet und war Teil einer gut funktionierenden Küchenbrigade gewesen, plante ich als Küchenchef Menüs,

*15. Dem Schwimmer Michael Groß sagt Luigi 1984, ohne Medaillen brauche er gar nicht von den Olympischen Spielen in Los Angeles zurückzukehren – Groß holt zwei Mal Gold und zwei Mal Silber*

*16. Anfang der Achtzigerjahre mit Roberto Blanco im Neuen Haferkasten in Neu-Isenburg*

*17. Im Ferienhaus des Boxers Bubi Scholz in Spanien*

*18. Ca. 1980 mit Spielern der Sportfreunde Sense*

*19. Auch der Tennis-Profi Vitas Gerulaitis mag Fußball, und Luigi Brunetti lädt ihn zu einem Spiel der Frankfurter Eintracht ein*

20. Hans-Joachim Kulenkampff kommt ebenfalls häufig in den Neuen Haferkasten

21. Gemeinsames Kochen mit Hasso Segschneider (r.) und Domenico Pugliese (l.) anlässlich einer Wohltätigkeitsveranstaltung von Margarethe Wallmann, der Ehefrau des Frankfurter Oberbürgermeisters, mit dabei: Al Martino (2.v.l.)

22. Der Konzertveranstalter Marek Lieberberg (stehend) bittet seine Künstler in den Haferkasten, hier den Tenor Peter Hofmann und seine Frau, die Opernsängerin Deborah Sasson

23. Ein neuer Lebensabschnitt: 1985 kehrt Familie Brunetti nach Italien zurück

24. 1985: Luigis Vater, Leonardo Brunetti, in der Toskana

25. Besuch bei einem Freund, dem ragazzo Giovanni Lavorato, der ein Restaurant in New Jersey (USA) führt, 1986

26: Franz Beckenbauer lädt 1996 zur Pressekonferenz in den Neuen Haferkasten, um Deutschlands Bewerbung um die Austragung der Fußballweltmeisterschaft zu verkünden.

27. Fußballfan Luigi Brunetti 1996 mit Nationalspieler Andreas Brehme (r.

28. Franco Brunetti macht 1998 Ferien in der Toskana.

29. 2008: Bundesverteidigungsminister Franz Josef Jung tritt im Turnier der deutschen gegen die italienische Winzer-Elf im Angriff an und verbringt mit seiner Frau noch ein paar Tage Ferien im Agrihotel (links Luigi mit Elisabetta, rechts ihre Söhne Leo und Natalino)

*30. Heute*

Autoren und Verlag danken allen abgebildeten Personen
für die freundliche Genehmigung, die Fotos zu verwenden

kalkulierte Preise, bestellte und verhandelte mit Zulieferern. Ich traf Entscheidungen, kreierte Gerichte und machte Umsatz. Ich arbeitete zehn bis vierzehn Stunden am Tag, sechs Tage die Woche und führte erfolgreich ein Restaurant.
　Es gehörte mir nur nicht.
　Doch warum sollte mir, was im Milano gelang, nicht auch in meinem eigenen Restaurant gelingen?

Auf dem Herd köchelte Sugo und verströmte den weichen Duft sonnengereifter Tomaten. Mein Mise en place war fertig, die blanchierten Bohnen standen bereit, Brokkoli und Zucchini. Im Ofen garte Lasagne, im Kühlschrank lag Teig für hausgemachte Spaghetti, Linguine und Fusilli. Ich nahm eine Schale und füllte sie mit gerösteten und in Olivenöl und Knoblauch gebratenen Paprika für das Antipasti-Büfett. In eine andere gab ich grüne und schwarze Oliven. Ich schnitt honiggelbe Melonen auf und Parma-Schinken in hauchdünne Scheiben. Nebenan im Speisesaal verteilte Rocco, in weißem Hemd und schwarzen Hosen, das volle Haar mit Brillantine zurückgekämmt, Blumenvasen mit Nelken auf den Tischen. Hier und da zupfte er ein Tischtuch zurecht, eine Serviette.
　»Wo hast du die Aschenbecher hingestellt, *stronzo*?«
　»Du hast sie hier unterm Tisch stehen lassen, *stronzo*!«
Ich tupfte zwei Küken ab, die ich später mit Rosmarin und Knoblauch füllen und, mit etwas Olivenöl beträufelt, im Ofen braten würde. Eine Woche lang hatten wir das Alt-Nürnberg renoviert, die Wände mit den Fachwerkbalken weiß getüncht, den Fliesenboden geschrubbt, wir hatten Fischernetze aufgehängt und bauchige Weinflaschen aufgestellt und die dunklen Tische mit weißen Tisch-

tüchern eingedeckt. Wir hatten einen Pizzaofen aus Italien kommen lassen, Karaffen, Teller, Besteck. Wir hatten Bilder aufgehängt von toskanischen Palazzi und venezianischen Kanälen, eine grün-weiß-rote Fahne, und Rocco hatte einen Juventus-Wimpel an die Bar gepinnt. Am Vortag hatten wir das Schild über der Tür abgeschraubt und ein neues befestigt: *Ristorante La Pergola*.

Heute würden wir eröffnen.

Im Speisesaal schob Rocco eine Kassette in den Rekorder. Die Küche war klein, ein Vierflammenherd, ein Kühlhaus, doch ich arbeitete überlegt, stellte die Küken beiseite und nahm eine Pfanne, röstete Knoblauch an, frische Pachino-Tomaten, hackte Champignons und Peperoncini, ich bereitete eine Panade aus Semmelbröseln, Petersilie und Paprikawürfeln für den Lammrücken und sang dabei aus vollem Hals die Melodie von *Azzurro*. Draußen lief eine Frau mit schweren Einkaufstüten vorbei. Zwei Männer mit Aktentaschen blieben stehen und lasen die Speisekarte, die neben der Tür hing, einer sah auf seine Armbanduhr. Das NordWestZentrum war ein Einkaufszentrum in Frankfurt-Heddernheim, mit Geschäften, einem Bürgerhaus, Restaurants und einem Eiscafé. Durch Zufall hatte ich von Pavel gehört, einem Tschechen, der drei Restaurants betrieb und eines, das Alt-Nürnberg im Erdgeschoss, untervermieten wollte.

»Machst du mit?«, fragte ich Rocco. Nach einem Jahr als Küchenchef im Milano wollte ich mein eigenes Restaurant eröffnen.

Er runzelte die Stirn.

»Du im Service, ich in der Küche. Mehr Personal brauchen wir nicht. Gut, einen Spüler noch, aber der kostet nicht viel.«

Er sah mich an, als überlegte er, ob ich einen Scherz machte.

»Wir müssen keine Ablöse bezahlen, nur Miete und Kaution. Wir haben beide 20 000 D-Mark gespart – mit dem Kapital können wir uns selbstständig machen!«

Er legte den Kopf auf die Seite und stieß ein wenig Luft zwischen den Zähnen aus. Wir standen auf dem Goetheplatz und warteten auf die Straßenbahn, ein Omnibus bog um die Ecke, und ein kleiner Junge lief auf einen Schwarm Tauben zu, die mit schweren Flügelschlägen aufflatterten.

»Was kann uns schon passieren?« Ich zuckte mit den Schultern, ich hatte alles durchgerechnet.

Rocco trat mit der Spitze seines Schuhs nach einer leeren Zigarettenschachtel. »*Per dio* ...«

Ich legte meine Hand auf seinen Arm. »Wenn es gut läuft, stellen wir Personal ein und wachsen. Wenn es schlecht läuft, verkaufen wir das Restaurant wieder.«

Sein Lid zuckte, und er fuhr sich mit der Zunge über die Lippen. »Aber 20 000 D-Mark sind eine Menge Geld.«

Ein Marienkäfer landete auf meinem Jackenärmel. Einen Moment hielt er inne, dann krabbelte er Richtung Manschette, breitete seine Flügel aus und flog davon.

»Wenn es tatsächlich schiefgehen sollte«, sagte ich, »finden wir beide jederzeit eine neue Stelle.«

Roccos Stirn war voller Falten.

»Überleg mal«, sagte ich, und meine Hände tanzten durch die Luft. »Wir wären unser eigener Herr! Und wenn wir guten Umsatz machen, ist das unser Geld!«

Rocco seufzte. »*D'accordo*«, sagte er schließlich.

Nun drehte er die Stereoanlage leiser, während ich den Karton mit den Aschenbechern in den Speiseraum trug. Adriano Celentano sang *Una festa sui prati, una bella compagnia, panini, vino, un sacco di risate* ... und ich drehte den Schlüssel um und öffnete die Tür.

Schlag zwölf Uhr stand der erste Gast im Raum, ein blonder Mann in dunklen Hosen und einem Trenchcoat, eine Aktentasche in der Hand. Suchend sah er sich um.

»*Buongiorno, Signore.*« Ich ging auf ihn zu.

»Guten Tag«, sagte der Mann.

»Herzlich willkommen in unsere *ristorante*.« Ich rückte einen Stuhl beiseite und machte eine einladende Geste. »*Prego*, setzen Sie sich. Noch haben Sie freie Platzwahl!«

Der Mann zögerte, doch in seinen Mundwinkeln zuckte es.

»Haben wir heute hausgemachte Tagliatelle paesana auf unsere Karte – Bandnudeln mit eine Soße mit gekochte Schinken, frische Champignons, Erbsen und Tomaten, Sahne und Parmigiano. Außerdem frittierte Scampi. Oder haben Sie Appetit auf eine gute Stück Fleisch? Kann ich Ihnen Filet mit grünem Pfeffer empfehlen oder Filet in Rotweinsoße.«

Er nickte, und sein Blick wanderte über die Fischernetze, die bauchigen Weinflaschen. »Und das Alt-Nürnberg?«

»Ist geschlossen, *Signore*. Aber wir haben unsere *ristorante* eröffnet, mit typische italienische Küche, mit Pizza und Spaghetti und besondere Spezialitäten – Küken, Scampi und Fasan.« Diese Gerichte, die man in italienischen Restaurants selten fand, hatte ich auf die Karte gesetzt, um auch Speisen anzubieten, die die Leute nicht kannten, und um ihnen die Vielfalt der italienischen Küche zu zeigen. Sie würden sie, da war ich sicher, schätzen lernen.

»Wir haben auch eine ausgezeichnete Lammrücken.«

Sein Gesicht hellte sich auf. »Lammrücken?«

»*Sì, Signore*, Lammrücken mit gebackene Kartoffeln und Bohnen.«

Er lächelte. »Und Bier? Haben Sie auch Bier?«

»*Sì, Signore*, bringe ich Ihnen sofort. Nehmen Sie Platz, *prego*.«

Er stellte seine Aktentasche ab und knöpfte seinen Trenchcoat auf.

Kurz darauf kamen drei ältere Herren, dann zwei Frauen mit einem kleinen Mädchen, eine Dame. Rocco servierte Getränke und Brot mit gesalzener Butter, während ich in der Küche Lammrücken mit Senf bestrich, ihn in der Panade wendete und in den Ofen schob. Ich tauchte Spaghetti in brodelndes Wasser und rollte Teig für Cannelloni aus, mahlte Pfeffer über Antipasti und garnierte sie mit Thymian-Blättchen, gab Zugo über Spaghetti und schob eine Pizza Margherita in den Ofen, während Rocco weitere Bestellungen brachte.

Eine Flamme schoss hoch, als ich Reis für Risotto mit Wein ablöschte. »Der Lammrücken war ausgezeichnet.«

Ich fuhr herum. Am Pass stand der Herr im Trenchcoat.

»*Grazie, Signore*. Freue ich mich, dass es Ihnen geschmeckt hat. Habe ich das Lamm auch mit extra viel Knoblauch bereitet.«

Ein Schatten fiel auf seine Augen und seine Lippen, die noch ein wenig glänzten, zuckten. »Knoblauch?«

»*Sì, aglio*. Macht eine ganz weiche Geschmack.«

»Aber ...«

»Aber ...?« Mit der Schaufel zog ich eine Pizza Frutti di mare aus dem Ofen.

Der Mann strich über seinen Kragen. »Knoblauch ... also ... Ich meine, der riecht doch sehr, nicht wahr?«

»Knoblauch ist eine Medizin, *Signore*, sehr gesund! Regt die Geschmacksnerven an und macht, dass das Fleisch seine Aroma besser entfaltet.«

Er nickte und sah dennoch ein wenig besorgt aus. »Aber«, sagte er und knöpfte seinen Mantel zu, »der Lammrücken war wirklich ausgezeichnet.«

»*Grazie, Signore*. Freue ich mich, wenn Sie wieder zu uns kommen.«

Er nickte und ging.

Am Abend des ersten Tages zählten Rocco und ich die Einnahmen.

»250 D-Mark Umsatz.« Ich zog an meiner Zigarette, der ersten seit Stunden.

»Damit hab ich nicht gerechnet«, sagte Rocco und steckte sich ebenfalls eine Zigarette an. »Vielleicht decken wir schon im ersten Monat unsere Kosten?«

»Vielleicht zahlen wir uns schon im ersten Monat einen Lohn aus?« Ich zählte das Geld noch einmal, und diesmal strich ich jeden Schein sorgfältig glatt und legte alle Zehner auf einen Stapel, alle Zwanziger, alle Fünfziger.

Bald kamen Hausfrauen nach dem Einkaufen, sie bestellten Pizza und Spaghetti Bolognese für sich und ihre Kinder. Angestellte aus der Umgebung schätzten unsere schnelle und leichte Pasta. Der Herr im Trenchcoat kam regelmäßig und aß Lammrücken; irgendwann probierte er Scampi provençales und Küken à la minute. Ärzte und Anwälte, die ihre Praxen und Kanzleien in der Nähe hatten, bestellten Entenbrust al balsamico und frische Seezunge, sie tranken Chianti Riserva oder ließen sich von Rocco, der aus dem Piemont kam, piemontesischen Barolo, Barbera oder Barbaresco empfehlen, sie nickten, wenn er ihnen Espresso mit feiner *crema* servierte, und alle brachten sie Kollegen mit, Freunde, Bekannte, ihre Familien. Ein Manager der Neuen Heimat, Eigentümerin des NordWestZentrums, kam eines Mittags, ich bereitete ihm Seezunge in grünem Pfeffer und öffnete eine Flasche Vernaccia Riserva. Ich roch an dem Korken, reinigte die Flaschenöffnung mit einer Serviette, goss einen Spritzer ab und schenkte behutsam ein.

»*Salute, Signore!*«

Er schwenkte das Glas, ließ den Wein kreisen, inhalierte das Aroma, nahm einen Schluck und bewegte ihn langsam über Zunge und Gaumen, nickte. Bald kam er mit Geschäftspartnern, verhandelte bei Lammrücken mit dem Oberbürgermeister, schloss bei Crème Caramel Verträge mit Bauunternehmern, unterschrieb Mietverträge bei *caffè* und Grappa.

Innerhalb von drei, vier Monaten erkochten wir uns ein Stammpublikum. Unser Essen war frisch, der Service freundlich, die Preise waren erschwinglich, und die Atmosphäre im La Pergola versetzte viele Gäste in Urlaubslaune. Sie mochten die weißen Tischdecken, die Fischernetze, die italienische Musik, und sie freuten sich, wenn Rocco und ich sie mit einem herzlichen *buongiorno, Signora*, einem *buonasera, Signor* Müller begrüßten. Der ein oder andere reagierte anfangs zögerlich, vielleicht kam ihm mein Temperament ein wenig überschwänglich vor, doch bald gefiel ihnen die Offenheit und Herzlichkeit, mit der Rocco und ich sie empfingen. Sie fühlten sich auf eine Art willkommen, die anders war, als sie es aus vielen deutschen Gaststätten kannten, und das Fremde zog sie an.

Wir arbeiteten zwölf bis dreizehn Stunden am Tag, sechs Tage die Woche, nur montags blieb das La Pergola geschlossen. Dann rief ich Antonia an, und wir spazierten durch den Palmengarten im Westend. Wir gingen tanzen, ins Kino, in den Zoo. Wir machten Ausflüge und fuhren nach Wiesbaden, nach Rüdesheim, einmal machten wir eine Schiffsfahrt zur Loreley. Wir redeten viel und lachten, Antonia war unternehmungslustig und temperamentvoll und ich sehr verliebt, ich lud sie ein und machte ihr Geschenke, nur in manchen kurzen Augenblicken war mir, als wünschte sie sich insgeheim einen anderen Mann, einen besseren, einen, der mehr darstellte als ich.

Einen, der kein Koch war.

Hinter Innsbruck endete die Autobahn und ging in eine einspurige Landstraße über, die sich wie ein graues Band durchs Gebirge wand. Links und rechts ragten Gipfel in den Himmel, manche waren von Dunst und Wolkenfetzen umhüllt, hier und da krallten sich Fichten und Kiefern in Felswände und Mulden. Abendlicht lag über der Landschaft, und ich kurbelte das Fenster herunter, die Luft roch satt nach feuchter Erde. Ich sah auf die Uhr. Vor über fünf Stunden waren wir in Frankfurt losgefahren, bei sonnigem Spätsommerwetter, erst kurz vor Innsbruck waren Wolken aufgezogen. Wenn der Nebel nicht dichter wurde, würden wir in einer knappen Stunde den Passo del Brennero erreichen. Morgen früh wären wir in Verona, vier Stunden später in Florenz, von dort führte eine Autobahn nach Neapel, bis hinterm Golf von Amalfi eine Landstraße in die Serpentinen des Apennin abzweigte.

Morgen Abend wären wir zu Hause.

Ich rieb mir den Nacken und streckte den Rücken. Neben mir auf dem Beifahrersitz schlief Gianni, den Kopf gegen die beschlagene Fensterscheibe gelehnt, bei jedem

Atemzug kroch ein Krächzen aus seiner Kehle. Im Fond drängten sich Aldo und Pietro, auch sie schliefen, nur Claudio las Zeitung, und ich dachte daran, wie oft ich die Strecke mit dem Zug gefahren war und dabei den *Corriere della Sera* gelesen hatte, wie ich das erste Foto des neuen 850er Spider entdeckt hatte – signalrot, schwarzes Verdeck, Chromleisten, senkrecht stehende Scheinwerfer und eine höhergestellte Stoßstange, man hatte ihm einen stärkeren Motor eingebaut, er fuhr nun 155 Stundenkilometer, jede Nacht hatte ich von diesem Auto geträumt. Später, ich war bereits Küchenchef im Milano, schwärmte ich für ein größeres, besseres, einen Alfa Romeo 2000 GT Veloce. Eines Tages betrat ich mit einem Freund die Alfa-Niederlassung an der Mainzer Landstraße.

»Sie haben eine gelbe Alfa Romeo GT im Schaufenster stehen. Den möchte ich kaufen.«

Der Verkäufer lächelte höflich. »Das ist ein Neuwagen.«

»Das hoffe ich.« Auch ich lächelte höflich.

»Ich könnte Ihnen günstigere Modelle zeigen.« Mit einer Handbewegung deutete er auf zwei Stühle vor seinem Schreibtisch. Er war schon älter und trug eine Stirnglatze, über die er sein Seitenhaar gekämmt hatte. Wir setzten uns, und er rückte seine Schreibunterlage zurecht. Er räusperte sich. »Sie sind noch sehr jung.«

»*Sì*, aber von so eine Sportwagen träume ich seit meine Kindheit.« Der Fiat 1100 von Giuseppe Morelli, der Alfa Romeo Giulietta Sprint von Antonio Pirillo, der Fiat Spider, für den Domenico und ich einst geschwärmt hatten – neben einem Alfa GT wirkten sie wie Spielzeugautos.

»Nun ...« Wieder räusperte sich der Verkäufer und

strich mit der Hand über sein sorgsam gekämmtes Haar.
»Was ich sagen will, ist, das Modell hat seinen Preis.«

»*Sì, sì* ...« Ich griff in die Innentasche meines Sakkos, zog ein Bündel Scheine heraus und zählte 18 000 D-Mark auf den Tisch, meine gesamten Ersparnisse.

Der Verkäufer wurde blass.

»Nun ...« Er stand auf. »Wenn das so ist ...« Abrupt wandte er sich um, lief mit steifen Schritten durch den Verkaufsraum und verschwand hinter einer Tür, auf der in goldenen Lettern CHEF stand.

Als er zurückkam, hielt er einen Vertrag und einen Schlüsselbund in den Händen.

»Sie sind bereits volljährig?« Mit immer noch etwas eckigen Bewegungen setzte er sich und rückte ein weiteres Mal seine Schreibunterlage zurecht.

»Ich bin einundzwanzig.« Ich griff nach dem Vertrag, unterschrieb und reichte meinem Freund die Schlüssel, denn ich hatte noch keinen Führerschein.

»Luigi, du bist doch kein Idiot!«, rief mein Fahrlehrer, als ich kurze Zeit später zum zweiten Mal durch die theoretische Prüfung fiel.

»*No*, bin ich keine *idiote*! Aber bin ich viel beschäftigter Mann, habe ich keine Zeit zum Lernen!«

Am Nachmittag vor dem dritten Prüftermin, ich hatte mich gerade hingelegt, um mich ein wenig auszuruhen, klingelte es an der Tür. Ich schlüpfte in meine Hosen und öffnete – im Treppenhaus stand mein Fahrlehrer und wedelte mit einem Bündel Fragebögen. Seite für Seite gingen wir sie durch, er ließ mich Vorfahrtsregeln pauken und Verkehrsschilder, die Pflichten eines Fahrzeugführers bei der Benutzung von Fahrstreifen, sämtliche Wechsel- und Dauerlichtzeichen, das Verhalten an Bahnübergängen.

Diesmal bestand ich die Prüfung.

Den Alfa Romeo GT hatte ich zu diesem Zeitpunkt bereits wieder verkauft, für 14 000 D-Mark. Die viertausend Mark, die ich verlor, reuten mich nicht – wochenlang hatte der Alfa vor dem Milano gestanden, und jeder sah, dass dieser Traum von einem Auto mir gehörte. Später kaufte ich einen gebrauchten Fiat Kombi 124, ein schmuckloses, praktisches Auto, den ich vor Kurzem gegen einen Alfa Romeo 1750 Berlina getauscht hatte.

»Soll ich dich ablösen?«, fragte Gianni und rieb sich die Augen.

Der Dunst sank allmählich von den Gipfeln ins Tal, und vor uns kroch ein Lastwagen mit fünfzig Stundenkilometern die Steigung hinauf, zweimal hatte ich schon versucht, ihn zu überholen, einmal war mir ein überladener Ford entgegengekommen, das andere Mal ein Motorradfahrer, der aus einer Kurve hervorschoss. Vor allem im Winter, wenn es schneite und stürmte, war die Strecke mit ihren Schluchten und Kurven lebensgefährlich.

»*No*, ich bin nicht müde.« Ich wischte mir übers Gesicht und schaltete das Radio ein. Die Stimme des Papstes tönte durchs Auto.

»*Radio Vaticana?*« Gianni grinste. »*Benvenuti in Italia.*« Er suchte einen anderen Sender, und im Fond zündete Claudio zwei Zigaretten an und reichte mir eine. Das Licht war nun grau, wie düstere Monolithen standen die Berge in der Dämmerung. Wieder leuchteten zwei Bremslichter auf und noch einmal setzte ich den Blinker, und nun überholte ich den LKW. Ein Schild am Straßenrand zeigte an, dass wir gleich die Brennerautobahn erreichen würden.

»Wir können eine Pause machen.« Aldo war aufgewacht, er streckte sich und stieß mir seine Knie in den Rücken.

»*No*, wir fahren durch«, sagte ich und schaltete in den vierten Gang. Die Glut meiner Zigarette spiegelte sich in der Windschutzscheibe, und einen Moment sah es aus, als flöge ein Glühwürmchen vor uns her. Meine Augen tränten vom Rauch, ich blinzelte. »Ich bin nicht müde.«

In der Frühe löste Pietro mich ab, und ich schlief auf dem Beifahrersitz. Als ich erwachte, lagen vor uns weite Felder und Haine voller Oliven- und Zitronenbäume, dahinter breitete sich Neapel aus, braun und still, bewacht vom Vesuv, einem buckligen, dunklen Gespenst. In der Ferne am Horizont schimmerte der Golf von Amalfi. Ich kurbelte das Fenster herunter, sog die himmelblaue Luft ein, den Duft der Pinien, der Zitronen, der warmen Erde.

An der Abzweigung in die Serpentinen des Apennin übernahm ich wieder das Steuer. Die Straße führte nun durch stille Dörfer und an sattgrünen Hügeln vorbei, an Weinbergen und Weiden, auf denen Schafe und Ziegen hinter Feigenkakteen Schatten suchten. Am Nachmittag erreichten wir die SS 106, die *Strada statale*, die am Meer entlangführte. Ich sah auf den Tacho. Bald zweitausend Kilometer – zum ersten Mal begriff ich, wie tief im Süden Kalabrien lag.

Hinter Marina di Mandatoriccio setzte ich den Blinker und bog auf den Schotterweg, der ins Dorf hinaufführte. Die Sonne stand noch über den Bergen, der Himmel leuchtete violett und golden. Die Weizenfelder waren abgeerntet, helle Stoppeln auf dunkler Erde, und Raben segelten durch die Luft. An der Fontana Milo soff ein Maultier, und der alte Pantuso stand am Straßenrand, er trug eine Schiebermütze, schwarze Hosen und eine Weste, sein Schnurrbart leuchtete weiß in seinem dunklen Gesicht, ich hupte, und er lachte und entblößte ein paar braune Zähne. Schottersteinchen flogen gegen die Kotflügel, als ich um die vielen Kurven bog, und schließlich sahen wir, weiter oben und friedlich in einer Senke liegend, das Dorf.

Am Friedhof trat Signora Russo aus dem Tor, schwarz gekleidet und gebückt, eine Gießkanne in den knorrigen Fingern. An der Mauer klebte ein Plakat, das anzeigte, dass der alte Signor Caliciuri gestorben war und morgen zu Grabe getragen würde; schnell schlug ich ein Kreuz. Im Rückspiegel strich ich mein Haar zurück, wischte über mein verknittertes Hemd, die bordeauxrote Hose.

Ein Huhn flatterte über die Via Nazionale, als ich mit dem Alfa ins Dorf hineinfuhr. Domenico Spataro, der Torwart, den alle den »Wolf der Sila« nannten, weil er wie ein Wolf nach jedem Ball sprang, kam aus einem Laden und winkte, als er mich erkannte. Signora Galanti lief mit einem Baby im Arm die Straße hinauf, und Signorina Franceschina trat aus ihrem Haus, sie trug ein blau-weiß getupftes Kleid, und ihre Locken wippten, als sie in die Viale Belvedere bog. Signor Minotti saß auf einer Bank vor seinem Haus, die Hemdsärmel hochgekrempelt, die Schiebermütze zurückgeschoben, sein Enkel spielte zu seinen Füßen mit einem Spielzeugauto.

»Ginùzu!« Mamma stürzte aus dem Haus, als ich in der Via Pace parkte. Sie umarmte und küsste mich, Tränen liefen über ihre Wangen. »Mein Junge …« Sie roch nach Grieß und Mehl, und ich sog ihren Duft ein und schloss einen Moment die Augen.

Dann löste ich mich sanft aus ihren Armen.

»*Che bello* …« Sie trat einen Schritt zurück und betrachtete mich, um ihre Augen ein Gespinst feiner Falten. »Wie vornehm du aussiehst, Ginùzu.«

Ich lachte. »Ach, Mamma …«

Claudio, Aldo und Gianni luden Koffer aus und Tüten voller Schokolade und Zigaretten, Schachteln mit Peter Stuyvesant, Reval, HB und Ernte 23, denn im Dorf gab es noch immer nur Nazionali und Marlboro. Ein Fahrrad klapperte übers Pflaster, und ein Radio spielte *Una festa sui prati*, Mamma nahm meinen Koffer und schob mich ins Haus. In der Küche roch es nach Knoblauch und Olivenöl, nach dem Schinken, der an einem Stock unter der Decke hing, und auf dem Herd brodelte Wasser, daneben stand ein Brett mit luftgetrockneter Salsiccia. Ich nahm ein Stück und biss hinein, es war fest und schmeckte scharf nach Peperoncini.

Mamma zog einen Stuhl heran. »Setz dich, Ginùzu.«

»Bloß nicht, ich habe fast zwei Tage im Auto gesessen.« Ich streckte meine Beine, meine Arme, rieb mir die Knie, den Nacken. Mamma ging zum Herd, gab die Salsiccia in die Pfanne, es zischte, und mein Magen zog sich zusammen. Sie nahm ein Bündel gefiederte Cime di rape und schnitt sie in feine Streifen. Sie hatte ein wenig zugenommen, und ihre Bewegungen waren langsamer geworden, vorsichtiger.

»*Come stai*, Mamma?«

»Gut, mein Junge, gut geht es mir.« Sie griff nach einer Karaffe. »Ich bin glücklich, dass du wieder zu Hause bist. Wie lange wirst du bleiben?«

»Zehn Tage.«

Sie öffnete einen Wasserhahn und füllte die Karaffe.

»Ihr habt fließendes Wasser?«

»*Sì*.« Sie nahm ein Glas vom Regal und stellte es auf den Tisch. »Sie legen Leitungen in den Dörfern, damit wir nicht mehr zur Quelle laufen müssen.« Sie schenkte ein. »Ein Bad haben wir auch.«

Ich schnalzte und trank in einem Zug. Mamma schenkte nach.

»Du musst mir alles erzählen, mein Junge.« Sie stellte die Karaffe beiseite, griff nach meinen Händen und hielt sie fest in ihren. »Aber erst mach ich dir einen Teller Pasta mit Salsiccia und Cime di rape.«

»*No, no*, Mamma, zuallererst muss ich dir etwas zeigen.« Ich lief zu meinem Koffer, der neben der Tür stand, löste die Gummibänder vom Deckel und ließ die Schlösser aufschnappen.

»*Madonna!*« Mamma schlug die Hände vors Gesicht und wich einen Schritt zurück. Ich griff ein Bündel Scheine und blätterte mit dem Daumen hindurch. Seit der Manager der Neuen Heimat sich bei einer Cassata mit kandierten Früchten erkundigt hatte, ob mit dem Lokal alles zu unserer Zufriedenheit laufe, und ich gefragt hatte, ob wir Hauptmieter werden und Pavel als Untervermieter ausschließen könnten, worauf er eine entsprechende Vertragsänderung veranlasste, zahlten wir weniger Miete und machten noch mehr Gewinn.

»*Incredibile!*« An Mammas Hals zeichneten sich rote Flecken ab. »Gib mir das Geld, *ragazzo*, ich trage es zur Post.«

Draußen lief jemand mit schnellen Schritten die Treppe hinauf.

»Warum?«

»Damit es niemand stiehlt!«

Ich lachte, warf das Geldbündel zu den anderen und schloss den Kofferdeckel. »Keine Sorge, Mamma, mir stiehlt niemand was.«

»Aber du darfst nicht mit so viel Geld herumlaufen, Ginù.« Sie wischte eine Haarsträhne aus ihrem Gesicht. Durch die Lamellen der Fensterläden fiel ein Schatten auf ihr Gesicht, und sie runzelte die Stirn. »Könnte ja auch sein, dass du es ausgibst.«

Wieder lachte ich, spannte die Gummibänder über den Koffer und schob ihn unter den Schrank. »Mamma, ich hab geschuftet wie ein Ochse, ich werde dieses Geld nicht für nutzloses Zeug verschwenden.«

Ihr Blick wanderte über meine Schuhe, meine Hose. Sie trat einen Schritt vor und befühlte mein Hemd. »Versprich mir, Ginùzu«, sagte sie, und ihre Stimme war dunkel und eindringlich, »wähl immer gute Qualität, wenn du etwas kaufst. Sachen wie diese kannst du lange tragen, die billigen wirfst du nach einem Jahr fort, und dann ist's schade um das gute Geld.«

»Versprochen, Mamma.« Ich küsste sie auf die Wange.

Während ich duschte und mich rasierte, ein frisches Hemd anzog und gebügelte Hosen, hörte ich Mamma in der Küche singen und mit Töpfen und Tellern klappern, und ein Gefühl der Geborgenheit überkam mich. Vor acht Jahren hatte ich das Dorf verlassen, seit fünf Jahren lebte ich im Ausland, doch mein Zuhause war hier.

Am Abend kam Franco. Auch er hatte über *miseria* im Dorf geklagt, darum hatte ich ihm eine Stelle als Tellerwäscher in einem italienischen Restaurant in Neuwied besorgt; kurze Zeit später fand er Arbeit in einer Schreinerei in Bad Cannstatt. Inzwischen war er mit Acheropita verheiratet und lebte wieder im Dorf.

»Ich hab gehört, mein Bruder ist zurück?«

Ich stand auf und umarmte ihn.

»*Benventuo a casa.*« Er klopfte mir auf die Schulter.

»Wie laufen die Geschäfte?« Ich trat einen Schritt zurück und betrachtete ihn. Er trug jetzt eine Brille mit dunklem Rand, sein braunes Haar war sauber gescheitelt, und in seinen Augen lag immer noch dieser stille Ernst.

»Wir kommen zurecht«, sagte er und legte einen Schlüsselbund auf den Tisch. Er hatte, mit meiner Unterstützung, eine eigene Schreinerei eröffnet, wenn die Eltern alt waren, würde er da sein und sich um sie kümmern.

Mamma öffnete eine Flasche Wein. »Wo ist Leo? Hast du ihn nicht aus den Weinbergen geholt?«

»*Sì, sì.*« Franco nickte. »Er holt noch Tabak im Laden.«

Im selben Moment hörte ich Schritte, eine Hand teilte den Fliegenvorhang, und Papà trat in die Küche. Er trug grobe Hosen, ein altes Jackett, ein geflicktes Hemd. Seine Hände waren schmutzig, seine Schuhe staubig, Lehm bröckelte von den Sohlen.

»*Buonasera.*« Ich zog einen Stuhl heran.

Er sah sich um und räusperte sich. »*Buonasera.*«

Er ging zum Wasserhahn, wusch sich die Hände, das Gesicht. Er war schmaler geworden, seine Schultern runder. Er griff nach dem Küchentuch und trocknete sein Gesicht. Seine Kniegelenke knackten, als er sich setzte. Sein Haar war zerzaust, aber immer noch voll und schwarz. Mamma schenkte Wein ein, und er nahm einen langen Schluck. Er zog eine verknitterte braune Papiertüte aus seiner Hosentasche und begann, sich eine Zigarette zu drehen.

»Und? Bist du gesund?«

»Ja, es geht mir gut. Ich habe ein eigenes Restaurant eröffnet.«

»Hmm.« Er blies einen Tabakkrümel von seinem Finger. Draußen fauchte eine Katze, und ein Baby begann zu weinen.

»Warum hast du so ein teures Auto gekauft?«, fragte er nach einer Weile. »Du verschwendest dein Geld.« Er fuhr mit der Zunge über das Zigarettenpapier, er sah nicht hin, er tat es täglich, sein halbes Leben schon. Stattdessen musterte er mich mit stummem Blick.

»Ich arbeite hart und spare. Das Auto konnte ich mir trotzdem leisten.« Das Baby weinte lauter, ein wütendes Jammern. Ein Hund bellte, und eine Vespa fuhr durch die Gasse.

Ich reckte das Kinn. »Den Alfa hab ich sogar bar bezahlt.«

Papà schlug mit der flachen Hand nach einer Fliege und wischte sie vom Tisch.

»Du bist dünner geworden, Ginùzu«, sagte Mamma und schob sich zwischen Papà und mich. Sie stellte zwei dampfende Teller mit Pasta auf den Tisch, und ihr Blick wanderte über meine Hüften, meinen Bauch. Papà zog eine Schachtel mit Peperoncini aus der Tasche.

»*No, no.*« Ich spießte Salsiccia auf meine Gabel, Rübenblätter und Penne. »Ich bin nicht dünner geworden.«

»*Sì, sì*, das hab ich sofort gesehen!« Mamma stellte auch Franco einen Teller hin, dann tat sie sich selbst auf. Ich zuckte mit den Schultern und nahm einen Schluck Wein.

»Ich arbeite viel.«

Mamma gab Brotbrösel über ihre Pasta und ließ mich dabei nicht aus den Augen.

»Sag, mein Sohn, wie ist das Essen in Deutschland?«

Wieder zuckte ich mit den Schultern und schob eine weitere Gabel Pasta in den Mund, spürte dem leicht bitteren Geschmack der Rübenblätter nach, der sich mit der würzigen Schärfe der Wurst mischte.

»Im Dorf sagen die Leute, in Deutschland essen sie nur Kartoffeln. Und Kraut, das aussieht wie nasses blondes Haar.«

Beinahe hätte ich mich verschluckt.

»So schlimm ist es nicht, Mamma«, antwortete ich. »Sie essen so viel Kartoffeln wie wir Pasta, aber es gibt auch anderes Gemüse. Und Sauerkraut schmeckt gar nicht schlecht.«
Sie warf mir einen besorgten Blick zu.
Am anderen Tag kaufte ich in der Bar an der Piazetta eine Stange Marlboro und im *alimentari* bei Vincenzino einen birnenförmigen Putiro-Käse. Das Postauto stand vor der Apotheke, als ich die Piazza del Popolo überquerte, und Signora Bianchi schimpfte mit ihrem Jüngsten. Maria Minotti, die geheiratet hatte und nun Signora Minotti in Cerminara hieß, lief mit einem kleinen Mädchen an der Hand auf den Laden des Tuchhändlers zu, der eben mit lautem Geratter das Rollo vor seinem Schaufenster hochschob. Ich grüßte und bog in die Via Chiesa. Auf dem Bänkchen vor seinem Haus saß Zù Saveru im frühen Licht und las den *Corriere della Sera*.
»Ah, Ginù ...« Er sah auf und blinzelte gegen die Sonne.
»*Buongiorno*, Zù Saveru.«
»*Come va?*«
»*Va bene, grazie*, es geht mir gut.«
Er faltete die Zeitung zusammen. »Ich hab gehört, du hast ein Auto?«
»*Sì* ...« Ich errötete und schob meine Hände tiefer in die Taschen. Dann zog ich den Käse unterm Arm hervor. Ein wenig, kaum merklich, versteiften sich die Bewegungen des alten Mannes, als er ihn nahm.
»Woher hast du gewusst, dass ich gern Putiro esse?«
»Ich hab es mir gemerkt.«
»Du machst mir eine Freude.« Er lächelte und deutete auf den leeren Platz an seiner Seite. »Setz dich, und erzähl mir von deinem *ristorante* in Deutschland.«

Den Rücken an die warme Hauswand gelehnt, zog ich ein Päckchen aus meiner Brusttasche, bot ihm eine Zigarette an, ließ mein Feuerzeug aufschnappen und gab uns Feuer. Dann begann ich zu erzählen, was seit meinem letzten Besuch im Dorf geschehen war. Zù Saveru rauchte und hörte zu. Er unterbrach mich nicht, fragte nur ab und zu nach einem Namen, einem Detail.

»*Sei un vero gigante*«, sagte er, als ich geendet hatte und meinen Zigarettenstummel aufs Pflaster warf. »Du bist ein richtig Großer geworden.«

Ich lachte, verschluckte mich, hustete.

»*Sì, sì, ragazzo.*« Er klopfte mir auf den Rücken und sah mich an, den Kopf leicht geneigt, damit die Sonne ihn nicht blendete.

Ich errötete wieder.

Er zog an seiner Zigarette, die fast bis auf den Filter heruntergebrannt war.

»Papà würde so etwas nie sagen«, sagte ich leise.

»Tsss.« Zù Saveru schnalzte und schüttelte den Kopf. »Dein Vater erzählt überall im Dorf, wie viel du verdienst und was für ein teures Auto du fährst.« Er schnippte seine Zigarette auf die Gasse.

»*È vero?*« Wieder errötete ich. »Ist das wahr?«

Er nickte und zupfte an seinem aufgeschlagenen Hosenbein. Im selben Moment schrie im Haus gegenüber Signora Bianchi auf, eine Tür krachte, die Haustür flog auf und ihr Jüngster stürmte die Treppe hinunter. »*Stupido!*«, schrie die Signora. »*Stu-pi-do!*« Sie rollte mit den Augen wie eine wilde Kuh, und Zù Saveru lachte, dabei strich er über mein Hemd, befühlte den kühlen glatten Stoff meiner Hose, nickte.

»Weißt du, wer mich neulich besucht hat?«, fragte er und lehnte sich zurück.

Ich hob eine Braue.

»Toni Grande. Er arbeitet als Koch auf Kreuzfahrtschiffen, zusammen mit Mario Lavorato. Sie waren schon überall, in der Karibik, im Indischen Ozean, in Alaska.«

»Sein Bruder Giovanni ist mit Battista Ventura nach Kanada gegangen, und seit Kurzem kochen sie in Amerika, in New Jersey, im Restaurant von Battistas Onkel.«

»Und Natale arbeitet als Küchenchef in Neuseeland.«

»Und Aldo Iozzi war Commis in Schottland und arbeitet jetzt in Frankfurt, ich habe ihn mit dem Auto mitgenommen. Aldo Coppola ist Koch im Ristorante Toscana an der Eschersheimer Landstraße. Und mein Cousin Franco Saverio Carlino, der Sohn von Onkel Egidio, will auch Koch werden.«

»Und Nazareno ist Oberkellner in Rimini. Und Tabaccòne hat im Frühjahr sein Diplom gemacht, er war an der Hotelfachschule in Salerno.«

»Tabaccòne ist auch Koch geworden? Neulich hat er noch auf der Straße gehockt und Noci gespielt.«

Zù Saveru nickte, und auf seinen schmalen Lippen lag ein Lächeln, in das sich eine Spur Stolz mischte, der Stolz eines Vaters, der auf seine Söhne schaute.

Ich zog ein Päckchen Kaugummi aus der Tasche und bot ihm eines an.

»Ich nehme lieber eine Zigarette.« Er nahm ein Päckchen aus seiner Brusttasche und bot mir eine Nazionali an. Ich ließ mein Feuerzeug aufschnappen. Er nahm einen tiefen Zug und blies den Rauch aus. Eine Schweißperle rollte seine Stirn hinab und verfing sich in seinen Brauen, wieder musterte er mich, lächelte, nickte.

»Ich habe dir viel zu verdanken«, sagte ich. »Dir und Mamma.«

Abwehrend hob er die Hand. »Das habe ich gern getan, Ginù.

»Keiner von uns *ragazzi* hätte ohne dich die Hotelfachschule besucht. Wir wären alle Bauer geworden oder Bauarbeiter.«

Er strich über sein Haar, den Kragen seines Hemdes, der trotz der Hitze zugeknöpft war. Auf der anderen Straßenseite schob Signora Mariotti die Gardine beiseite und nickte. Unter dem Dach ihres Hauses schoss ein Schwarm Schwalben hervor.

»Sag, Zù Saveru, ich suche einen guten Pizzaiolo. Nicht für mein Restaurant, das ist noch zu klein, aber ein Kollege in Neu-Isenburg verkauft Pizza zum Mitnehmen, die Leute stehen Schlange, manchmal hundert Meter die Straße hinunter. Er hat mich gebeten, mich im Dorf umzuhören.«

Der alte Mann rieb mit dem Daumen über seinen Handrücken. »Ich werde mich umhören.«

Er griff nach dem *Corriere della Sera*, der unter sein aufgeschlagenes Hosenbein gerutscht war.

»Spielt Mazzola nächsten Monat gegen Borussia Mönchengladbach?«, fragte ich.

»So wahr ich hier sitze.«

»Aber er ist verletzt, sagt Franco.«

»*No, no*, Sandro ist in Form.« Zù Saveru schlug die Zeitung auf. »Mazzola ist einer der wichtigsten Spieler bei *La Grande Inter*, ein Ausnahmetalent wie sein Vater.« Valentino Mazzola war nach dem Krieg Kapitän des AC Turin gewesen und 1949 bei einem Flugzeugabsturz ums Leben gekommen – Sandro war damals sieben Jahre alt.

»Aus dem wird einmal ein ganz großer Spieler, das hab ich schon gesagt, als du noch ein kleiner Junge warst.« Er zog an seiner Zigarette, blies den Rauch aus, sah den blauen Schwaden hinterher und lächelte.

Die Sonne stand hoch über den Hausdächern, und ein Geruch von Knoblauch und gedünsteten Tomaten stieg mir in die Nase, als ich mich verabschiedete und durch die Gassen nach Hause lief. Die Zigaretten hatte ich auf der Bank liegen lassen; in einem Päckchen steckte ein Fünfzigtausend-Lire-Schein.

Am Nachmittag besuchte ich Zà Peppina und Zù Peppe. Auch mein Cousin Domenico war in den Norden gezogen, er arbeitete bei Alfa Romeo in Mailand.

»Er baut Autos«, sagte mein Onkel. »Es geht ihm gut.«

»Weihnachten kommt er nach Hause«, sagte meine Tante und stellte mir einen Teller Suppe aus Molke, Ricotta, Brot und Zucker hin, säuerlich und süß zugleich, wie ein Versprechen.

»Weihnachten bin ich in Frankfurt«, sagte ich und tauchte den Löffel hinein, »an den Feiertagen gehen die Leute gern essen, da können wir das Restaurant nicht schließen.«

Zù Peppe nickte. »In der Stadt habt ihr Jungs eine Zukunft.« Eine schwarze Locke kringelte sich auf seiner Stirn, und seine Augen blitzten.

In den kommenden Tagen besuchte ich Verwandte, trank *caffè* mit Signor Rossano, dem Vater von Pasquale, der mit seinem Schwager ein Restaurant in Treviso eröffnet hatte, ich traf Domenico Parotta, mit dem ich das Diplom gemacht hatte und der in New Jersey arbeitete, und ging mit Mario, der immer noch auf Baustellen Zement und Steine schleppte, ins Kino und sah einen Film über Poppea, die Kaiserin der Gladiatoren. Am Abend vor meiner Abreise besuchte ich Elisabetta, die Tochter der Chiarellis, die Einkäufe für Mamma erledigte.

»Sie ist ein gutes Mädchen, Ginùzu. Sie ist lieb und sehr fleißig, sie kann kochen, waschen, bügeln ...«

»Mamma ...« Ich schlug die Augen zum Himmel. »Lass uns über was anderes reden.«

»Wenn Elisabetta mit ihren Eltern aufs Feld geht, gebe ich immer auf die kleine Serafina acht. Du musst wissen, Elisabetta hat noch eine kleine Schwester bekommen, die beiden sind beinahe zwölf Jahre ...«

»Mamma, ich hab überhaupt keine Zeit für eine Freundin.«

»Aber Elisabetta würde wirklich gut zu dir passen, Gino.« Mamma, die nach dem Mittagessen Teller spülte, hielt inne. Ihre Hände waren rot vom heißen Wasser und ihre Wangen glühten. »Du bist jetzt zweiundzwanzig, mein Sohn, du musst auch an deine Zukunft denken.«

»Ich denke an meine Zukunft.« Von Antonia hatte ich ihr nicht erzählt. »Aber Elisabetta sollte lieber einen Mann aus dem Dorf heiraten, einen, der morgens zur Arbeit geht und abends nach Hause kommt. Ich lebe im Ausland ...« Ich schnalzte und stieß mich von der Anrichte ab, an der ich lehnte. »Ich bin ein Vagabund.«

»Papperlapapp.« Sie stemmte die nassen Hände in die Hüften, ihre Brust hob und senkte sich, sie schnaufte. »Ich bin deine Mutter, ich weiß, was gut für dich ist, und Elisabetta ist gut für dich, *basta*. Sie ist ein wunderbares Mädchen, sie kann ...«

»Mamma!«

Schließlich arrangierte Mamma kurzerhand eine Verabredung, und nun lief ich neben ihr die Via Pace hinunter. Die Chiarellis wohnten in derselben Straße, ich kannte Elisabetta seit ihrer Kindheit. Doch als sie die Tür öffnete, schluckte ich.

»*Buonasera.*« Aus dem Mädchen war eine Frau geworden, zierlich, beinahe zerbrechlich, das braune Haar fiel ihr über die Schultern. Sie trug ein himmelblaues Kleid, hatte ein ebenmäßiges Gesicht, und ihre Augen leuchteten grün wie das Meer.

»*Buonasera!*« Signora Chiarelli kam aus der Küche, die kleine Serafina auf dem Arm, sie begrüßte Mamma und zwickte mir in die Wange, sie schob uns zur Bank vor ihrem Haus und trug Elisabetta auf, *caffè* zu kochen. Im Stall muhte die Kuh, und ich trat einen Schritt zur Seite, lehnte mich an die Wand des Nachbarhauses und zündete eine Zigarette an. Drinnen hörte ich, wie Elisabetta den Espressokocher aufschraubte und altes Pulver aus dem Filter schlug. Wasser plätscherte, und eine Herdflamme wurde entzündet. Die Frauen schwatzten, Serafina hörte zu, und dann raste Vito, dessen Bruder Natale ich einst verprügelt hatte, auf einer Vespa vorbei, er grinste mich an, er lachte übers ganze Gesicht.

Die Glocken von *La Madre dei Santi Pietro e Paolo* schlugen acht Uhr, als Elisabetta aus dem Haus trat und den *caffè* servierte. Bei jedem Schritt spielte ihr Kleid um ihre Knie, ihre Beine waren vom langen Sommer gebräunt. Signora Chiarelli gab drei Löffel Zucker in ihre Tasse, Mamma zwei, ich trank meinen *caffè* schwarz, in zwei Schlucken.

»Wollt ihr beiden euch nicht ein wenig unterhalten?«, fragte Signora Chiarelli.

»Ihr könntet eine Limonade auf der Via Nazionale trinken«, sagte Mamma.

Ich blies Rauch in die Luft. Das ganze Dorf würde uns sehen, wenn wir die Via Nazionale entlangspazierten, doch länger hier herumstehen wollte ich auch nicht.

»Gut, gehen wir.« Ich stieß mich von der Wand ab.

Kaum waren wir außer Sichtweite, bog ich in die

Via Umberto I ein, lief die Via Duomo hinab und weiter zu der Stelle, wo die Viale Belvedere einen Bogen machte und den Blick übers Tal freigab. Zu unseren Füßen erstreckten sich weich geschwungene grüne Linien, hier und da unterbrochen von stoppeligen Weizenfeldern, drüben auf dem Nachbarberg lag San Morello im Abendlicht. Die Erde strömte noch die Wärme des Tages aus, und in der Ferne schimmerte der Ozean. Ein leichter Wind wehte, er ließ die Kühle der heraufziehenden Nacht ahnen, und Elisabetta strich ihr Haar zurück und glättete ihr Kleid.

»Gehen wir ein bisschen spazieren?«

Sie nickte.

Ich ging voran, sie folgte mir, die Viale Belvedere hinab und hinaus aus dem Dorf, hinter dem letzten Haus bog ich in einen Feldweg. Eine Weile gingen wir schweigend nebeneinanderher. Als wir an einem Feigenbaum vorbeikamen, der seine knorrigen Zweige wie ein Dach ausbreitete, pflückte ich eine reife Frucht, teilte sie und reichte eine Hälfte Elisabetta. Sie lächelte.

»Erzähl mir von deinem Restaurant in Deutschland«, sagte sie und setzte sich ins Gras.

Ich lehnte mich gegen den Baum, verschränkte die Arme. »Was soll ich sagen? Wir sind zu zweit, ein Kellner und ich. Wir arbeiten viel, die Gäste mögen unser Essen, und sie mögen uns – das Geschäft läuft nicht schlecht.«

Sie aß ihre Feige und sah mich an, ruhig und aufmerksam.

Ich grub meine Hände in die Hosentaschen. »Weißt du, in Deutschland ist es anders. Alles ist sauber und ordentlich. Die Leute sind fleißig, und was sie tun, tun sie gründlich. Sie haben Pläne, Ziele, sie wollen etwas aufbauen, etwas erreichen im Leben. Das will ich auch.«

Ich schlug nach einer Mücke. »Wer in Deutschland tüchtig ist, kann es weit bringen.«

Ein Schwarm Spatzen flog auf. Ein Schmetterling landete auf Elisabettas Knie und tastete mit seinen Fühlern über ihre Haut. Sie verharrte, saß ganz still.

»Ich würde auch gern einmal in ein anderes Land reisen«, sagte sie, als der Schmetterling weiterflog. Sie lachte, und ihre Zähne blitzten. Es lag etwas Unbeschwertes in ihrem Lachen, und zu meinem Erstaunen merkte ich, dass mir das gefiel. Sie benahm sich anders als andere Mädchen, nicht so gespreizt, so kapriziös.

Ich pflückte noch eine Feige. »Was wünschst du dir sonst noch?«

Der Wind raschelte in den Blättern, und zwei Spatzen landeten auf einem Zweig. Elisabetta klappte die leere Schale ihrer Feige zusammen, legte den Kopf auf die Seite und dachte nach. Und lachte wieder.

»Ich würde schrecklich gern einmal ins Kino gehen.«

Ich ließ mich ins Gras fallen, setzte mich ihr gegenüber. »Magst du Filme?«

Sie nickte. »Aber allein darf ich nicht ausgehen, das erlauben meine Eltern nicht.«

Ich nickte und fuhr mir mit der Zunge über die Lippen, die sich stumpf anfühlten und klebrig vom Feigensaft. Ob ihr Gladiatorenfilme gefielen? Nein, wahrscheinlich sah sie lieber Liebesfilme, *Vom Winde verweht* und solche Sachen.

Ich wischte mir übers Gesicht. »Wenn ich das nächste Mal komme, lade ich dich ins Kino ein.«

Eine Böe wehte durch ihr Haar, und sie lachte.

Die Espressomaschine keuchte, Rocco schäumte Milch auf, und ich räumte eben die letzten Teller in die Spülmaschine, als ich eine bekannte Stimme hörte und durch den Pass sah.

In der Tür stand Luciano Arisi.

Er trug einen braunen Anzug und einen leichten Mantel, sein Haar war gescheitelt und zurückgekämmt, in der Hand hielt er eine Zigarette, deren Asche jeden Moment herunterzufallen drohte.

»*Buonasera, Signor Luciano!*«

Er nickte. Er sah blass aus und etwas müde.

Mit einem Küchentuch wischte ich mir die Hände ab, löste den Knoten meiner Schürze und warf beides auf den Stapel mit den Tischtüchern und Servietten, die Rocco morgen in die Wäscherei bringen würde. Arisi zog seinen Mantel aus, hängte ihn über eine Stuhllehne und setzte sich an den Tisch neben dem Eingang.

»*Va bene?*«

»*Grazie.*« Er drückte seine Zigarette aus. Es war schon spät, die Küche seit einer halben Stunde geschlossen, die meisten Gäste waren bei *caffè* und Grappa angelangt, und ich nahm zwei Gläser, eine Flasche Valpolicella Riserva, eine Flasche Mineralwasser.

»Schon gegessen?«

Arisi nickte.

»Ich kann noch eine Kleinigkeit zubereiten, ein paar Antipasti, ein bisschen Schinken mit Melone.«

Er schüttelte den Kopf und hob sein Glas. »*Salute.*«

Ich setzte mich, rieb mir die Knie und streckte die Beine aus. »*Salute.*«

Arisi sah sich um. Er hatte schon einige Mal im La Pergola gegessen, hatte die Küche gelobt, die Einrichtung, die Atmosphäre. »Wie läuft das Geschäft?«, fragte er und nahm einen Schluck Wein. »Man hört nur Gutes über euch.«

Ich öffnete den oberen Knopf meiner Kochjacke und strich mir durchs Haar. »Ich kann nicht klagen.«

An Tisch zwei flirtete Rocco mit einer hübschen, nicht mehr ganz jungen Blondine.

»Und wie läuft's im Alten Haferkasten?«

Arisi nickte.

An Tisch neun winkte ein Herr und bat um die Rechnung. Ich stand auf und ging zur Kasse.

»*Senti*, Luigi«, sagte Luciano Arisi, als ich mich wieder setzte. Er beugte sich vor, stützte den rechten Arm auf und das Kinn in die Hand. Seine Fingernägel glänzten wie kleine Muscheln. »Hör zu, ich muss mit dir reden.«

»*Non c'è problema.*« Ich lehnte mich zurück. »Kein Problem, ich hab Zeit.«

Mit der Linken griff er nach einem Zahnstocher, hielt ihn fest zwischen Daumen und Zeigefinger.

»Ida und ich gehen zum Jahresende zurück.«

»Nach Italien?«

Er nickte. »Es ist an der Zeit. Wir werden alt.«

Ich stieß etwas Luft zwischen den Zähnen hervor. Arisi war Anfang sechzig, seine Frau etwas jünger, 1955 waren sie aus Umbrien nach Frankfurt gekommen, Luciano hatte Kaffeeautomaten verkauft, und Ida im Isola Bella auf der Kaiserstraße gekocht, bis sie 1960 in Neu-Isenburg ein leer stehendes Lokal anmieteten und den Alten Haferkasten eröffneten, der schnell zu einem der besten italienischen Restaurants in Hessen wurde.

»Du weißt, wir haben am Lago d'Iseo Ferienhäuser gebaut.«

Ich nickte.

»Heimat ist Heimat. Eines Tages, wenn du älter bist, wirst du wissen, was ich meine.«

Die Gäste an Tisch neun erhoben sich. Rocco sah es

nicht, und ich stand auf, ging zur Garderobe und half der Dame in den Mantel.

»Es hat ganz ausgezeichnet geschmeckt, Luigi.«

»Freut mich, *Signora*. Bin ich immer froh, wenn meine Gäste sich wohlfühlen.«

»Oh, das tun wir doch jedes Mal, wenn wir hier sind.« Sie warf sich ein Halstuch über die Schultern. »Nur ...« Sie hielt inne, kicherte, und einen Moment wirkte sie jung wie ein Mädchen.

»*Sì, Signora?*«

»Dieser italienische Kaffee, also wenn ich den trinke, kann ich die ganze Nacht nicht schlafen.«

»Sie meinen unsere Espresso?«

»Ja! Der ist so stark wie zehn Tassen deutscher Filterkaffee, da krieg ich Herzrasen und mein Mann erst ...« Sie sah zu ihrem Gatten, der seinen Hut aufsetzte.

»Der Kaffee ist ein bisschen stark«, sagte er, »aber ich mag ihn eigentlich.«

»Nein, Herbert, du weißt, der Arzt hat dir verboten ...«

»Aber ich mag ihn. Mich stört nur, dass die Tasse immer halb leer ist.« Er klappte seinen Kragen hoch. »Gehen wir?«

Seine Frau rollte mit den Augen und hakte sich bei ihm ein.

»Probieren Sie nächste Mal unsere Cappuccino, *Signora*, ist mit Milch und nicht so stark.« Ich begleitete die beiden zur Tür. »*Arrivederci*, und kommen Sie gut nach Hause.«

Rocco löste sich von der Blondine und wandte sich drei jungen Männern an Tisch vier zu. Luciano Arisi legte den Zahnstocher beiseite und zog ein Päckchen MS aus seiner Sakkotasche, als ich mich wieder setzte.

»Was wird aus dem Alten Haferkasten, wenn Sie gehen?«, fragte ich, als ich ein Streichholz anriss.

Er inhalierte, hielt den Rauch einen Moment in den Lungen, blies ihn dann aus und sah zu, wie er sich im Schein der Lampe langsam ausbreitete.

»Du wirst ihn übernehmen«, sagte er mit ruhiger Stimme.

»Ich?« Beinahe verschluckte ich mich. »Wie soll das gehen?«

»Du zahlst mir, sagen wir, 100 000 D-Mark Ablöse, und ich überschreibe dir das Restaurant.«

»*Madonna*, ich hab keine 100 000 Mark!« Ich griff nach meinem Wasserglas.

Arisi sah mich an, wie ein Vater seinen Sohn ansieht, der ihm eine dumme Antwort gegeben hat, obwohl er doch klug ist.

»Die Bank, Luigi. Die Bank hat Geld.«

»Aber sie wird mir keins geben. Die lachen mich aus, wenn ich da ankomme!«

Er hob eine Braue, legte die Stirn in Falten. »Nicht in Deutschland, Luigi. In Italien fragen sie dich, wie viele Häuser du besitzt und welche Sicherheiten du sonst noch mitbringst, und wenn du keine hast, schicken sie dich fort. Hier fragen sie, was du finanzieren willst, und wenn du einen soliden und klugen Plan hast, einen, der Gewinn verspricht, werden sie dir Geld leihen.«

»Phhhh.« Mein Mund fühlte sich trocken an, und ich schenkte uns Wasser nach. »Aber ich bin doch viel zu jung.«

Arisi schüttelte den Kopf und schnippte Asche von seiner Zigarette. »In Italien würdest du eine Nummer ziehen, den halben Tag warten, und wenn du schließlich an die Reihe kämst, würden sie sagen: ›Geh nach Hause, *ragazzo*, und komm wieder, wenn du erwachsen bist.‹ Doch in Deutschland ist das anders, glaub mir. Wer hier tüchtig ist, bekommt eine Chance.«

Wieder zischte die Espressomaschine, und Rocco schäumte Milch auf. Die Blondine an Tisch zwei sah aufmerksam zu.

»Außerdem gehen wir gemeinsam zur Bank. Ich schreibe einen Wechsel aus, und du löst ihn jeden Monat ab.« Er lehnte sich zurück. Unter seinen Augen lagen Schatten, doch er hatte noch immer kaum Falten. Ich wischte mir über die Stirn.

»*Allora*«, sagte er nach einer Weile. »Was denkst du?« Er sah mich an, ruhig und mit festem Blick. Er hatte sich alles genau überlegt.

Ich nahm einen Schluck Wein und zuckte mit den Schultern. Innerhalb weniger Monate hatten Rocco und ich das La Pergola etabliert, mit guter Küche, freundlichem Service und einer Karte, die kein anderes italienisches Lokal bot. Mit geschickter Kalkulation sorgte ich für steten Gewinn.

Warum sollte mir das nicht ein zweites Mal gelingen?

»Was ist mit Walter und Amelia?« Ich leerte mein Glas und schenkte uns Wein nach. Walter war Chef de rang im Alten Haferkasten, ein Kellner alter Schule, auch er hatte im Frankfurter Hof gearbeitet. Reservierte ein Stammgast am Geburtstag seiner Frau, ging Walter in den Blumenladen und kaufte ein Bouquet; er bezahlte es selbst, denn er wusste, er würde, nicht nur an diesem Abend, ein gutes Trinkgeld bekommen. Amelia, seine Frau, eine ruhige und besonnene Norditalienerin, besorgte das Büfett. War ich nach meiner Schicht auf der Messe und einer Stunde Fahrt mit Straßenbahn und Bus im Restaurant angekommen, hatte ich meine Schürze

umgebunden, das Mise en place gemacht und alles für den Abend hergerichtet. Bevor die ersten Gäste kamen, kochte Amelia uns einen Cappuccino. Einmal brachte ich Marmorkuchen mit, und während ich meinen *caffè* schlürfte, schnitt sie ihn auf, nahm eine Scheibe und biss hinein. Sie kaute – und plötzlich gefroren ihre Züge.
Sie ruckelte an ihrem Kiefer.
»*Che è successo?*«, fragte ich und stellte meine Tasse ab. »Was ist passiert?«
Sie schüttelte den Kopf. Ihre Wangen glühten wie Peperoncini, auf ihrem Hals zeichneten sich Flecken ab. Dann öffnete sie, sehr langsam, den Mund – und ich prustete los. Ihr Gebiss hatte sich gelöst und stak unförmig aus dem Schokoladenteig. Mit funkelnden Augen blickte sie zu mir herüber, und ein Krächzen kroch aus ihrer Kehle. Ich konnte mich vor Lachen kaum halten. Nach einer Weile, die mir kurz und ihr wohl endlos erschien, streckte sie die Schultern, löste ihre künstlichen Zähne aus dem Kuchen, schob sie wieder in den Mund, ruckelte sie zurecht – und aß weiter.
Rocco half der Blondine in den Mantel und begleitete sie zur Tür.
»*Buonanotte*«, sagte sie.
»Bis bald«, antwortete er. In der Hand hielt er zwei leere Gläser, an einem glänzte Lippenstift.
Wir waren Partner – könnte er das La Pergola allein weiterführen, während ich den Alten Haferkasten übernahm?
Arisi fuhr mit dem Zahnstocher über das Tischtuch und zeichnete Muster. Seine Hände waren gepflegt, ohne Brandblasen oder Narben von alten Schnittwunden; er war kein Koch, er hatte nie in einer Küche gearbeitet, er konnte nicht einmal ein Spiegelei braten.

»Ich könnte im Dorf anrufen«, sagte ich schließlich. »Zù Saveru kennt bestimmt einen guten Koch, der gerade eine Stelle sucht. Ich lerne ihn an und führe ihn bei den Gästen ein – nach ein paar Wochen sollte er hier allein zurechtkommen.«

Ein Lächeln zog über Luciano Arisis Gesicht, und ich begriff, dass er gewusst hatte, dass ich mir die Chance nicht entgehen lassen würde.

An einem Tag im Mai 1973 heiratete mein Bruder Franco an meiner Stelle meine Verlobte Elisabetta.

Ein paar Monate nach unserem Spaziergang war ich wieder nach Mandatoriccio gefahren und hatte Elisabetta ins Kino auf der Via Nazionale eingeladen. In der Nachmittagsvorstellung lief *La Regina di Saba*, und als wir uns durch die engen Reihen zu unseren Plätzen schoben, stolperte sie. Ich half ihr auf; im Halbdunkel sah ich, dass sie errötete. In der Pause, als der Vorführer die Filmrollen wechselte, lud ich sie an der Bar im Foyer zu einem Crodino ein.

»Oder möchtest du lieber einen Prosecco trinken?«

Elisabetta warf einen Blick auf die Karte auf dem Tresen; Prosecco war das teuerste Getränk. Sie schüttelte den Kopf. Peppino Rossano, der Barmann, schenkte ihr einen Kräuteraperitif ein, ich nahm ein Bier und zog ein Bündel Scheine aus der Tasche.

Wieder in Deutschland, rief ich sie an, ein paar Wochen später erneut, bald telefonierten wir jeden Monat miteinander, wir fragten: »Wie geht es dir?« und: »Wann kommst du wieder ins Dorf?« Ab und zu schickte Elisabetta eine Postkarte.

»Ich kann nicht mit dir spazieren gehen«, sagte sie, als ich das nächste Mal zu Besuch kam.

»Möchtest du lieber ins Kino?« Fahles Licht fiel durch die Läden vor dem Küchenfenster und malte Streifenmuster auf den Fliesenboden.

»Ins Kino können wir erst recht nicht gehen.« Sie schraubte den Espressokocher auf und schlug altes Pulver heraus.

»Warum nicht?« Ich zog einen Stuhl heran und setzte mich. Elisabetta füllte Wasser in den unteren Teil des Espressokochers, gab Kaffee in den Filter, entzündete die Herdflamme. Einen Moment lehnte sie am Herd, sie wandte mir den Rücken zu, ihre Schultern waren rund und flach. Dann drehte sie sich um und ließ sich, den Espressokocher in den Händen, auf einen Stuhl sinken, als habe sie alle Kraft verlassen.

»Du musst mit meinen Eltern sprechen«, sagte sie leise.

»Was ist passiert?« Ich schob die Ärmel meines Sakkos hoch.

»Du weißt, wie Leute sind.« Sie sah zu Boden, ihr Haar fiel wie ein Vorhang vor ihr Gesicht.

»Was meinst du? Wovon sprichst du?«

»Man redet über uns.« Ihre Stimme klang wie die einer Fremden.

Ich seufzte, lehnte mich zurück und zupfte eine Zigarette aus meiner Handtasche. Auf dem Büfett stand eine gerahmte Fotografie von Elisabettas Eltern am Tag ihrer Hochzeit, daneben eine Madonna mit gefalteten Händen. Ich sah einer Fliege zu, die über den Fliesenboden surrte.

»Meinst du es ernst mit mir?«, fragte ich nach einer Weile.

Elisabetta sah auf. Ihre Augen glänzten, und aus dem Espressokocher in ihrer Hand tropfte Wasser auf den Boden. Sie strich ihr Haar zurück und nickte.

Ich zog an meiner Zigarette und hielt den Rauch einen Moment in der Brust, bevor ich ihn ausblies und zusah, wie er sich mit dem Staub vermischte, der durch die Luft tanzte und im Gegenlicht schimmerte.

»Gut«, sagte ich und strich über den Tisch, sein glattes, abgenutztes Holz. »Ich werde mit deinen Eltern sprechen.«

Mamma arrangierte einen Besuch, und drei Tage später saß ich wieder in der Küche der Chiarellis. Elisabettas Vater, ein schweigsamer Mann, klein und kräftig, ein Bauer, der seine Tiere über alles liebte, kaute auf einem Stück Peperoncini. Seine Frau, in schwarzem Kleid und Schürze, das dunkle Haar zu einem straffen Dutt gebunden, die abgearbeiteten Hände immer in Bewegung, kochte *caffè*.

Ich redete nicht lange herum. »Natale, ich werde heiraten.«

Er sah auf und strich mit dem Zeigefinger über seinen schmalen Oberlippenbart. Elisabettas Mutter stellte Gläser auf den Tisch und schenkte Mirto ein, einen süßen Myrtenlikör.

»Ich werde ...« Ich griff nach meinem Glas und betrachtete die tiefrote dicke Flüssigkeit. »Nun, ich werde deine Tochter heiraten.«

Natales Zeigefinger hielt inne.

Dann nahm er seine Bewegung wieder auf, strich weiter über die stoppeligen grauen Barthaare, ein Kratzen in der Stille des Raumes.

»Ich bin kein reicher Mann, Natale, aber ich führe ein anständiges Leben.«

Er schluckte das Peperoncini-Stück hinunter und räusperte sich. Auf dem Herd begann der Espressokocher zu röcheln.

»Du hast ein Restaurant in Deutschland?«, fragte Elisabettas Mutter nach einer Weile.

»*Sì*, und bald eröffne ich ein zweites.«

Eine Mücke surrte durch die Luft, und irgendwo schlug ein Fensterladen gegen eine Hauswand. Eine Frau summte ein Kinderlied, und eine Horde Jungs rannte die Gasse hinab. Mein künftiger Schwiegervater fuhr sich mit den Fingern durch sein graues Haar. Er trug ein weißes Unterhemd, braune Hosen und alte, geflickte Sandalen.

»Meine Tochter wird also nach Deutschland gehen?« Teresa Chiarelli stellte Gebäck auf den Tisch.

»*Sì*«, sagte ich. »Ich bin kein Mann, der heiratet und seine Frau dann sitzen lässt. Ich baue uns etwas auf, und wenn ich mein neues Restaurant eröffne, wird Elisabetta helfen, zumindest, bis unser erstes Kind geboren wird.« Dass ihre Tochter froh war, der Enge des Dorfes zu entfliehen, sagte ich nicht.

Sie nickte, drehte die Herdflamme aus und schenkte *caffè* ein.

»Gut«, sagte Natale Chiarelli nach einer Weile. »Wenn meine Tochter es so will, dann soll es so sein.« Er hob sein Likörglas und leerte es in einem Zug. »Wann?«

Draußen zwitscherte eine einzelne Schwalbe, und ich zuckte mit den Schultern.

Der Hochzeitstermin wurde schließlich auf den 19. August 1973 festgesetzt. Drei Monate zuvor hatte Franco an meiner Stelle im Rathaus alle Papiere unterschrieben, während ich in Deutschland Pasta kochte, Pizza backte und Küken briet – meine Braut war nicht amüsiert, doch weitere Betriebsferien konnten Rocco und ich uns nicht leisten. Zwei Tage vor der kirchlichen Trauung stieg ich in meinen Alfa Romeo und raste über die Alpen.

Als ich ankam, verteilte Elisabetta die letzten *Crostoli*. Tagelang hatten sie und die Frauen im Dorf Hochzeitskrapfen gebacken, zwei Säcke Mehl hatten sie verbraucht, um jeder Familie so viele zu bringen, wie sie Mitglieder hatte, so war es Sitte.

Am Tag vor der Zeremonie breitete meine Schwiegermutter die Aussteuer ihrer Tochter im Schlafzimmer aus, und Mamma ging, um sie zu begutachten. Unterdessen begann ich mit den Vorbereitungen für das Hochzeitsbankett.

»Ich schenke euch ein Kalb«, hatte mein Schwiegervater gesagt. »Du bist Koch, du weißt, was du zu tun hast.«

Noch immer gab es in Mandatoriccio kein Restaurant und keinen Festsaal, darum sollte das Fest im Kindergarten stattfinden. Während die Frauen Kinderstühle hinaus- und Bänke hineintrugen, Tischtücher ausschüttelten, dass sie in der Luft knallten, und die Wände mit Blumen, Ballons und Luftschlangen schmückten, beinte ich, unterstützt von Aldo Iozzi und Aldo Coppola, Domenico Cosenza und Domenico Pugliese, das Kalb aus.

»Der Ofen ist zu klein«, rief Aldo Iozzi.

»Kein Wunder«, sagte Aldo Coppola. »Es ist ein Kindergarten.«

»Ich frag meinen Onkel Egidio«, seufzte ich. Mammas Bruder besaß eine Bäckerei in der Via Lungo Destre. Unterdessen bereiteten vier Meisterköche das Mise en place, sie schnitten und hackten, brühten und brieten, es dampfte, brodelte und krachte, sie improvisierten und kreierten, bereiteten Antipasti fürs Büfett, schnitten Schinken, Salsiccia und Salami auf, rührten Sardella und richteten Oliven an, legten *melanzane* ein und Zucchini, rösteten Paprika, sie backten Bleche voller Lasagne und brieten Kalbsbraten.

»Wo ist das Meersalz?«
»Ich brauche gemahlenen Pfeffer.«
»Das Blech ist zu klein für die Lasagne!«
»Das Blech ist zu groß für den Ofen!«
»Wartet, ich hole eins von Mamma.«
Am Morgen des 19. August lieferte ein Konditor aus Rossano die siebenstöckige Hochzeitstorte. Mamma hatte eben mit dem Krankenhaus in Messina telefoniert, wo Papà kurz zuvor mit einem Magengeschwür eingeliefert worden war, und ich saß, geduscht und rasiert, in neuem Anzug, blütenweißem Hemd und Fliege in der Küche und rauchte meine letzte Junggesellen-Zigarette.
»Ginùzu?«
»*Sì*, Mamma?« Ich sah auf die Uhr. Es war kurz vor zehn.
»Ginùzu, sie ist ein gutes Mädchen, und sie wird dir eine gute Frau sein.« Mamma legte ihre Hand auf meine Schulter.
Ich lächelte, drückte ihre Finger und dachte an meine Braut, die wenige Häuser weiter von ihrer Mutter, ihren Tanten und Cousinen angekleidet, frisiert und geschmückt wurde. Ihr Vater würde sie zur Haustür geleiten, dort würde er meinem Bruder Franco seine Tochter übergeben – es war Sitte, dass der erstgeborene Sohn der beiden Familien die Braut zu Kirche führte.
Dort würde ich auf Elisabetta warten.
Die Sonne stand hoch über *La Madre dei Santi Pietro e Paolo*, als der Hochzeitszug auf die Piazza del Popolo bog, und die hellen, von der Patina der Jahrzehnte gefleckten Wände der Kirche leuchteten im weißen Licht. An der Spitze des Zuges lief Franco, sehr aufrecht, die goldenen Knöpfe seines Jacketts schimmerten. Auf sei-

nem Arm ruhte locker Elisabettas behandschuhte Hand, sie trug ein weißes Kleid mit einer langen Schleppe und einen Schleier voller Blüten aus Tüll, ihr braunes Haar fiel ihr über die Schultern. Mamma und meine Schwiegereltern folgten ihnen, meine Schwägerin Acheropita und Zà Peppina, Zù Peppe und Domenico mit seinen Geschwistern, Mammas Schwestern mit ihren Männern und ihre Brüder mit ihren Frauen, Papàs Geschwister mit ihren Familien und Elisabettas Großvater, ihre Tanten und Onkel, Nichten und Neffen, Cousins und Cousinen hatten sich eingereiht, die Frauen trugen ihre schönsten Kleider und fächelten sich Luft zu, die Männer hatten ihre besten Anzüge hervorgeholt, die Hemden mit den gebügelten Kragen, die Krawatten, nur die Kinder trugen T-Shirts und kurze Hosen, und Serafina, Elisabettas kleine Schwester, hatte zwei weiße Schleifen in ihr Haar gebunden.

Der Tuchhändler ließ eben die Rollläden vor seinem Geschäft herunter, der Apotheker sperrte die Ladentür zu, zwei Katzenjunge jagten einander über die Piazza, und die Tauben auf den Simsen der Ruine des Castello, das einst Urgroßvater Brunetti gehört hatte, gurrten. Vor der Treppe, die zur Kirche hinaufführte, blieb mein Bruder stehen und übergab mir meine Braut.

Die Glocken begannen zu schlagen, als ich Elisabetta die Stufen hinaufgeleitete und wir die Kirche betraten. Drinnen war es kühl, die Luft roch feucht und nach Weihrauch. Der Pfarrer trug ein goldenes Gewand, und nachdem alle ihre Plätze in den knarrenden Bänken eingenommen hatten, setzte die Orgel ein, und der Chor begann zu singen. Als der letzte Choral ausklang, seine Töne zwischen den alten Mauern verhallten, trat der Pfarrer vor und hielt die heilige Messe.

Nach der Kommunion traten wir vor und knieten nieder.

»Willst du, Luigi Egidio Brunetti, die hier anwesende Elisabetta Chiarelli zur Frau nehmen, sie lieben, ehren und ihr die Treue halten, in guten wie in schlechten Tagen?«

»*Sì.*«

»Willst du, Elisabetta Chiarelli, den hier anwesenden Luigi Egidio Brunetti zum Mann nehmen, ihn lieben, ehren und ihm die Treue halten, in guten wie in schlechten Tagen?«

»*Sì.*«

Irgendwo in der Tiefe des Raumes ertönte ein Schluchzen.

Als Mann und Frau kehrten wir mit den Hochzeitsgästen in die Via Pace zurück, wo Mamma Getränke vorbereitet hatte, Martini und Campari, Spumante, Wein und *caffè* und Limonade für die Kinder, und alle riefen *Tanti auguri*! und wünschten uns Glück, und nacheinander legte jeder seinen Umschlag auf das Bett im Schlafzimmer, einen Umschlag mit 10 000 Lire, 50 000 Lire, 100 000 Lire – unser Hochzeitsgeschenk.

Unterdessen zerteilten die beiden Aldos in Onkel Egidios Bäckerei den Hochzeitsbraten, verluden ihn auf Platten und trugen sie in den Kindergarten, wo die beiden Domenicos Antipasti anrichteten und Lasagne aufwärmten. Unsere Tanten, Schwägerinnen und Nichten brachten *Tordilli*, frittierte Teigkugeln, die in Honig gewälzt und auf Zitronenblättern serviert wurden, und unsere Cousins, Neffen und Onkel schleppten Wein und Wasser, Spumante, Grappa, Ramazotti und Averna herbei, jeder trug zum Fest bei, und bis in die Nacht aßen wir und tranken, und ein Orchester spielte auf, und alle tanzten Tarantella und lachten und feierten unsere Hochzeit, bis der Morgen graute.

In der Frühe lud ich unsere Koffer und Elisabettas Aussteuer in den Alfa, die beiden Domenicos zwängten sich in den Fond; die beiden Aldos würden später den Zug nehmen. Mamma, Teresa und die kleine Serafina weinten und winkten, als ich hupte und wir in der aufsteigenden Hitze die Via Pace hinunter- und zum Dorf hinausfuhren, die Straße zum Meer hinab und weiter Richtung Neapel, Rom, Florenz, Verona, über den kurvigen Passo del Brennero und von dort weiter nach Deutschland.

In Niedereschbach hatte ich eine Wohnung gemietet, zwei Zimmer in einem Neubau, und kaum hatten Elisabetta und ich uns eingerichtet, eröffneten wir das La Pergola – die Flitterwochen waren zu Ende. Meine Frau sprach kein Wort Deutsch, doch sie half und spülte Gläser, schenkte Wein aus und brühte Espresso auf, schäumte Milch für Cappuccino. Ein wenig schüchtern beobachtete sie die Gäste, sie hörte zu und schnappte fremde Wörter auf.

Im Herbst kam Tabaccòne aus Mandatoriccio. Während der Sommersaison hatte er in Mailand gekocht, nun arbeitete ich ihn ein, damit er mit Rocco das La Pergola weiterführte, während Elisabetta und ich den Alten Haferkasten übernahmen.

Das Lokal in der Löwengasse in Neu-Isenburg war etwas kleiner, und mit seinen holzvertäfelten Wänden, den Sprossenfenstern und Blumensträußen auf den Simsen hatte es den Charme eines Wohnzimmers. Luciano und Ida Arisi hatten sich einen Ruf erkocht, ihr Fischsalat, ihre Spaghetti calabrese, ihre Tagliatelle Alfredo waren legendär, und ich wollte die Tradition fortführen und die

Karte verfeinern. Im La Pergola hatten die Gäste meine Spezialitäten schätzen gelernt, doch im Alten Haferkasten würde ich für ein verwöhnteres Publikum kochen, darum wollte ich Rehrücken mit Kartoffelkroketten und mit Brombeeren gefüllten Äpfeln auftischen, Fasan im Speckmantel, frischen Mittelmeerfisch, Tafelspitz oder Ochsenschwanzragout in Rotweingemüse geschmort, ich wollte sizilianische Spezialitäten wie Spaghetti alla palermitana mit Anchovis, Knoblauch, Brotbröseln und Petersilie kochen und norditalienische wie Risotto alla milanese mit Safran. Meine Gäste sollten das feine Aroma einer einfachen, nur aus Knoblauch, Zwiebeln, Tomaten, Sellerie, Karotten und etwas Petersilie bereiteten Tomatensoße erleben. Sie sollten den betörenden Duft von Spaghetti aglio e olio kosten, den salzigen Geschmack von Anchovis, die Schärfe von Pfeffer, frisch gestoßen im Mörser, den sandigen Geschmack eines reifen Parmigiano, die mascarponeweiche Mokkasüße eines Tiramisù. Es war ein Versuch, und er konnte misslingen, ich musste Vertrauen gewinnen und den guten Ruf des Alten Haferkastens mit meinem Namen verknüpfen – doch von der Güte meiner Karte war ich überzeugt.

Wir strichen die Wände, legten Teppichboden auf die quietschenden Holzdielen und hängten statt der Bilder aus Umbrien Bilder aus Kalabrien auf, Landschaften mit Blick aufs Meer, Boote in einsamen Buchten. Weihnachten stellten wir eine Madonna auf den Sims neben der Tür.

Am 2. Januar 1974 eröffneten wir den Alten Haferkasten.

Morgens fuhr ich zum Großmarkt und kehrte mit Kisten voller Tomaten, Auberginen und Rosenkohl, mit

Rindfleisch, Kalbslendchen und Filets beladen zurück. Ich stellte den Alfa ab und trug die Kartons ins Restaurant.

»Sie können hier nicht parken«, rief eine weißhaarige Dame, als ich wieder auf die Löwengasse trat. Sie trug eine Kittelschürze und eine große eckige Brille und fegte den Gehweg.

»Ich lade nur schnell aus«, rief ich und hob die Kiste mit dem Fleisch aus dem Kofferraum.

»Sie können hier nicht parken.«

Die Kiste aufs Knie gestützt, drehte ich mich um. Nirgendwo stand ein Parkverbotsschild.

»*Signora, prego*, ich habe dort drüben ein Restaurant.« Ich richtete mich auf, stemmte die Kiste hoch und lud noch einen Karton mit Thymian und Basilikum auf.

»Sie können hier nicht parken!« Die alte Frau stützte sich mit beiden Armen auf ihren Besen, ihre Stimme hatte etwas Schrilles. »Sie stehen im Weg!«

Die Kiste mit den Kräutern rutschte, ein Bündel Basilikum landete im Bordstein. »*Porco dio!*«

Ich stapfte zur Tür, sie war zugefallen, und ich versuchte, sie mit dem Ellenbogen zu öffnen, wieder rutschte der Karton mit den Kräutern zur Seite, und ich zog ein Bein an und stemmte das Knie unter die Fleischkiste, mit einer Hand drückte ich die Türklinke.

Hinter mir ertönte ein Geräusch, Holz auf Blech.

Aus dem Augenwinkel sah ich, dass die alte Frau mit ihrem Besen auf meinen Alfa schlug, gerade holte sie ein zweites Mal aus. »Lassen Sie das!«, schrie ich. »Sonst mache ich Ihnen Ärger!«

Ihre Dauerwelle stand wild zu Berge, und in ihren Augen blitzte es. Wieder krachte ihr Besen gegen die Stoßstange meines Autos, ein hohles, kratziges Geräusch.

Mit einem Bein stemmte ich die Tür auf und schleppte die Lebensmittel in die Küche. Als ich zurückkam, war die Alte verschwunden.

Kurz vor zehn Uhr erschien Domenico Cosenza. Gegen elf Uhr kamen die Kellner, Giovanni, ein Kellner alten Schlages aus Friaul, Michele, ein gewitzter Gigolo aus Salerno, und Fausto, ein ruhiger Mailänder, alle drei arbeiteten seit Jahren in Deutschland.

Kurz nach zwölf Uhr stand der erste Gast in der Tür, ein junger Mann im Anzug, eine gestreifte Krawatte auf der Brust, eine Aktentasche in der Hand. Er sah sich um.

»*Buongiorno, Signore.*« Giovanni ging ihm entgegen. Der Mann nickte. Giovanni bot ihm den Tisch gleich neben der Tür an, vis à vis dem Büfett, in dem Schalen mit gegrillten Zucchini standen, mit Krevetten, Fischsalat und sauer eingelegten Sardinen, mit gerösteten Peperoni und geschmorten Champignons, süßsaurem Caponata-Gemüse, Graved Lachs und Artischockenherzen. Der Mann setzte sich.

Michele brachte eine Karte.

Der Mann winkte ab. »Einmal Fischsalat, bitte. Und ein Glas Greco di tufo.«

Ein Stammgast also.

Ich ging ins Kühlhaus und holte Oktopus. Ich klopfte ihn weich und setzte Wasser mit Essig, Sellerie, Karotten, Zwiebeln und Nelken auf, ich ließ den Fisch kochen und schreckte ihn, als er gar war, unter kaltem Wasser ab, ich schnitt das weiße Fleisch in feine Streifen und hackte Staudensellerie und Gewürzgurken-Julienne, gab frische Krevetten hinzu und schlug Mayonnaise, und immer wieder lief ich zum Pass und sah in den Speisesaal, beobachtete, wie Giovanni Wein servierte und Michele Brot und Butter. Wie der Mann seine Serviette auseinanderfaltete, einen Schluck Greco di tufo nahm, ihn einen Augenblick im Mund hielt.

Ich ließ Giovanni den Fischsalat auftragen und sah zu, wie mein Gast mit der Gabel in ein Stück Oktopus stach und es zum Mund führte. Obwohl ich das Rezept auswendig kannte, es schon oft zubereitet hatte, hing ich bei jedem Bissen an seinen Lippen.

Mit einem Stück Brot wischte der Mann schließlich einen Rest Mayonnaise vom Teller, betupfte mit der Serviette seine Lippen und lehnte sich zurück. Auf seinen Wangen lag ein zufriedener Glanz, als er *caffè* und Grappa bestellte.

Erleichtert kehrte ich zurück zu meinen Töpfen.

Am Abend des ersten Tages hatten wir gut zwanzig Gerichte zubereitet, weniger, als ich mir gewünscht hatte, aber genug, um zufrieden zu sein.

Am Ende der zweiten Woche entdeckte ich im Reservierungsbuch einen bekannten Namen. Herr Wirtz war der Direktor eines Frankfurter Stahlbauunternehmens.

»*Buonasera, Signor* Wirtz.« Ich lief in den Speisesaal, als er mit drei anderen Herren zur Tür hereinkam. Er war ein großer, stattlicher Mann mit weißem Haar und hohen Geheimratsecken, ein Mann, den niemand übersah, wenn er einen Raum betrat. Seine Begleiter blieben einen Schritt hinter ihm zurück.

»Guten Abend«, sagte Herr Wirtz und sah sich um.

»*Benvenuti!*« Ich streckte die Hand aus. »*Signor* Arisi ist nach Italien zurückgekehrt. Ich bin Luigi Brunetti, der neue Inhaber.«

Herr Wirtz ließ sich von Giovanni aus dem Mantel helfen, dabei musterte er mich, nicht unfreundlich, aber mit einer gewissen Skepsis. Ich lächelte, ließ meine Hand sinken und führte ihn und seine Gäste zu ihrem Tisch.

»*Signori*, als Vorspeise haben wir heute gemischte Antipasti – gegrillte Zucchini, Krevetten, Fischsalat und sauer eingelegte Sardinen, geröstete Peperoni und geschmorte Champignons, Graved Lachs und Artischockenherzen ...«

Herr Wirtz lehnte sich zurück, sein Blick wanderte an mir hinunter, er blinzelte. »Du bist doch noch ein Kind.«

Ich straffte die Schultern und reckte das Kinn.

»Willst du dieses Lokal allein führen?«

Beinahe hätte ich die Hacken zusammengeschlagen. »*Sì, Signor* Wirtz.«

Er zog eine Augenbraue hoch, um seine Lippen kräuselte sich ein Lächeln.

Mir wurde warm. Ich spürte die Blicke meiner Kellner, streckte die Brust, den Rücken, gespannt wie ein Bogen stand ich vor meinen Gästen, die Antipasti bestellten, Spaghetti alle vongole als *primi piatti*, Dorade im Backofen und Seeteufel alla Livornese als *secondi piatti* und als Dessert eine Kombination aus frischen Erdbeeren, Brombeeren und Himbeeren mit Vanilleeis und Zabaione, die ich kurz gratinierte, dazu zwei Flaschen sizilianischen Chardonnay aus der Ätna-Gegend.

In der Nacht stellte ich mich im Bad vor den Spiegel. Ich sah einen Mann, dünn wie ein Grissini, aber mit kräftigen Muskeln, mit dichtem kurzen Haar, das an den Schläfen zurückging, und dunklen Brauen, die wie spitze Dächer über den Augen standen. Ich war vierundzwanzig Jahre alt und hatte noch immer diesen hungrigen Blick, der seltsam erwachsen wirkte in meinem jungenhaften Gesicht.

Am anderen Morgen hörte ich auf, mich zu rasieren. Nie wieder würde man mich einen Jungen nennen.

Der Main glitzerte im Licht der frühen Sonne, als ich über die Kaiserleibrücke fuhr. In der Ferne ragten einzelne Hochhäuser in die Luft, davor lag, in Höhe der Deutschherrnbrücke, der Großmarkt mit seiner lang gestreckten Halle, mit den Kopfbauten aus rotem Klinker und der gewellten Deckenkonstruktion. Am Ufer standen wie vergessen, ein paar alte Ladekräne. Ich gähnte und drückte meine Zigarette aus, die fünfte des Tages, setzte den Blinker und bog in die Hanauer Landstraße, die durch den Hafen führte.

Die Uhr am vorderen Seitenflügel zeigte kurz vor acht, als ich auf den Parkplatz fuhr. Gabelstapler kurvten umher, LKWs und Transporter, wie riesige Ameisen bewegten sie sich über das Gelände; seit vier Uhr wurde in der Halle, die die Frankfurter »Gemieskerch«, Gemüsekirche, nannten, gehandelt. Am Müllabladeplatz gab ich leere Kartons und Kisten ab, dann parkte ich meinen VW-Bus. Vor der Halle verkauften Bauern aus der Region frische Ware, ein riesiger Wochenmarkt, und ich streifte umher, begutachtete Salate, frischer und günstiger als jede Importware, und kaufte schließlich Feldsalat für Hühnerbrust-Julienne.

»He, Spaghetti!« Stavros, ein Grieche mit Händen wie Bratpfannen, schlug mir auf die Schulter.

»*Ciao, Greco.*« Ich verpasste ihm ebenfalls einen Hieb. »Wie geht's, *malakka*? *Va bene?*«

Er verzog das Gesicht, doch ich wusste, das hatte nichts zu bedeuten, er war einer der gefragtesten Händler auf dem Großmarkt. Er rückte eine Mütze zurecht, die seinen riesigen runden Schädel nur zur Hälfte bedeckte, und zog eine Schachtel Karelia Filtro aus der Tasche. Um uns herum dröhnten Motoren, Gabelstapler hupten, und Stimmen riefen auf Italienisch, Spanisch,

Griechisch und Deutsch, fast alle Händler waren Männer, sie trugen grobe Hosen und warme Jacken und die Müdigkeit einer kurzen Nacht in den Gesichtern.

Drinnen in der Halle war der Lärm gedämpfter. Stavros legte seine Bratpfannenhand auf meine Schulter, und wir liefen an Paletten mit Körben voller Steinpilze und Champignons vorbei, an Containern voller Kartoffeln, an Wänden aus Kisten voller Lauch, Dill und Erdbeeren. Stavros grüßte einen Marktbeschicker, den er kannte, ich nickte einem Koch aus dem Nordend zu. Ein Junge in einem karierten Hemd schulterte einen Sack Zwiebeln, ein Händler schleppte Kartons, aus denen grüner Salat quoll, und ein anderer stellte Weintrauben aus, gelbe Rüben im Bund und rotwangige Äpfel. Über die Längsseiten der Halle zogen sich Sprossenfenster, durch die weiches Licht fiel, und hoch über unseren Köpfen spannte sich ein gläsernes Deckengewölbe, das trotz seiner enormen Ausmaße leicht wirkte wie eine Eierschale.

»Ich hab allerbeste Zucchini für dich zurückgelegt, *malakka*.«

»Sind die Blüten noch dran?«, fragte ich. Wir standen vor Stavros' Stand an der Ostseite der Halle, und er zog eine Kiste hervor. Die Zucchini waren tiefgrün und gerade gewachsen, und an ihren Stängeln saßen noch zarte gelbe Blüten, fest geschlossen, ein Zeichen, dass das Gemüse sehr frisch war.

»Wie viel?«

Er nannte einen Preis.

Ich schüttelte den Kopf. »Kann ich nicht bezahlen.« Die Ölkrise im vergangenen Herbst hatte erst ein Sonntagsfahrverbot, dann eine Wirtschaftskrise ausgelöst, mit Arbeitslosigkeit, Kurzarbeit und Insolvenzen. Im La Pergola war der Umsatz zurückgegangen, im Alten

Haferkasten hatte ich das Personal im Sommer vier Wochen in die Ferien geschickt, während ich, um meine Schulden bei Luciano Arisi zu begleichen, in den Main-Gaswerken Kochkurse gab und deutschen Hausfrauen und Hobbyköchen *La cucina italiana* beibrachte. Sie hatten im Urlaub in Rom, Riccione oder Venedig Vitello tonnato oder Spaghetti carbonara gegessen, schwärmten von Cappuccino und Espresso und wollten nun selbst original italienische Pasta kochen und Pizza backen. Sie kosteten Olivenöl, einige griffen mit spitzen Fingern zum Knoblauch.

»Knoblauch stinkt«, sagten sie.

»Nur roher Knoblauch riecht«, sagte ich. »Dünstet man ihn, verliert er seine Schärfe und gibt den Speisen eine feine weiche Würze.«

»Wie kocht man Nudeln al dente und warum?«

»Eine Minute, bevor sie gar sind, nimmt man sie aus dem Wasser, so nimmt die Pasta die Soße besser auf und schmeckt aromatischer.«

Sie fragten viel, sie waren neugierig und vorsichtig zugleich.

Stavros strich mit seiner Pranke über die Zucchini. »Mein Freund, ich gebe dir diese Prachtexemplare für fünf D-Mark.«

Ich schüttelte den Kopf. »Da vorn ist ein Händler, der verkauft mir eine Kiste für 3,50.«

Der Grieche verzog das Gesicht. »Sie sind nicht so gut wie meine, das weißt du selbst.«

Ich nickte. »Sagen wir, vier D-Mark für die Kiste. Und gib mir noch *pomodori* dazu – woher kommen diese Tomaten?«

»Sizilien.«

»Wann geerntet?«

»Vor zwei Tagen.«

»Ich will sie sonnengereift, alle anderen schmecken nach Wasser.«

»Es sind die besten, *malakka*, die du auf dem Großmarkt findest.«

»Und deine *melanzane*?« Ich deutete auf Kartons mit violett glänzenden Auberginen. Inzwischen konnte man *melanzane* und Zucchini in gut sortierten Lebensmittelgeschäften kaufen, doch erst vor Kurzem hatte ich in einem Hinterhof in Offenbach eine italienische Käsefabrik entdeckt, die Ricotta für Tortelloni herstellte. Parmigiano, Prosciutto, Olivenöl und Wein kaufte ich bei einem Importeur, der, anfangs für den Eigenbedarf, inzwischen in größerem Stil, italienische Lebensmittel einführte.

»Vorgestern gepflückt, du siehst, wie prall sie sind.«

»*Sì*.« Ich nahm ein Bund Petersilie und zwei Bündel Basilikum und legte sie zu den Auberginen. »Hör zu, *Greco*, ich will Penne mit Salsiccia und Cime di rape auf die Karte nehmen, kannst du mir Rübenblätter besorgen?«

»Klar, Spaghetti.«

»*Perfetto, malakka*. Die Kiste für acht D-Mark, nicht mehr.«

Er grinste und nickte.

»Kann ich die Kisten kurz stehen lassen?«

»Wenn du sie zu lange stehen lässt, verkaufe ich sie weiter.«

Ich drohte ihm, und er rieb sich die Hände und lachte.

Beim Bäcker kaufte ich ein Käsebrötchen und trank einen Kaffee im Stehen; ich kannte Italiener, die lieber starben, als deutschen Filterkaffee zu trinken. Ein Kofferradio spielte Schlager, es roch nach frischem Brot, nach Schinken und reifem Käse, und gegenüber am Stand von

EXPORT – IMPORT – YILMAZ probierte ein Koch aus Darmstadt schwarze Oliven. Kauend lief ich weiter durch die Gänge, vorbei an Kisten voller Feigen und Radieschen, fein gezeichneter Netzmelonen und grünen Bohnen. An einem Pfeiler prangte ein blaues Werbeplakat mit einer Banane, an einem Gemüsestand erklärte ein zierlicher Asiate einem blonden Hünen in gebrochenem Deutsch, was Sojasprossen waren. Die meisten Gastronomen, Hoteliers, Einzelhändler und Marktbeschicker im Rhein-Main-Gebiet kauften auf dem Großmarkt ein, und ich mochte die bunte Betriebsamkeit, sie erinnerte mich an den Markt in Rossano, auf den Mamma mich früher manchmal mitgenommen hatte.

Beim Kräuterhändler sah ich Hasso Segschneider aus dem *Parkhotel*, ein Spitzenkoch und Kapitän der deutschen Nationalmannschaft der Köche, er winkte, ich winkte zurück; er trug Jeans und eine Lederjacke, ich hatte nur einen Anorak über meine Kochkluft geworfen. Alfredo, ein kleiner, stämmiger Händler aus der Nähe von Padua, stapelte Kisten mit Brokkoli und Spinat an seinem Stand.

»*Ciao*, Luigi.« Unter seinen Augen lagen Schatten. Die Broker im Ausland informierten die Großmarkthändler, wenn sie einen Waggon junge Kartoffeln, eine Ladung Erdbeeren aus Süditalien, fünfzig Kisten Bananen aus Südamerika erwarteten, sie verhandelten, und manche Händler fuhren schon um Mitternacht in die Lager und begannen, ihre Stände aufzubauen.

»*Ciao*, Alfredo.« Ich reichte ihm die Hand. Er schlug ein.

»Woher kommen dein Spinat und der Brokkoli?«

»*Italia*.« Er nahm eine Handvoll Spinat und hielt sie mir hin. »Glänzende Blätter, tiefgrün, ganz frische Ware.«

»*Bene*.« Ich kaufte zwei Kisten.

Die Uhr unter der Hallendecke zeigte fünf vor neun, als ich meine Einkäufe in den VW-Bus lud, beim Blumenhändler Astern kaufte und ans andere Mainufer zum Schlachthof fuhr.

»He, Italiener!«, rief Manni, der Metzger, der seinen Stand in der Nähe des Eingangs hatte. »Ich hab frisches Kalbsschnitzel für deine Scaloppine!«

Er reichte mir die Hand, und ich begutachtete seine Würste, prall und rosa. »Hast du eine neue Eismaschine gekauft?«

»He, Scheißitaker, ich arbeite sauber, ich blase meine Würste nicht mit Wasser auf!«

Ich grinste. »Aber deine Kalbsnierchen sehen gut aus, klein und hell. Wie viel?«

»Acht D-Mark das Kilo.«

Ich schüttelte den Kopf.

»Ich muss auch leben!«

»*Sì, sì*, wir alle.« Ich hob die Schultern und lief weiter. Morgens nach dem Aufwachen, wenn ich die erste Zigarette rauchte, ging ich in Gedanken die Bestände im Kühlhaus durch und begann, die Speisekarte für den Tag zu entwerfen. Alles Weitere ergab sich beim Einkaufen. Mal entdeckte ich feine zartrosa Kalbslendchen, mal frischen Kalbsrücken mit beinahe weißer Schwarte, wie sie nur Milchkälber haben.

Erich, rund wie ein Fass, legte gerade frisches Lammfleisch aus. Es war tiefrot und gleichmäßig marmoriert; so war es am saftigsten. In Deutschland wurde es meist mit grünen Bohnen serviert, doch ich würde es mit Brokkoli und Spinat zubereiten.

»Hör zu«, sagte ich, während Erich drei Lammrücken verpackte. »Ich will *Bollito misto* kochen, kannst du mir einen Kalbskopf besorgen?«

Er schüttelte den Kopf, der ohne Hals auf seinem Leib zu sitzen schien. »Den dürfen wir in Hessen nur ausgebeint verkaufen, ohne Bäckchen und Hals.«

»Warum?«

»Gesetz.« Er tippte eine Summe in die Kasse. »Fahr nach Bayern, da bekommst du Kalbsköpfe. Aschaffenburg ist nicht weit.« Er reichte mir das Fleisch.

Auf dem Rückweg hielt ich beim Güterbahnhof, wo zweimal in der Woche frischer Fisch angeliefert wurde, direkt vom Pariser Großmarkt Rungis. Die meisten Lieferungen bestanden aus Seezunge, Kabeljau, Lachs und Hering – Mittelmeerfisch zu bekommen war schwierig, einen Loup de mer, eine Dorade oder frische Vongole, ganz zu schweigen von Cannolicchi, einer anderen, sehr schmackhaften Muschelart. Ich ging zu Toni, meinem spanischen Fischhändler.

»*Amigo*, ich brauche für eine Reservierung am Freitag frischen Loup de mer. Kannst du mir welchen besorgen?«

»Könnte sein.« Er strich über seine Locken, die langsam grau wurden. »Es gibt einen Italiener, der fährt ab und zu nach Chioggia und Venedig und holt frischen Mittelmeerfisch.«

»Ich besorg Karten fürs nächste Spiel der Eintracht.«

»Sicher?« Toni war leidenschaftlicher Fußballfan.

»So wahr ich hier stehe.«

»Dann habe ich Freitag Loup de mer. Wie viel brauchst du?«

»Einen Dreikilofisch.«

»Schwer zu kriegen. Die meisten wiegen nur zwei, zweieinhalb Kilo.«

»Es sind wichtige Gäste, und ich will den Fisch ganz servieren.«

Er seufzte. »Ich tue, was ich kann.«

»Ich besorge Karten für Block acht.« In der Mitte des Stadions lagen die besten Plätze.

»Dann hab ich Freitag einen drei Kilo schweren Loup de mer.«

Ich kaufte Dorade und Seezunge und war gegen zehn Uhr im Alten Haferkasten. Juba und Rada, die jugoslawischen Spülerinnen, halfen beim Ausladen, und Domenico, der mit dem Mise en place fertig war, schlug das letzte von achtzehn Eiern ins Mehl, fügte eine Prise Salz hinzu, krempelte die Ärmel hoch und begann, Teig für Ravioli, Tortelloni und Tagliatelle zu kneten. Die Küche war klein, und den Tisch würden wir später brauchen.

»Ich weiß, was du denkst«, sagte ich im Vorbeigehen, »aber eine Knetmaschine kostet zweitausend Mark. Die kann ich mir nicht leisten.«

Er zuckte mit den Schultern und machte ein Ich-hab-doch-nichts-gesagt-Gesicht. Ich trug den Lammrücken ins Kühlhaus und die Fischkisten in den Innenhof; die Gäste mochten es, wenn ich sie hinausführte und sie ihren Fisch selbst aussuchen durften.

Vorn an der Bar brühte Elisabetta Cappuccino auf, ich wusch mir die Hände, setzte mich zu ihr an den Tisch neben dem Eingang und rauchte eine Zigarette, die zehnte des Tages.

Kurz vor zwölf Uhr kamen die ersten Gäste.

»Ei Gude!«

»*Buongiorno, Signor* Wirtz! Wie geht es Ihnen?«

»Danke, bestens.« Er ließ sich von Fausto aus dem Mantel helfen, Giovanni nahm seinen Begleitern die Jacken ab, und ich führte die Gäste zu ihrem Tisch. Herr Wirtz setzte sich ans Kopfende, nahm die Serviette, schlug sie auseinander. »Luigi, was gibt's heute?«

»Fleisch oder Fisch, *Signori*?« Wir hatten Speisekarten, so schrieben es das deutsche Gaststättengesetz und die Preisangabenverordnung vor, doch ich beriet meine Gäste persönlich.

»Fleisch«, sagte Herr Wirtz, und seine Begleiter nickten.

»Ich habe heute Morgen Lammrücken eingekauft, ganz frisch und zart. Bereite ich im Backofen, mit etwas Knoblauch, dazu Spinat und Brokkoli?«

»Mach das, Luigi«, sagte Herr Wirtz, lehnte sich zurück und streckte die Beine aus. Michele brachte Wasser, ein Körbchen Brot, ein Schälchen Butter.

Kaum war ich in der Küche, kam der nächste Gast. Ein schlanker Herr mittleren Alters stand in der Tür, einen Moment sah er sich um, als habe er sich verlaufen. Ich stellte Pfanne und Olivenöl beiseite und lief in den Gastraum.

»*Buongiorno, Signore.*« Ich deutete auf einen Zweiertisch. »*Benvenuti,* setzen Sie sich.«

»Danke.« Er knöpfte seine Jacke auf, ich reichte sie Michele.

»Was möchten Sie trinken, *Signore*?«

»Ein Bier, bitte.« Er setzte sich, ein wenig steif, und sah zum Nachbartisch hinüber. »Oder nein, lieber ein Mineralwasser.«

»Und zu essen – Fisch oder Fleisch? Kann ich Ihnen Dorade oder Seezunge empfehlen, frisch vom Markt. Oder eine hausgemachte Pasta?«

Er strich über die Tischdecke, schob die Blumenvase beiseite. »Pasta?«

»Ja, haben wir Ravioli, Tortelloni und Tagliatelle und natürlich Spaghetti ...

»Spaghetti, ja.«

»Mit Tomatensoße, Sauce bolognese oder alla carbonara?«

»Tomatensoße, bitte.«

»Jawohl, *Signore*, gern.« Giovanni öffnete bereits eine Flasche Mineralwasser, und ich ging in die Küche, goss Olivenöl in eine Pfanne, röstete Knoblauch an, frische Tomaten, hackte Champignons und Peperoncini, während Domenico die Tomatensoße zubereitete und Spaghetti durch die Maschine kurbelte. Bald kamen weitere Gäste, Giovanni und Michele begrüßten sie, und immer wieder übergab ich meine Pfannen und Töpfe an Domenico und lief nach vorn.

»Der *Signore* an Tisch zwei will dich sprechen«, sagte Fausto, als ich gerade eine Dorade abtupfte.

»Jetzt?«

Er zuckte mit den Schultern. »Es ist wegen seiner Pasta.«

Ich übergab Pfannen und Töpfe und wischte mir die Hände an einem Küchentuch ab.

Der Mann saß aufrecht vor seinem Teller, er trug ein weißes Hemd und einen braunen Pullunder, seine linke Hand lag locker auf dem Tisch, die rechte hielt die Gabel, von der ein einzelner *spaghetto* herabhing.

»*Signore*, schmeckt Ihnen meine Pasta nicht?«

»Nun«, sagte er und betrachtete den *spaghetto*, der wie ein Wurm über dem Teller schwebte. »Die Soße ist gut, aber die Nudeln sind seltsam ...«

»Es ist hausgemachte Pasta, *Signore*. Teig aus bestem Hartweizengrieß, mit der Hand geknetet ...«

»Schon, ja. Es ist nur ...« Er hob die Gabel etwas höher und betrachtete den *spaghetto* von allen Seiten. »Die Nudeln sind roh.«

»Roh?« Ich beugte mich vor.

»Nun, sie sind nicht gar.«

Einen Moment wusste ich nicht, was ich sagen sollte.

»Ich meine, sie sind nicht weich. Sie sind so ... so roh eben.«

Ich schluckte. »*Scusi, Signore*, die Pasta ist nicht roh.« Ich trat einen Schritt zurück. »Sie ist *al dente*. Das ist beste italienische Tradition, so nimmt sie die Soße besser auf und schmeckt aromatischer. Außerdem ist sie leichter zu verdauen.«

»Sie meinen ...« Der Mann ließ die Gabel sinken.

Ich nickte. »*Dente* ist italienisch und bedeutet Zahn – *al dente* heißt, die Pasta hat Biss.«

Der Mann sah auf seinen Teller.

Ich lächelte. »Aber wenn Sie wünschen, bereite ich Ihnen gern eine neue Portion.«

Er sah auf, und in seinem Blick lag etwas seltsam Kindliches, eine Mischung aus Scheu und Neugier. »Wenn Sie meinen ...«

»*No, no, Signore*, ich koche Ihnen gern weiche Spaghetti.« Ich griff nach seinem Teller. »Bei mir ist der Gast König.«

»Nein, nein, lassen Sie.« Er griff ebenfalls nach dem Teller. »Wenn Sie sagen, dass das so sein muss, werde ich die Nudeln aufessen.«

»Wie Sie wünschen, *Signore*.«

Ich ging wieder in die Küche, goss Olivenöl in eine Pfanne, bereitete Lammrücken und Fischsalat, Seezunge mit Spinat und schwenkte Tagliatelle in Butter und Schinken, zog Sahne, Eigelb und Parmigiano unter für Pasta Alfredo. Als die Kellner die Bestellungen für die Desserts brachten, wusch ich mir die Hände.

Der Mann hatte seine Spaghetti aufgegessen und schob gerade einen Löffel Crème Caramel in den Mund.

»Sind Sie zufrieden, *Signore*?«

»Der Nachtisch ist köstlich.« Er tupfte mit der Serviette über seine Lippen. »Und die Nudeln ... – sagen wir, sie waren ein wenig ungewohnt.«

»Nächstes Mal koche ich Ihnen Spaghetti alle vongole. Die kennt man in Deutschland kaum, und die Muscheln sind auch nicht leicht zu bekommen, aber sie schmecken köstlich.«

Ein Lächeln zog über sein Gesicht, und in seinem Blick siegte Neugier über Scheu.

»Darf ich Sie noch zu einem Espresso und einem Grappa einladen, *Signore*?«

Er lehnte sich zurück und strich über seinen Bauch, den braun gemusterten Pullunder. »Gern.«

Ich gab Elisabetta hinter der Theke ein Zeichen, sah nach Signor Wirtz und erkundigte mich bei den anderen Gästen, ob es ihnen geschmeckt hatte; alle waren zufrieden. Am frühen Nachmittag räumten wir die Küche auf, ich rauchte eine Zigarette – die zwanzigste? die fünfundzwanzigste? dieses Tages –, dann ging ich nach oben und ruhte mich aus, während Elisabetta Wäsche wusch, Tischtücher stärkte und meine Kochjacken bügelte.

Um 18 Uhr stand ich wieder in der Küche. Domenico hatte das Mise en place ergänzt, die Kellner hatten neu eingedeckt, und Fausto polierte Gläser. Die Gäste kamen, wir brieten Rehrücken und grillten Loup de mer, bereiteten Entenbrust à l'orange und Safranrisotto, kochten Spaghetti all'amatriciana und Tortelloni mit Ricotta-Füllung, Töpfe klapperten, Pfannen schepperten, Öl zischte und Flammen schossen hoch, es brodelte, sprudelte, dampfte. Weitere Gäste kamen, ich lief nach vorn, plauderte und nahm Bestellungen auf, lief zurück in die Küche und bereitete Fischsalat, lief nach vorn und zerlegte eine Rotbarbe, lief in die Küche und kochte Spaghetti calabrese, lief nach vorn und sagte *arrivederci* und verteilte Küsschen. Irgendwann räumte ich die Küche auf, ging ins Kühlhaus, sah die Bestände durch, setzte mich ans Telefon, gab Bestellungen auf und schrieb Einkaufslisten für den nächsten Tag.

Gegen Mitternacht saßen nur noch Michael, Henry, Peter, Hajo und Hans-Jürgen am Tisch neben dem Eingang und tranken Grappa und Ramazotti. Sie leiteten Konzerne und besaßen Firmen, sie waren Stammgäste bei Ida und Luciano Arisi gewesen – nun waren sie meine. Als sie sahen, dass ich meine Schürze ablegte, zog Peter eine Schachtel Streichhölzer aus der Tasche, und wir knobelten und tranken eine Runde Grappa, knobelten und tranken eine Runde Ramazotti.

»Warum gewinnst du immer?«, fragte Henry.

Ich zuckte mit den Schultern. »Glück? Verstand?«

Gegen drei Uhr rauchte ich eine letzte Zigarette – die vierzigste? – und stieg die Treppen hinauf zu unserer Wohnung, wo Elisabetta längst schlief. Ihr Bauch unter der Bettdecke hob und senkte sich sanft mit jedem Atemzug.

Am Abend des 6. Juni 1976 brannte der Alte Haferkasten.

In Frankfurt war Wäldchestag, und mit Elisabettas Onkel Pasquale, der in der Nähe von Stuttgart als Maurer arbeitete und uns besuchte, fuhren wir nach dem Mittagessen zum Oberforsthaus am Stadtwald. Leo, der in wenigen Tagen zwei Jahre alt wurde, saß in seinem Kinderwagen und bestaunte die Karussells, das glitzernde Riesenrad, die bunte Achterbahn, die vielen Menschen auf dem Kirmesplatz.

Wenige Stunden vor seiner Entbindung hatte meine Frau noch Getränke ausgegeben und Gläser gespült, als plötzlich die Wehen einsetzten. Ich ließ Pfannen und Töpfe stehen und brachte sie in die Klinik. Um zwei Uhr nachts fuhr ich nach Hause und versuchte ein paar Stunden zu schlafen, bis ich mich wieder auf den Weg zum Großmarkt und zum Schlachthof machte.

»Es ist ein Junge«, sagte in der Frühe eine Krankenschwester am Telefon. »Es geht ihm gut und der Mutter auch.« Wir nannten unseren Sohn Leonardo, nach meinem Vater, so war es Sitte, und als Elisabetta wieder arbeiten konnte, schlief unser Baby in einem Körbchen hinter der Theke.

Am Autoscooter drängte sich eine Gruppe kreischender Teenager, eine Lautsprecherstimme rief: »Zurücktreten, bitte!« Eine Klingel schrillte, Abba sang *Mamma mia*, und an der Zuckerwattebude nebenan ertönte Jürgen Drews *Ein Bett im Kornfeld*. Eine Lichtorgel setzte ein und die Autoscooter schossen los, ein Schausteller sprang von Wagen zu Wagen und sammelte Coupons ein; auf seinem Oberarm prangte eine Tätowierung, ein Herz mit einer Schlange darin. Ein Kind schrie »Mama!«, eine Frau rief nach ihrem Mann, eine andere legte den Arm um ihren Liebsten und hängte ihm ein Lebkuchenherz um. Seit dem Mittag waren die meisten Geschäfte geschlossen, die Angestellten hatten frei, so war es Tradition am Wäldchestag, im Volksmund wurde er auch Frankfurts Nationalfeiertag genannt.

»Kommt, wir gehen dort hinüber«, sagte ich, und Elisabetta beugte sich zu Leo, der aufgeregt auf die Zuckerwattebude deutete. Ich bahnte uns einen Weg durch die Menge, vorbei an Ständen mit Äppelwoi und Bier, Brezeln und Handkäs, vorbei an Zelten, in denen Musiker spielten, an Schaschlik-Ständen und Paradiesapfel-Verkäufern. An einem Bratwurstgrill kaufte Onkel Pasquale Würstchen, und wir setzten uns auf eine Bank. Die Sonne schien, und hinter uns stimmte jemand eine Trompete. Ein Mann rief: »Die Rote ist nicht heiß!«, und hielt seine Rindswurst in die Luft – eine dicke Frau hinterm Grill drohte mit ihrer Wurstzange und lachte.

Am späten Nachmittag, Leos Wangen glühten vor Müdigkeit, fuhren wir zurück nach Neu-Isenburg.

Auf der Frankfurter Straße, kurz hinter der Karlstraße, parkte ein Streifenwagen, ein grün-weißer VW-Golf, sein Blaulicht spiegelte sich im Schaufenster eines Geschäftes. Über der Löwengasse stand Rauch.

»Was ist passiert?« Elisabetta, die mit dem schlafenden Leo im Fond saß, beugte sich vor.

»Ich weiß es nicht.« Ein kühler Luftzug fuhr durchs Fenster und strich über meinen Nacken.

Ich setzte den Blinker – und bremste.

Überall auf der Gasse standen Löschzüge und Streifenwagen, Feuerwehrmänner liefen umher, Polizisten riefen durcheinander und aus dem Alten Haferkasten schlugen Flammen, das ganze Haus brannte.

»*Madre di Dio* ...« Elisabetta schlug ein Kreuz, und ich umklammerte das Lenkrad und starrte auf die Funken, die durch die Luft flogen, das Flirren der Hitze, das alles ein wenig unscharf erscheinen ließ, die Feuerwehrmänner, die Schläuche auf geborstene Fenster richteten, die Nachbarn, die auf der Gasse standen, die Kinder, die sich an die Hauswände drückten, ihre Gesichter blank vor Schreck.

Dann endlich begriff ich, was ich sah.

Ich sprang aus dem Auto und lief auf das brennende Haus zu. Ein Polizist hielt mich fest. »Das ist mein Restaurant!«, schrie ich, »lassen Sie mich durch!«. Ich riss mich los, und ein zweiter Polizist kam hinzu, sie packten mich, ich schlug um mich, riss mich los und rannte weiter, die heiße Luft kratzte in meinen Lungen, die Hitze brannte auf der Haut, Flammen rauschten und knallten, sie loderten und schrien, und dann entdeckte ich Roberto aus der Pizzeria gegenüber und stürzte auf ihn zu.

»Was ist passiert?«

Roberto war blass wie Käse, er trug seine weiße Jacke, eine Schürze, er zitterte. »Plötzlich war Feuer ...«

Ich packte ihn, schüttelte ihn. »Was ist ...?«

»Im Hof ... es hat gebrannt ... und dann war das Feuer überall ...«

Meine Knie gaben nach, ich stützte mich an der Hauswand ab. Die Flammen schlugen hoch, und irgendwo hörte ich Elisabettas Stimme, hörte das Baby weinen. Die Polizisten liefen hin und her, und die Feuerwehrleute richteten ihre Schläuche auf die zerplatzten Scheiben und spritzten Wasser ins Haus, es zischte und dampfte, und aschegraue Bäche strömten die Fahrbahn hinunter, die Bürgersteige, den Rinnstein, es gurgelte im Gully.

Irgendwann drangen helle Schwaden aus dem Erdgeschoss. Die Luft roch scharf nach Rauch und versengtem Holz. Es dämmerte, als die letzten Feuerwehrmänner in ihren Löschzug kletterten, verschwitzt und mit schmutzigen Gesichtern, sie fuhren die Löwengasse hinauf und bogen in die Frankfurter Straße, das letzte Blaulicht verschwand.

Zurück blieb ein rauchschwarzes Haus, der Dachstuhl ein Gerippe, die Fenster geborsten, wie dunkle Schlünde sahen sie aus.

Am anderen Morgen zog ich ein Paar alte Hosen an, ein Hemd und krempelte die Ärmel hoch. Die Hausbesitzerin stand auf der Gasse, aufgelöst und übernächtigt und umringt von Nachbarn, alle starrten auf die verkohlte Fassade.

»Luigi, was machen wir bloß?« Sie griff nach meinen Arm, umklammerte ihn mit ihren Fingern.

Ich schluckte und spürte, dass mir Tränen in die Augen stiegen. Meine gesamten Ersparnisse hatte ich in den Alten Haferkasten gesteckt, hatte zweieinhalb Jahre geschuftet und immer pünktlich meine Schulden bezahlt.

Nun lag alles in Schutt und Asche.

Zögernd löste ich die Finger von meinem Arm, wischte mir über die Augen und trat einen Schritt vor. Ein paar Kinder drückten sich an die Wand des Nachbarhauses, Rotz unter den Nasen, Neugier in den Augen. Hier und da schob jemand eine Gardine beiseite, und vorn auf der Frankfurter Straße rollte der Verkehr wie jeden Tag. In der Ferne hörte ich die Motoren eines Flugzeugs, gleich würde es über die Häuser, über unsere Köpfe hinwegdröhnen, im Anflug auf den Flughafen, silbern vor einem blauen Himmel.

Sollte alle Mühe umsonst gewesen sein?

In der Mitte der Gasse blieb ich stehen, die Hände in den Taschen. »*No*«, sagte ich und schluckte. »Ich mache weiter.«

Hinter mir ein Seufzer. »Ach, Luigi ...«

»Ich werde mein Restaurant wieder aufbauen.«

Langsam überquerte ich die Gasse, stieg die zwei Stufen hinauf, öffnete die Tür. Drinnen stand noch immer Löschwasser auf dem Teppich, Tische und Stühle waren verbrannt, Tischdecken versengt, die Wände dunkel vom Rauch, Tapeten hingen in Fetzen herunter. Was die Flammen nicht zerstört hatten, hatten die Löscharbeiten vernichtet.

Am späten Vormittag kam Rocco. Er legte den Kopf auf die Seite und stieß Luft zwischen den Zähnen aus.
»Das sieht nicht gut aus«, sagte er.
»Nein«, sagte ich.
Mit steifen Schritten watete er durch Asche und Pfützen. »Was hast du vor?«
»Ich werde das Restaurant wieder aufbauen.«
Er nickte und trat mit der Schuhspitze gegen ein Stuhlbein, es bröckelte. Nach der Übernahme hatte ich mich um den Alten Haferkasten gekümmert und zu spät bemerkt, dass er im La Pergola Schulden machte; schließlich hatten wir das Restaurant verkauft, um die Verpflichtungen zu begleichen. Doch wir waren noch immer Partner.

Rocco wischte Asche von seinen Schuhen. »Ich hab nicht viel Zeit«, sagte er und klimperte mit dem Autoschlüssel.

Ich nickte.

Bald darauf fuhr er nach Italien zurück.

Sachverständige kamen und Gutachter, die Vermieterin verhandelte mit der Versicherung; vermutlich hatte Glut aus dem holzgefeuerten Steinofen der Pizzeria den Brand ausgelöst, die Pizzaiolos brachten ihre Asche in unseren Innenhof. Ein Container wurde angeliefert, und ich räumte allen Schutt aus dem Restaurant. Dachdecker rissen das Dach ab und richteten ein neues auf, Maurer besserten die Fassade aus, Zimmermänner zogen neue Fußböden ein, und ich bestellte Möbel und Geschirr, schliff die Holzverkleidung und strich Wände und machte mich nützlich, wo ich konnte, um bald wieder eröffnen zu können.

Zwei Monate später war der Alte Haferkasten wieder ein gemütliches kleines Wohnzimmer und Elisabetta stellte Vasen mit Margeriten und blauem Rittersporn auf die Simse vor den Fenstern. Es hatte sich herumgesprochen, dass der Alte Haferkasten ausgebrannt war, viele Gäste waren gekommen, hatten mich getröstet und ihre Hilfe angeboten, und nun verbreitete sich die Nachricht, dass ich wieder eröffnete, wie ein Lauffeuer.

Jeden Abend war das Restaurant ausgebucht.

Herr Wirtz kam mit Geschäftsfreunden. Henry, Michael, Peter, Hajo und Hans-Jürgen kamen mit ihren Familien und Freunden. Fußballer von Eintracht Frankfurt und Kickers Offenbach, die meine Küche entdeckt hatten, kamen und Wolfgang Tobien, ein Sportjournalist, mit dem ich mich angefreundet hatte. Erich, der Metzger, mein Kegelfreund, kam und Jo Gröschner, Geschäftsführer eines amerikanischen Unternehmens, auch er ein guter Freund, und mein Fahrlehrer, der vor Jahren mit Privatstunden dafür gesorgt hatte, dass ich die Führerscheinprüfung bestand. Alle klopften mir auf die Schulter. »Luigi, das waren schlimme Nachrichten!«

»*Grazie a Dio*«, sagte ich, »jetzt ist es vorbei.«

Wir grillten ganze Lachse im eigenen Saft, nur mit etwas Salz, Zitrone und ein paar Tropfen feinstem Olivenöl gewürzt. Wir kochten Spaghetti alla carbonara, ersetzten den fetten Bauchspeck durch mageren Schinken, und stets gab ich etwas Nudelwasser in die Soße, um die Pasta *bavoso* zu servieren, wunderbar locker gebunden. Ich nahm Carpaccio vom Rind auf die Karte, rollte ein Filet in Backpapier, fror es an, schnitt es in hauchdünne Scheiben und richtete es mit frisch geschlagener Mayonnaise an. Wir machten Tiramisù, auch das kannten wenige Gäste, und bald war es berühmt wie meine Zabaione. Wir brieten Kalbslendchen, gaben eine Scheibe rohen Schinken darauf, eine Scheibe Tomate, Fontina-

Käse aus dem Aostatal und ließen sie in Weißwein und Jus schmoren, banden den Saft mit etwas Sahne und rieben am Tisch weiße Trüffel darüber. Wir servierten Risotto mit Trüffeln – in Italien brachten die Kellner eine Waage an den Tisch, wogen den Trüffel vorm Hobeln und danach und berechneten den Preis, darum ulkte ich bei jeder Hobelbewegung: »zwei D-Mark, vier, sechs, acht – *ancora*? Zehn, fünfzehn zwanzig D-Mark ...«

Bald reservierten sogar Stammgäste Tage im Voraus.

Und irgendwann in dem Trubel verschwand Leo.

»*Madonna!*«

Beinahe hätte ich die Pfanne mit dem Milchlamm fallen lassen. Ich lief nach vorn, am Tresen eine zitternde Elisabetta, die auf ein leeres Körbchen deutete.

»Eben war er noch da ...«

Ich fuhr herum, sah mich um, hob ein Tischtuch. »Leo?«

Auch die Gäste hoben Tischtücher, spähten unter die Tische. Elisabetta lief in die Wohnung, ich auf die Gasse und vor zur Frankfurter Straße, wo der Verkehr rollte wie an jedem Tag. »Leo!«

Ich rannte zurück und die Löwengasse hinunter zum Marktplatz, vor der Äppelwoi-Wirtschaft Föhl stand ein Mann, er trug einen hellen Anorak und hielt einen dicken Dackel an der Leine. »Haben Sie meinen Sohn gesehen?«

»Nee«, sagte er und rieb sein Doppelkinn. »Isch hab kaan Bubsche gesehn.« Still lag der Platz in der Mittagssonne, der Dackel pinkelte an den Pfosten einer Laterne, und gegenüber, vorm Gasthaus Zum grünen Baum stieg ein Mädchen auf ein Fahrrad. Ich rannte weiter und spähte in jede Gasse, die vom Marktplatz abzweigte, in jeden Hauseingang, jeden Winkel, ich suchte und rief.

Kein Leo, nirgends.

»Wie konnte das passieren?« Mein Atem raste, als ich ins Restaurant zurückkehrte, ich spürte jeden Pulsschlag an den Schläfen, kurze, harte Schläge.

»Er hat geschlafen ... ich habe nicht aufgepasst ...« Elisabetta weinte. »Ich habe gearbeitet ... aber er ist doch auch noch nie ...« Giovanni und ein paar Gäste versuchten, sie zu beruhigen, andere schwärmten aus, liefen zur Frankfurter Straße, zum Marktplatz, liefen in jedes Geschäft, jede Gaststätte, fragten Passanten, Anwohner, während ich zum Polizeipräsidium fuhr.

Der Junge blieb unauffindbar.

Am Abend, das Restaurant war voll, ich hatte bereits drei Schachteln Zigaretten geraucht, und Elisabetta zitterte, dass die Tassen klapperten, wenn sie *caffè* aufbrühte, betrat eine Frau das Restaurant. Sie trug eine Kittelschürze und eine große eckige Brille, ihre weiße Dauerwelle stand zu Berge. Ich erkannte sie sofort – es war die Frau, die am Tag der Eröffnung mit ihrem Besen auf meinen Alfa eingedroschen hatte. Nun hielt sie ein Bündel im Arm.

»Der Junge hockte beim Metzger vorm Schaufenster«, sagte sie, und ihre Stimme klang sanft. »Er hatte sich in die Hose gemacht, und ich habe ihn mitgenommen, meine Schwestern haben ihn gebadet, ich habe seine Wäsche gewaschen. Wir haben ein bisschen gespielt, und dann haben wir ihm etwas zu essen gekocht.«

Elisabetta stürzte hinter der Bar hervor.

»Es tut mir leid, wir wussten nicht, wo er hingehört. Ich habe eben erst erfahren, dass Sie nach ihm suchen ...«

Meine Knie wurden weich und mir entfuhr ein tiefer Seufzer. »*Mille grazie, Signora!*«

Elisabetta drückte den schlafenden Leo an sich, sie wiegte ihn in den Armen, als hätte sie ihn eben geboren.
»Bitte nehmen Sie Platz, *Signora*. Kann ich Ihnen ein Glas Prosecco anbieten?«
Sie errötete und fuhr sich durchs Haar. Ihr Blick wanderte über den Tisch neben dem Eingang, das Büfett, die Bar, die Kellner, die um Elisabetta herumstanden. Sie machte eine Handbewegung, die ich nicht zu deuten wusste.
»Oder möchten Sie lieber einen Cappuccino trinken?«
Wieder fuhr sie sich durchs Haar und rückte ihre Brille zurecht. »Einen Kaputtschi...?«
Ich ging auf sie zu, nahm sie bei der Hand und schob sie auf einen freien Stuhl am Tisch neben der Tür. »Setzen Sie sich bitte, *Signora*.«
»Aber das ist doch nicht ...«
»*Sì, sì, Signora*, Sie haben meinen Sohn gerettet.«
»Ach, das war mir eine Freude. Der Kleine ist so ein liebes Kind, auch meine Schwestern haben ihn ins Herz geschlossen, so ein süßes Bubsche ...«
Fortan gingen Greta, Tina und Maria, drei alleinstehende Frauen mit Dauerwellen und großen Brillen, die schräg gegenüber im Nachbarhaus wohnten, jeden Nachmittag mit Leo auf den Spielplatz, in den Wald, in den Zoo. Sie schaukelten mit ihm im Garten und bauten Türme aus Bauklötzen im Wohnzimmer, sie buhlten beinahe um seine Gunst, und bald babbelte unser Sohn Hessisch. Sie tranken Kaffee mit Elisabetta und brachten ihr Deutsch bei, dafür luden wir sie zum Essen ein, und ich brachte ihnen die ersten Erdbeeren vom Großmarkt mit, duftende Steinpilze oder neue Kartoffeln. Mir selbst blieb in diesen Tagen wenig Zeit für die Familie. Nur sonntags war Ruhetag, und dann fuhr ich hinaus

nach Louisa. Unterhalb vom Lerchesberg mit seinen Villen lag der Fußballverein *Rote Erde*, dort kickte ich mit Gästen und anderen Gastronomen, ich war ein berüchtigter Verteidiger, und als die Mannschaft einen Torwart suchte, nahm ich Issa mit, meinen marokkanischen Spüler. Mittags führte ich meine Frau zum Essen aus, ins Da Pantuso in Wiesbaden, wo Vittorio kochte, auch er ein *ragazzo* aus Mandatoriccio, zu Tonini in Sprendlingen oder zu Frau Stark ins Gasthaus Zur Louisa, wo Elisabetta Markklößchensuppe bestellte und ich einen Braten oder Gans mit Rotkohl. Am Nachmittag erledigte ich die Buchhaltung und alles, was unter der Woche liegengeblieben war.

Eines Tages kehrte Rocco aus Italien zurück. »*Ciao*, Luigi!«

Ich stand hinter der Bar, als er zur Tür hereinkam, es war später Vormittag, in einer halben Stunde würden die ersten Gäste kommen, und ich drehte den Korkenzieher in eine Flasche Gavi dei Gavi. »*Ciao*«, sagte ich.

Rocco setzte sich an den Tisch neben der Tür und zog ein Päckchen MS Filtro aus seinem Jackett. »*Va bene?*« Er trug einen braunen Anzug, ein weißes Hemd, unter dem eine goldene Kette hervorblitzte. Er sah erholt aus, gebräunt, sein Haar war frisch geschnitten.

Ich zog den Korken aus der Flasche, roch daran, reinigte die Flaschenöffnung mit einer Serviette, goss einen Spritzer ab. Dann wischte ich meine Hände ab und ging zur Kasse. Ich zählte die Scheine durch und legte einen Stapel auf den Tresen.

»Deine Hälfte.«

Rocco runzelte die Stirn. Er stand auf, griff nach dem Geld, blätterte mit dem Daumen durch die Noten.

»Und nun geh.«

»Aber Luigi ...«

»Geh.« Wut pochte in meinem Bauch, still und mächtig.

»Luigi, *senti* ... hör zu ...« Rocco legte eine Hand auf meinen Arm.

Ich schüttelte sie ab. »Von heute an sind wir keine Partner mehr.«

Im Jahr darauf klingelte das Telefon im Alten Haferkasten ohne Unterlass. »Luigi, reservier mir einen Tisch für heute Abend.«

»*Scusi*, wir sind ausgebucht.«

»Und morgen?«

»Morgen auch, aber übermorgen hab ich einen Tisch für zwei Personen.«

Ein Seufzen in der Leitung. »Dann übermorgen, aber wir sind zu viert.«

»*Allora*, ich werde sehen, was ich tun kann.«

Der Sommer kam, ich stellte zusätzliche Tische in den Innenhof, und weil Domenico sich verlobte und nach Mailand zog, rief ich im Dorf an und ließ drei Köche kommen, Gianni, einen Cousin, Christofero und Aldo Pugliese, sie hatten die Hotelfachschule besucht und waren gute Köche, nun wollten sie nach Deutschland und Karriere machen; vor allem Gianni war ehrgeizig und wich mir nicht von der Seite. Mein Cousin Tommaso, der studiert hatte und technischer Sachverständiger war, in Italien aber keine Stelle fand, spülte Gläser und besorgte Bar und Büfett, sodass Elisabetta, die vor Kurzem unsere Tochter Francesca zur Welt gebracht hatte, sich um die Kinder kümmern konnte. Wir kannten uns seit unserer Kindheit, und die Gäste spürten unsere Vertrautheit, sie fühlten sich wohl und freuten sich, wenn wir sie in unsere große Familie aufnahmen.

Wieder klingelte das Telefon. »Luigi, ich brauche einen Tisch für sechs Personen.«

»Für sechs? Am Freitag ...«

»Nix Freitag – heute!«

»Heute? *Allora*, das ist ein bisschen *difficile* ...«

»Mein Freund, blamier mich nicht. Es sind Geschäftspartner, wichtige Leute, ich habe ihnen von dir erzählt, ach was, ich habe geschwärmt – jetzt kann ich keinen Rückzieher machen!«

Ich blätterte durch die Seiten des Reservierungsbuchs. Um 18 Uhr würde Familie Hoffmann kommen, mit Großmutter und drei kleinen Kindern, wahrscheinlich fuhren sie gegen 20.30 Uhr nach Hause. »*Allora*, kommt um 21 Uhr. Ich werde einen Tisch für euch haben.«

»*Grazie*, Luigi, ich wusste, dass ich mich auf dich verlassen kann.«

Ich legte auf. Den Deutschen ging es wieder gut. Hatten die Frauen keine Lust zu kochen, führten die Männer die Familie ins Restaurant. Geschäftsleute verfügten über scheinbar unbegrenzte Spesenkonten. Man feierte Geburtstage und geschäftliche Erfolge im Restaurant, traf Freunde und Bekannte, und längst bestellten meine Gäste nicht mehr nur ein Hauptgericht, sondern probierten Vorspeisen und Suppen, bestellten Pasta und danach ein Stück Fleisch, einen Fisch, sie kosteten Desserts, tranken Wein zum Essen und später einen Espresso, einen Grappa, einen Vecchia Romagna. Sie schnitten ihre Spaghetti nicht mehr mit dem Messer, sondern fuhren mit der Gabel in die Pasta, fischten einen schmalen Strang heraus und wickelten ihn geschickt um die Zinken. Sie mochten unsere Sprache und bedankten sich mit einem *grazie*, wenn wir servierten, sagten *arrivederci*, wenn sie satt und glücklich nach Hause gingen.

Sie verzweifelten, wenn ihr Zug in Rimini Verspätung hatte, doch sie beneideten uns um unsere Leichtigkeit und die Fähigkeit, das Leben zu genießen, und eigneten sich ein Stück italienischer Lebensart an.

Erneut klingelte das Telefon. »Luigi, einen Tisch für vier Personen!«

»Nicht heute, aber ich will sehen, was ich machen kann ...«

»Doch heute, unbedingt. Meine Frau hat Geburtstag!«

Ich schluckte. »Jürgen, mein Freund ...«

»Prima, Luigi, wir kommen um acht!«

Ein Knacken in der Leitung, ein Tuten.

Abends um acht, alle Tische waren besetzt, bereitete Gianni in der Küche Spaghetti alle vongole und Spaghetti calabrese, Christofero schnitt Carpaccio auf und schob Doraden in den Backofen und Aldo briet Filet mit schwarzem Pfeffer, es roch nach heißem Olivenöl und gedünstetem Knoblauch, nach Muscheln und Meer und frischem Basilikum, es brodelte, zischte, schepperte und klirrte, drei *ragazzi* riefen durcheinander, und ich koordinierte Bons und Bestellungen, kümmerte mich um meine Gäste, plauderte und machte Scherze. Holte Paolo drei Doraden für Tisch zehn am Pass ab, lief ich vor und übernahm zweimal Pasta mit Pesto, damit alle Gäste am Tisch ihr Essen zur selben Zeit bekamen. Ich schickte Fabrizio mit frischem Brot an Tisch vier und ließ Luca an Tisch elf den Aschenbecher leeren, denn in spätestens zwei Minuten würde Gianni den Fischsalat herausgeben. Der Herr, der einst geklagt hatte, seine Spaghetti seien roh, saß mit einer hübschen jungen Frau an Tisch zwei.

»*Buonasera*, es freut mich, Sie wiederzusehen. Wie geht es Ihnen?«

»Gut, danke. Wir würden gern zweimal Spaghetti alle vongole bestellen.«

»Gern, *Signore*. Vorweg ein bisschen Antipasti?«

Der Mann sah zu seiner Begleiterin, sie nickte. »Ja, gern«, sagte er und fuhr mit seinen schmalen Händen über die Tischdecke.

»Dazu einen Soave?«

»Gern.«

»Kommt sofort.« Ich winkte Fabrizio, der gerade Prosecco an Tisch eins ausschenkte.

»Ach, und bitte ...«

»*Sì, Signore?*«

»Die Nudeln unbedingt *al dente*.«

Ich lächelte. »Selbstverständlich, *Signore*.«

»Luigi!« Ich fuhr herum. Jürgen stand in der Tür, mit seiner Frau und einem befreundeten Paar.

»*Tanti auguri, Signora!*« Ich küsste das Geburtstagskind und sah unauffällig zu Tisch sechs, wo Bernd Hölzenbein mit drei anderen Spielern der Eintracht saß, sie waren früher gekommen als sonst, aber immer noch beim Hauptgericht.

»Wo steht dein Auto, Jürgen?«, fragte ich.

»Vor der Tür.« Er deutete auf einen silbernen Mercedes 450 SL. Draußen auf der Gasse flatterten Spatzen übers Pflaster, es war ein warmer Sommerabend, und im Haus gegenüber stand ein Fenster offen, jemand spielte Klavier.

»*Uno momento*«, sagte ich und ging an die Bar, nahm ein Tischtuch, Grissini, Gläser, eine Flasche Dom Perignon.

»*Allora*, ein kleiner *aperitivo*!« Ich ging voran, die zwei Stufen hinunter und hinaus, stellte Flasche, Gläser und Grissini auf das Dach des Mercedes, schlug das

Tischtuch mit einem Knall auf und breitete es über die Motorhaube, legte Grissini aus, reichte Gläser herum und öffnete den Champagner. »*Salute!*«

»Luigi«, raunte Tommaso, der Barmann, als ich noch etwas Parma-Schinken aus der Küche holte. »Eine Flasche Dom Perignon kostet sechzig D-Mark!«

»Na und? Dafür essen die vier später für dreihundert Mark.«

Eine halbe Stunde später, Bernd Hölzenbein und die Spieler der Eintracht hatten gerade Desserts bestellt, ging Familie Hoffmann, und ich bat meine Gäste von der Straße zum Essen. Sie machten enttäuschte Gesichter.

»*Uno momento* noch«, rief Jürgen und prostete seiner Frau zu.

Bald sprach sich herum, dass wir *aperitivo* servierten, und immer mehr Gäste parkten ihre Autos vorm Alten Haferkasten und warteten bei einem Glas Champagner auf einen Tisch. Sie stießen an, lachten und amüsierten sich. Das Unkonventionelle gefiel ihnen. Den Nachbarn gefiel es weniger. Streifenwagen fuhren vor, Polizisten notierten Kennzeichen und forderten alle auf, nach Hause zu fahren.

»Aber Herr Wachtmeister, wir haben noch nicht gegessen«, sagte ein Brauereibesitzer.

»Aber Herr Wachtmeister, wir haben Hunger«, sagte die Frau eines Konsuls.

Die Polizisten hielten sich an ihre Vorschriften – meine Gäste bezahlten ihre Strafmandate und kamen wieder. Irgendwann parkten die Limousinen in zwei Reihen auf der Löwengasse, und ich servierte Champagner und scherzte.

»Dein Auto liegt ziemlich tief auf der Straße«, sagte

ich zu einem Ferrari-Fahrer, »da bekommst du ja einen Buckel beim Essen und Trinken.«

Er grinste und prostete mir zu.

Es war spät, bald Mitternacht, und die Gäste, die gegen halb zehn zum Essen gekommen waren, saßen bei Tiramisù und mit Zabaione gratinierten frischen Früchten, einige tranken bereits *caffè*. Ich stand hinter der Bar, Tommaso brühte mir einen Espresso, und ich rauchte eine Zigarette und rieb meine Knie; seit sieben Uhr war ich auf den Beinen.

Draußen waren Stimmen zu hören, Schatten näherten sich dem Eingang. Ich ging nach vorn und öffnete die Tür. Vor mir stand ein langhaariger Kerl mit Schiebermütze, er war größer als ich und kräftig, trug Jeans und ein schwarzes Jackett, an den Armen Lederbänder mit Nieten. »*Scusate*«, sagte ich, »aber wir sind voll.«

»*Hey, man* ...« Hinter ihm traten vier weitere Gestalten aus dem Dunkel, auch sie schwarz gekleidet, mit langen Haaren und wilden Bärten, einer, er trug eine Brille, überragte die anderen um Kopfeslänge.

»*Scusate, Signori*, tut mir wirklich leid.« Ich trat einen Schritt zurück und schloss die Tür. Am Tisch neben dem Eingang saßen Spieler der Eintracht und von Kickers Offenbach, Charly Körbel, Otto Rehagel und Wolfgang Tobien vom *Kicker-Sportmagazin* sprachen über das Spiel am vergangenen Sonntag; offenbar hatte niemand etwas mitbekommen.

»Wer war das?«, raunte Tommaso und stellte meinen *caffè* auf den Tresen. »Eine Rockerbande?«

Ich zuckte mit den Schultern. Ich wies keinen Gast ab, doch heute Abend war wirklich kein Tisch frei. Ich trank den Espresso in zwei Schlucken und ging in die

Küche, wo Gianni Pfannen schrubbte und Christofero und Aldo Töpfe zusammenräumten und den Herd putzten, Issa kratzte mit einem Rührspatel Pasta-Reste, Gräten und Kuchenkrusten von den Tellern. Ich nahm mein Klemmbrett mit der Einkaufsliste für den nächsten Tag und ging ins Kühlhaus.

»Luigi!« Eine Hand griff nach meinem Arm, und ich fuhr herum. Marek Lieberberg, der Impresario, stand hinter mir, er war außer Atem, und auf seiner hohen Stirn standen Schweißperlen. Er musste durch den Hintereingang gekommen sein. »Luigi, du bist ein Idiot!«

»*Ciao*, mein Freund.« Ich ließ die Kühlhaustür wieder zufallen. »Wieso bin ich ein *idiote*?«

»Weißt du, wen du gerade rausgeschmissen hast?«

»*No* ...«

»Roger Hodgson, den Sänger von Supertramp. Ulla, meine Managerin, hat für die Band reserviert!«

»Oh, *scusa*.« Ich schluckte. »Ich hab ihn nicht erkannt ...«

»Sie sind in der Festhalle aufgetreten, und jetzt haben alle Hunger.« Lieberberg nahm seine Brille ab und wischte über die beschlagenen Gläser.

»*D'accordo*.« Ich legte meine Einkaufsliste beiseite, nahm eine frische Schürze aus dem Regal und gab Gianni und Christofero ein paar knappe Anweisungen, wir kochten Pasta mista und richteten Tortelloni, Crespelle, Taglierini, Gnocci und Penne in einer großen Pfanne an, jede Sorte mit anderer Soße. Vor einer Weile war ein Herr im Alten Haferkasten aufgetaucht, ich kannte ihn nicht, er hatte unter einem Namen reserviert, der mir nichts sagte. Er kam allein und aß ein Menü. Ein paar Wochen später lag ein Brief in der Post, vom *Guide Michelin* – man hatte mir einen Stern verliehen.

Ich war nicht sehr erfreut.

Der Herr hatte gegessen, geprüft und geurteilt. Doch was sagte das Urteil eines Abends über eine Küche aus? Natürlich sollte ein guter Koch jeden Tag gleichbleibende Qualität auf höchstem Niveau servieren, doch hatte jeder einmal einen schlechten Tag, außerdem ärgerte ich mich über Gäste, die mit dem roten Buch in der Hand ein Restaurant betraten und höchste Perfektion erwarteten, nach dem Motto: »Du hast einen Stern – nun zeig mal, was du kannst!« Ich schrieb zurück, ich wolle den Stern nicht haben.

Meine Auszeichnung war das Lob meiner Gäste.

Manche fuhren vierzig, sechzig, achtzig Kilometer, um bei mir zu essen. Prominente Fußballer wie Jupp Heynckes, Kalli Feldkamp und Hansi Müller aßen, wenn sie in Frankfurt waren, im Alten Haferkasten, Franz Beckenbauer und Dieter Hoeneß, Johan Cruyff aus den Niederlanden und El Flaco aus Argentinien, der Trainer der Eintracht, Erich Ribbeck, Bundestrainer Helmut Schön. Der Schwimmer Michael Groß kam, der Boxer Bubi Scholz, die Tennisspieler Vitas Gerulaitis, Ilie Nastase, Björn Borg und John McEnroe. Gerulaitis war Fußballfan, er wollte gern ein Spiel der Eintracht sehen.

»Ich kümmere mich darum«, sagte ich und telefonierte mit dem Vereinspräsidenten, auch er ein Stammgast.

Ich brachte Sportler mit Medienvertretern zusammen und Unternehmer mit Privatleuten und Künstlern. Seit einer Weile reservierte auch Lieberbergs Konzertagentur; es war nicht selbstverständlich, dass in guten Restaurants um Mitternacht noch gekocht wurde. Wir bewirteten die Les Humphries Singers, Mireille Mathieu, Vicky Leandros, Roberto Blanco, Paul Anka, Barclay

James Harvest, Ricchi e Poveri, die Dire Straits, Umberto Tozzi und Pink Floyd. Sie alle waren weit gereist und hatten die Welt gesehen – dass sie meine Küche schätzten, machte mich stolz. Rudolf Nurejew, der Balletttänzer, besaß selbst ein Restaurant auf Capri, er lobte seine Köche und folgte Lieberbergs Einladung mit Zurückhaltung.

»Bei Luigi bekommst du feinste *cucina italiana*«, sagte der Impresario. Ich briet einen Steinbutt in der Pfanne an, backte ihn mit ganzen Knoblauchstücken im Ofen und servierte ihn mit Salat, angemacht mit Olivenöl und etwas Weißweinessig, ein schlichtes Essen, doch mehr brauchte dieser Fisch nicht. Dazu öffnete ich einen jungen Fiano di Avellino. Nurejew aß, trank – und nickte.

Eines Abends sprang ein Mann mit wildem schwarzen Haar zur Tür herein, er riss sich die Kleider vom Leib, hüpfte von einem Tisch zum anderen, er tanzte wie ein Derwisch durchs Restaurant und feuerte die Gäste an, rief »Hey! Hey! Hey!«, einige schienen ihn zu kennen, sie ließen sich mitreißen.

»Wer ist das?«, fragte ich Marek Lieberberg etwas beunruhigt.

»Jango Edwards«, sagte er. »Ein amerikanischer Clown und Komiker.«

Ich nickte und schenkte zwei Ramazotti ein. »In Italien haben wir auch so einen Verrückten, Roberto Benigni.«

Bruce Springsteen wirkte dagegen fast schüchtern, er kam in Jeans, T-Shirt und einer alten Lederjacke, das Haar verstrubbelt, ein netter Kerl, mit dem man jederzeit Bier trinken oder Fußball spielen würde. Auch für ihn und seine Band richteten wir Pasta mista an.

Julio Iglesias betrat das Restaurant mit düsterem

Gesicht, und ich bot alle Herzlichkeit auf, damit er sich wohlfühlte. Er kam direkt von der Bühne, und sein Manager raunte mir zu, er sei ausgepfiffen worden, also brachte ich ihm einen Teller Pasta mit Gorgonzola und Safran, dazu ein Glas nach dunklen Früchten duftenden kalabrischen Gravello. Als er sich nach dem Essen zurücklehnte, lag ein Lächeln auf seinen Lippen. Später ließ er sich sogar von einem Reporter fotografieren.

Reporter und Fotografen riefen häufig an. »Luigi, ich habe gehört, heute Abend kommt prominenter Besuch?«

»Kann ich nicht sagen, *scusi*.«

»Mensch, Luigi, du weißt doch, wir arbeiten diskret. Und ein Foto von Prince und dir, ein kleiner Artikel dazu – das ist doch auch für dich und dein Restaurant nicht schlecht.«

»*Scusi*, ich weiß nichts von Prince.« Mir lag an Diskretion, obwohl die Künstler, seien wir ehrlich, auch von Publicity lebten, doch wollte ich auch die Journalisten nicht verärgern, sie machten nur ihre Arbeit. »Aber vielleicht kommt heute Abend ja ein bekannter Gast.«

Manchmal erschienen kräftige Herren mit kurzen Haaren, Sonnenbrillen und Sprechfunkgeräten. Sobald sie sich überzeugt hatten, dass das Restaurant sicher war, postierten sie sich neben dem Eingang und an der hinteren Tür. Dann kam der Bundespräsident.

»*Presidente, buongiorno.*« Walter Scheel trat ein, ich ging ihm entgegen, reichte ihm die Hand. »Wir freuen uns, dass Sie unser Gast sind.« Der Präsident war in Begleitung von Geschäftsleuten, und ich führte sie zu ihrem Tisch. »Hätte ich eher gewusst, dass Sie kommen, *presidente*, hätte ich noch einen roten Teppich ausgerollt.«

Scheel lachte und bestellte Spaghetti alle Vongole und Loup de mer in der Salzkruste.

Der Bundeswirtschaftsminister unter Willy Brandt und Helmut Schmidt, Hans Friderichs, jetzt Vorstand der Dresdner Bank, aß im Alten Haferkasten, der Dressurreiter Josef Neckermann, die Verleger-Familie Burda. Der Tenor Peter Hofmann und die Opernsängerin Deborah Sasson kamen, Zubin Mehta, der Dirigent, Diana Ross, Georges Moustaki, Günther Strack, Alfred Biolek, Hans-Joachim Kulenkampff, der Karikaturist Peter Gaymann. Otto steckte seinen Rüssel in unsere Pasta-Töpfe, der Schauspieler Mario Adorf wurde Stammgast. Ich behandelte meine prominente Klientel mit *attenzione*, wie alle meine Gäste, ich achtete jeden Menschen, auch den Müllmann, der ab und zu die Kisten und Kartons aus dem Hinterhof mitnahm, sodass ich sie nicht zur Müllverbrennungsanlage bringen musste, ich gab ihm jedes Mal ein Bier aus.

Gegen ein Uhr früh schaltete ich den Herd aus, übergab Issa die schmutzigen Pfannen und Töpfe, löste den Knoten meiner Schürze und ging hinüber in den Speiseraum, wo die Musiker von *Supertramp* Cassata mit Bitterschokolade, Zimt und Orangenwasser aßen. Ich zündete eine Zigarette an, nahm einen tiefen Zug und rieb mir die Knie. Plötzlich, als würde eine Glühbirne kurz aufleuchten und wieder erlöschen, sah ich die Schule in Rom vor mir und dachte an Signor Bassi, seine Worte, die ich nie vergessen hatte. Ja, dachte ich, in meinem Restaurant konnten Gäste essen und trinken, sich entspannen und wohlfühlen. Sie für einen Moment ihren Alltag vergessen zu machen – das war mein Beruf. Der Lohn der Arbeit war mein Erfolg. Dass meine Gäste sagten: »Ich gehe zu Luigi«, statt »Ich gehe in den Alten Haferkasten«, zählte für mich mehr als jeder Stern im *Guide Michelin*.

Gegen zwei Uhr bat Lieberberg, in der Taxizentrale anzurufen. Der Sänger und ein anderer Musiker saßen müde auf ihren Stühlen, die anderen waren aufgekratzt, tranken Ramazotti und Sambuca und redeten durcheinander, auf Englisch und so schnell, dass ich wenig verstand.

Das erste Taxi kam Minuten später. Ein junger Mann mit schwarzen Haaren und Turnschuhen öffnete die Tür, er trug eine Lederjacke und sah aus wie einer dieser Startbahn-West-Gegner. Ich hatte ihn schon ein paarmal gesehen, vor allem, wenn Messe war.

Ich nickte ihm zu. »Wie heißt du?«

»Joschka.« Er sah zu dem Tisch mit den Musikern hinüber und machte eine knappe, fragende Kopfbewegung.

Ich ging zur Bar. »Es dauert wohl noch einen Moment. Möchtest du einen *caffè* trinken, Joschka?«

Er nickte, setzte sich, strich eine Strähne aus seinem Gesicht und zündete eine Zigarette an.

Ich gähnte und brühte zwei Espressi auf.

»Tabaccòne, willst du den Alten Haferkasten übernehmen?« Wir saßen in einem Café in der Nähe des Hauptbahnhofs, es war früher Nachmittag, die einzigen Gäste, eine Gruppe Ausflügler in Anoraks und Wanderstiefeln, bestellte Kaffee und Kuchen, und die Bedienung, ein junges Mädchen in Jeans und einem rosa Pullover, nickte und notierte jeden Wunsch mit großer Sorgfalt; auch ihre Fingernägel leuchteten rosa.

Saverio löffelte Milchschaum von seinem Cappuccino und runzelte die Stirn.

»Ich suche einen Nachfolger.« Ich rieb mir den Nacken und zupfte eine Zigarette aus der Packung. Vor ein paar Wochen war ein alter Bekannter ins Restaurant gekommen, ein Bauunternehmer. Er bestellte Fischsalat und Ossobuco, und nach dem Essen setzte ich mich zu ihm.

»Willst du bauen, Luigi?«, fragte er. »Ein Haus für dich und deine Familie, mit Platz im Erdgeschoss für ein größeres Restaurant?«

»Wo?« Ich gab Paolo ein Zeichen, uns zwei *caffè* zu bringen.

»Ein Stück die Straße runter ist ein Grundstück zu verkaufen.«

»In der Löwengasse?«

»Neben der Apfelweinwirtschaft Föhl.«

In den sieben Jahren, die ich in Neu-Isenburg wohnte, war mir das brachliegende Grundstück hinter den Plakatwänden nie aufgefallen. Es lag in einer Nische zwischen zwei Gebäuden, war von Unkraut und wilden Büschen bewachsen und bot genügend Platz für ein geräumiges Haus. Der Preis war bezahlbar, ich besaß Kapital, die Bank würde den Bau finanzieren, der Bauunternehmer kannte einen Architekten. Ich überlegte nicht lange. Das Restaurant war jeden Abend ausgebucht, immer wieder musste ich Gäste fortschicken – ein zweites *ristorante* im gleichen Stil würde keine Konkurrenz sein, im Gegenteil. Ich rief Domenico Pugliese an, den ich damals ins Milano geholt hatte.

»Bist du verrückt?«, fragte er. »Ich soll dein altes Restaurant übernehmen, und du machst ein paar Meter weiter ein neues auf?«

»Es gibt kaum Lokale in der Stadt, die *cucina italiana* in dieser Qualität anbieten – wir werden beide genügend Gäste haben.«

»Warum machst du's nicht selbst?«

»Ich kann mich nicht zweiteilen.«
Er seufzte. »*No, Luigi, no ...*«
Nun hatte ich zufällig Saverio Pugliese getroffen. Seit dem Verkauf des La Pergola kochte er im Da Gianni in Oberursel. Sein lockiges Haar war etwas länger, sein Schnauzbart sauber gestutzt, er hatte noch immer diesen ruhigen Blick, obwohl der Schalk aus seinen Augen blitzte.
»Ich mach dir einen Vorschlag, Tabaccòne.« Ich lehnte mich zurück und massierte meinen Nacken. »Du kommst als mein Partner in den Alten Haferkasten, und sobald das Haus fertiggebaut ist, koche ich im Neuen Haferkasten.«
Saverio neigte den Kopf und sah der Bedienung zu, die Teller mit bunten Kuchen und weiße Kaffeekännchen zum Tisch der Ausflügler trug. Er dachte nach.
»Meinst du wirklich?«, fragte er nach einer Weile und rieb sich mit der Hand über die Stirn.
»Es reicht für uns beide, glaub mir.«
Im Januar 1980 fing Saverio Pugliese im Alten Haferkasten an, im Juli eröffnete ich den Neuen Haferkasten. Auch ihn richtete ich im italienischen Stil ein, mit hellen Wänden, dunklem Holz, Fliesenboden und einem Kamin, und anders als nach dem Brand konnte ich nun Polsterstühle bestellen, feines Geschirr, Silberbesteck und weiße Damasttischtücher. Ich legte einen Weinkeller an; eines Nachts stieg ich mit dem Musiker Chris de Burgh hinunter, er war ein Weinkenner und erzählte, seine Verwandten führten in Irland ein italienisches Restaurant, sodass ich einen 1974er Barolo Cordero di Montezemolo dekantierte, einen vollmundigen Rotwein, der nach Kirschen und Waldbeeren duftete. Aus Parma ließ ich eine *trafila al bronzo* kommen, jene Maschine, von der die

Pasta-Meister in Gragnano geschwärmt hatten, weil die Bronzescheibe, durch die der Teig gepresst wurde, der Pasta eine rauere Oberfläche verlieh; die Feinschmecker unter meinen Gästen waren begeistert. Ich nahm Paolo als Büfettier mit, Gianni, Christofero und Aldo als Köche, Luca als Kellner, außerdem stellte ich Mario, Franco und Serafino als Ober ein. Einige Gäste bevorzugten das gemütliche Wohnzimmer im Alten Haferkasten, anderen gefiel die Eleganz im Neuen Haferkasten, die Küche war hier wie dort exzellent, und es dauerte nicht lange, da waren beide Restaurants gut besucht.

»Luigi, ich habe immer das Gefühl, Sie freuen sich, wenn wir kommen«, sagte eines Abends ein Manager der Steigenberger-Gruppe.

»*Sì, Signore*, selbstverständlich freue ich mich über meine Gäste. Und über ihre Treue – sie zeigt, dass ich es so falsch nicht mache.«

Er lachte und nickte. »Was ist Ihr Geheimnis?«

Nun lachte ich, holte zu einer typisch italienischen Handbewegung aus und küsste meine Fingerspitzen. »*Passione, Signore!* Leidenschaft ist das Geheimnis, man muss lieben, was man tut.«

Er griff nach seinem Glas, als wollte er mir zuprosten, und am Pass rief Gianni nach Serafino, der Loup de mer in der Salzkruste und die Entenbrust für Tisch fünfzehn waren fertig. »Wollen Sie darüber nicht mal einen Vortrag halten, vor den Mitarbeitern unserer Hotels? Die Steigenberger-Gruppe veranstaltet Fortbildungen für ihre Angestellten in der ganzen Welt.«

»*Grazie, Signore*, es ist mir eine Ehre ...«, ich sah, wie Serafino an Tisch sieben die Bestellung von Herrn Wirtz aufnahm, während Luca einen Steinbutt an Tisch zwölf zerlegte, und Mario Pasta mista am Tisch neben dem Eingang servierte, »... doch meine Gäste sind hier, und darum sollte ich auch hier sein.«

»*Complimenti.*« Er hob sein Glas und trank einen Schluck Greco di tufo.

»*Grazie, Signore.*« Luca lief zum Pass und nahm den Loup de mer entgegen, und ich gab Paolo, der eben eine weitere Flasche Greco di tufo öffnete, ein Zeichen, die Entenbrust zu übernehmen. Vor Kurzem hatte Frankfurts Oberbürgermeister Walter Wallmann auf einer Wohltätigkeitsveranstaltung, bei der ich kochte, gesagt, die Italiener hätten das Leben der Deutschen bereichert, sie hätten sie Genuss gelehrt und Lebensfreude. Auch das hatte mich mit Stolz erfüllt. Viele italienische Gastarbeiter hatten in den vergangenen Jahrzehnten in Deutschland Arbeit gefunden, die es in ihrer Heimat nicht gab. Manche waren zurückgekehrt und hatten sich eine neue Existenz aufgebaut, andere waren geblieben, auch *ragazzi* aus Mandatoriccio: Mario Lavorato besaß ein Restaurant in Weilimdorf, Aldo Coppola eines in Rüsselsheim, Vittorio Pantuso eines in Wiesbaden, Domenico Pugliese und Giuseppe Talarico hatten sich in Frankfurt selbstständig gemacht, andere hatten feste Stellen angenommen.

Wir hatten etwas bekommen – und es war gut, dafür auch etwas zurückgeben zu können.

Ich selbst fühlte mich längst als deutscher Italiener. Ich ging kegeln und arbeitete wie ein Deutscher, ich regte mich auf, wenn meine Köche, Kellner, Spüler nicht pünktlich zur Arbeit erschienen, und predigte Fleiß, Ordnung, Sauberkeit und Respekt. Ich saß am Stammtisch der *Sportfreunde Sense*, ein Verein, den ich mit Wolfgang Tobien, Gottlieb Elsässer aus dem Grauen Bock und Horst Heese, dem früheren Stürmer der Eintracht, gegründet hatte. Alle zwei Wochen trainierten wir im Stadion der Offenbacher Kickers. Rudi Völler machte manchmal Scherze.

»Na, ihr alten Herren? Geht's nicht schneller?«

Ich war Mitglied im Verband der Köche Deutschland und Mitbegründer der Vereinigung italienischer Gastronomen in Deutschland, *Ciao Italia*. Ich begleitete Frankfurts Spitzenkoch Hasso Segschneider zur Internationalen Kochkunstausstellung und spielte als Verteidiger in der Fußballmannschaft der Frankfurter Köche. Doch ich aß wie ein Italiener und saß jeden Sonntag mit der Familie um den Tisch, und alle redeten durcheinander – bis um halb vier im Fernsehen die erste Fußballübertragung begann.

Und ich fühlte wie ein Italiener.

»Heiratet er?«, fragte ich, wenn Gäste erzählten, ihr Sohn würde ausziehen.

»Nein, er zieht in eine Wohngemeinschaft.«

»Warum zieht er in eine Wohngemeinschaft?«

»Er will selbstständig sein.«

»Dafür muss er doch nicht ausziehen!« Ich verstand nicht, warum Kinder in Deutschland ihre Mütter und Väter verließen, warum sie sie so verletzten. Ich selbst war früh fortgegangen, aber nur, weil es im Dorf keine Zukunft gab, und noch immer fuhr ich jeden Sommer mit Elisabetta, Leo, Francesca und dem kleinen Natalino nach Hause nach Mandatoriccio. Wir besuchten unsere Eltern und die Verwandtschaft. Auf der Rückreise verbrachten wir noch ein paar Tage in der Toskana.

Einer meiner Lieferanten lebte in Massa Marittima in der Maremma, und wir besuchten ihn auf seiner Azienda; wie einst Italo, der Kofferträger im Grand Hotel La Pace, sprach auch er mit diesem weichen Akzent, der jedes »C« wie ein »H« klingen ließ. Tagsüber fuhren wir ans Meer. Abends spazierte ich manchmal über einsame Feldwege. Die Landschaft mit ihren Hügeln und stillen Dörfern, den Pinien und Kastanienwäldern, den Getreidefeldern und Weinbergen, den silbrigen Olivenhainen und der herb duftenden Macchia, den Sumpflandschaften und dem Wind, der vom Meer über die weiten Ebenen strich, gefiel mir. Ab und zu stellte ich mir vor, abseits der Straße eines Tages ein Häuschen zu kaufen, ein paar Olivenbäume zu pflanzen und Weinreben, vielleicht ein Dutzend Hühner zu halten, eine Kuh, und zurückgezogen von allem Trubel wieder ein ruhiges und einfaches Leben zu führen.

In der Küche köchelten Tomatensoße und Hühnerfond, Gianni legte Pasta-Blätter für Ravioli aus, Christofero machte Gnocchi und Aldo zerlegte einen Baby-Oktopus, es roch nach Meer und Zitrone, nach Tomaten und Sonne.
»Die Taglierini sind aus«, rief Gianni.
»Mach den Seeteufel mit Tagliatelle«, rief ich von der Bar herüber und zündete eine neue Zigarette an. Serafino füllte das Weinregal auf, Franco die Kühlschränke, Flaschen klirrten, und Türen klappten zu und wurden wieder geöffnet. In einer Stunde würden die Gäste kommen, und ich blätterte durchs Reservierungsbuch, ging bekannte Namen durch, ein paar unbekannte, wies ihnen Tische zu. Neben dem Büfett, wo Luca gerade Schalen voller Insalata caprese und gegrillten Auberginen, Krevetten und eingelegten Sardinen anrichtete, saß Elisabetta mit den drei Omis. Maria und Tina trugen Strickwesten und Blusen, deren Kragen sie bis oben zugeknöpft hatten, Greta hatte ihr blaues Kleid mit den goldenen Knöpfen angezogen, und alle hatten sich beim

Friseur frische Dauerwellen legen lassen. Auf dem Tisch stand eine Torte mit elf Kerzen. Leo holte Luft, blähte die Wangen und blies sie in einem Atemzug aus. Elisabetta und die Omis klatschten. Am Tisch neben dem Kamin saß Marek Lieberberg mit Tina Turner und ihrer Band, sie aßen Pasta mista, tranken Chianti und besprachen Verträge. Als sie den Applaus hörten, sahen sie auf.

»*Who's that boy?*«

»*It's Leo*«, sagte Lieberberg. »*Luigi's eldest son.*«

»*And it's his birthday?*« Die Sängerin schüttelte ihr zerzaustes Haar.

»*Sì, compleanno.*« Franco nickte und schenkte Wasser und Chianti nach.

»*So, how old is he?*« Sie beugte sich vor und sah zu, wie Leo mit seinem neuen ferngesteuerten Spielzeugbagger unter dem Tisch herumkurvte, um die Beine seiner Mutter, die eben Natalino auf ihren Schoß zog, um ihm die Nase zu putzen, und um die Füße der Omis, die kicherten und jauchzten. Vor seiner Schwester, die auf dem Fliesenboden saß und ein Geschenkband in ihr Haar flocht, bremste er ab. Ich klappte das Reservierungsbuch zu und zog an meiner Zigarette. Im Radio lief *What's love got to do with it*, und der Moderator blendete die Lautstärke herunter und kündigte Tina Turners *Private-Dancer*-Deutschlandtour an und ihren Auftritt am Abend in der Jahrhunderthalle.

»*Hey, little boy, how old are you?*«

Leo sah auf. Die fremde Frau lächelte ihm zu, ihre Zähne blitzten, und wieder strich sie ihr Haar zurück. Er betrachtete sie, still und mit unergründlichem Blick.

Dann schüttelte er den Kopf.

»Er ist elf geworden«, sagte ich, schnippte Asche von meiner Zigarette und massierte meinen Nacken. Leo trat ein paar Schritte zurück, den Bagger und die Fernsteuerung vor die Brust gepresst.

Tina Turner sah sich um. »*Is there a guitar?*«

Einer der Musiker nickte und zog eine Gitarre aus einem Instrumentenkoffer. Sie trank einen Schluck Wasser, schob ihren Teller beiseite und stand auf. Sie trug eine schwarze Hose, ein schwarzes T-Shirt und eine Jeansjacke, ihre hohen Absätze klackerten auf den Fliesen, als sie den Raum durchquerte. Sie nickte den Omis zu, Elisabetta zog einen Stuhl vom Nachbartisch heran, und setzte sich. Sie schüttelte den Kopf, fuhr sich wieder durch die Haare, strich über die Saiten, drehte an zwei, drei Wirbeln. Sie nickte Leo zu, der, den Bagger noch immer vor die Brust gedrückt, neben seiner Mutter stand.

Dann begann sie zu spielen.

Alle im Restaurant kannten die Melodie, doch die meisten waren zu überrascht, um einen Ton von sich zu geben.

»*Happy birthday to you* ...« Die Stimme klang rau und tief, vertraut und fremd zugleich. Francesca sah auf. Natalino wischte sich mit dem Handrücken über die Nase und rutschte von Elisabettas Schoß. Die drei Omis rückten näher zueinander, Tina und Greta schoben ihre Brillen zurecht.

»*Happy birthday to you* ...« Die Köche kamen aus der Küche, wischten sich die Hände an ihren Torchons ab, strichen über ihre Schürzen. Ich griff nach dem *caffè*, den Paolo mir hingestellt hatte, und trank ihn in zwei Schlucken.

»*Happy birthdaijaijaijai* ...« Ein Tremolo vibrierte durch den Raum, und die Musiker nahmen es auf, wiederholten es und führten die Zeile zu Ende, sie klatschten den Rhythmus, und Gianni stimmte ein, Christofero und Aldo, die Kellner, alle sangen mit. »*Happy birthday, dear Leo – happy birthday toooo yooouuuuuu ...*«

Tina Turner senkte den Kopf und schüttelte die Gitarre, als wollte sie noch den letzten Ton herausholen. Francesca lachte und klatschte, die Omis fielen ein, die Kellner, die Köche, die Musiker und Marek Lieberberg, Natalino und Elisabetta, ich.

Leo blickte stumm auf die Frau, die vor ihm saß.

»Das ist Tina Turner«, sagte ich und beugte mich zu ihm hinunter. »Sie ist ein Weltstar.«

Leo nickte. Dann sagte er leise: »*Grazie.*«

Sie warf ihm einen Handkuss zu, stand auf und ging zurück zu ihrem Tisch. An der Wand neben dem Kamin blieb sie stehen, betrachtete die Fotos und die Autogrammkarten ihrer Kollegen und die Postkarte mit dem Felsen im Meer, die Hansi Müller drei Jahre zuvor aus dem Trainingscamp der Nationalmannschaft in Spanien geschickt hatte und auf der alle Spieler unterschrieben hatten; Tage später hatte Deutschland im Finale 1:3 gegen Italien verloren. Ich nahm einen letzten Zug und drückte meine Zigarette aus, ging in den Weinkeller und holte zwei Flaschen Champagner.

Ein paar Tage später, das Mittagsgeschäft war vorüber und die Köche und Kellner ruhten sich in der Personalwohnung im zweiten Stock aus, stand ich wieder hinter der Bar, trank einen *caffè* und kontrollierte Lieferzettel und Rechnungen.

»*Ciao*, Luigi.« Ongaro, ein Kollege aus Offenbach, mit dem ich manchmal nach Feierabend im Tonini Karten spielte, stand in der Tür.

»*Ciao*, Barbetta.«

Er lachte und rieb seinen grauen Ziegenbart.

Ich schob die Rechnungen beiseite. »Espresso, du Verbrecher?«

Er grinste, denn er gewann oft, er war ein guter Kartenspieler, ich hatte ihm schon viele Flaschen Fürst Metternich ausgeben müssen.

»Lieber einen Cappuccino.«

Er setzte sich und zog ein Päckchen Zigaretten aus der Jacke.

»*Allora*«, ich schaltete die Kaffeemühle ein, löste den Filter aus der Maschine und schlug altes Pulver heraus, »was gibt's Neues?«

»Nichts Gutes.«

Ich sah auf.

Er zuckte mit den Schultern und rieb wieder seinen Bart, der so spitz und auffällig war, dass alle ihn nur Barbetta nannten. Ich füllte frisches Kaffeepulver in den Filter, schraubte ihn in die Maschine, drückte den silbernen Hebel herunter und schäumte Milch auf. Der Schaum war luftig und feinporig, als ich ihn in die Tassen löffelte.

»Erzähl«, sagte ich und zog einen Stuhl heran. Barbetta fuhr mit dem Löffel in den Milchschaum. Im Radio lief leise HR 3 und draußen vor dem Fenster parkte ein grüner VW-Golf ein.

»Nun, gestern war ich nach Feierabend noch unterwegs. In einer Disco in Frankfurt habe ich Luca getroffen, deinen Kellner. Seine Freundin, Sally, arbeitet dort hinter der Bar.«

»Ich dachte, sie haben sich getrennt.«

»Sie hat ihn verlassen, aber er kann sie nicht vergessen und läuft ihr hinterher.«

»Na ja.« Ich zuckte mit den Schultern. Sally war bildhübsch, sie verdrehte vielen Männern den Kopf.

Barbetta gab Zucker in seinen Cappuccino. »Sie war ziemlich wütend.«

Ich hob eine Braue. »Luca ist jung und ein bisschen ungeschickt mit Frauen«, ich löffelte ebenfalls Zucker in meine Tasse, »aber er ist ein guter Kellner, pünktlich, fleißig, aufmerksam. Er bekommt viel Trinkgeld.«

Barbetta zog an seiner Zigarette und sah mich an.

»Was ist dabei?«

Er rührte in seinem Cappuccino.

»Warum erzählst du mir das?«

Er legte den Löffel beiseite, betrachtete den Milchschaum. Nach einer Weile hob er den Kopf und sah mich an. Beim Kartenspielen gewann er oft, weil er ein vollkommen ausdrucksloses Gesicht aufsetzen konnte, doch jetzt war sein Blick düster.

»Irgendwann sagte Sally zu Luca, so laut, dass alle an der Bar es hörten: ›Wenn du nicht aufhörst, mich zu belästigen, fahre ich nach Neu-Isenburg und spreche mit *Signor* Luigi.‹«

Ich nahm einen Schluck Cappuccino und zog an meiner Zigarette. »Was will sie mir sagen?«

Barbetta hob die Schultern. »Ich dachte nur, ich sollte es dir erzählen.«

Am selben Abend nahm mich ein Gast beiseite, ein Bankier, der häufig kam und vor Kurzem seinen Geburtstag im Neuen Haferkasten gefeiert hatte. »Luigi, ich gebe immer viel Geld bei dir aus, aber diesmal stimmt etwas nicht.« Er reichte mir eine Rechnung.

»Wir saßen dort drüben beim Kamin.«

»*Sì, sì*, ich erinnere mich, Tisch drei, vier und fünf.« Ich überflog den Beleg. Das Kassensystem wies den Verzehr nach Tischnummern aus, und auf dieser Rechnung waren Getränke und Menüs von vier Tischen aufgeführt.

Mir wurde warm.
»Kannst du die Rechnung hierlassen?«
Er nickte.
»Einen Espresso? Ein Glas Prosecco?«
»Gern.«
In der Nacht ging ich die Abrechnungen der vergangenen Tage durch. Fast alle meine Gäste waren Stammgäste, sie kontrollierten ihre Rechnungen nicht, sie vertrauten mir. Aus Erfahrung wusste ich, dass sie meist für achtzig bis hundert D-Mark aßen und tranken – einige Rechnungen waren ungewöhnlich hoch.
Mir wurde schwindelig.
Plötzlich verstand ich, was Barbetta mir sagen wollte.

# TOSCANA

# Melanzane e zucchini alla griglia

1 Aubergine
2 bis 3 kleine Zucchini
Salz

1 Knoblauchzehe
vier Blätter Basilikum
eine Stängelspitze Rosmarin
2 Blätter Salbei
ein Stängel Petersilie
1 Peperoncino
3 Esslöffel kalt gepresstes Olivenöl
2 Teelöffel Balsamico

3 Kirschtomaten

Aubergine und Zucchini waschen und in feine Scheiben schneiden, salzen und auf einem heissen Grill scharf anbraten.
Für die Marinade Knoblauch, Basilikum, Rosmarin, Salbei, Petersilie und Peperoncino fein hacken und mit Olivenöl und Balsamico vermischen, mit etwas Salz abschmecken.
Die Kirschtomaten in kleine Würfel schneiden. Die ausgekühlten Gemüsescheiben auf eine Platte legen, mit der Marinade beträufeln und mit Tomatenstückchen garnieren.

In der Frühe war der Himmel weiß gewesen, jetzt lösten sich die Wolken auf, und in der Ferne schimmerte das Meer; umhüllt von Morgendunst waren Schemen zu erkennen, die Inseln Elba und Korsika. Drüben, entlang der Via Tronto, neigten sich die Kronen der Pinien im Wind, die Spitzen der Zypressen, die Palmenblätter, und ein Lastwagen rumpelte durch die Stille des Morgens.

In den Oleanderbüschen unterhalb der Terrasse tschilpten Vögel, als ich den Weg in die Weinberge nahm. Ein Hahn krähte, der schwere Duft der Lorbeerblüten wehte herüber, und ich hielt auf den Gemüsegarten zu, in dem wir Tomaten für die Hotelküche pflanzten, Auberginen, Zucchini, Melonen, Peperoncini, Salbei, Thymian, Petersilie und Basilikum. Hinter der alten Viehtränke blühten die Kirschbäume, auch Feigen-, Birn- und Apfelbäume waren voller Knospen. Im feuchten Gras lagen maronenbraune Federn, ein Fuchs musste in der Nacht einen Fasan gejagt haben. Aus den Olivenhainen klangen die Rufe der Arbeiter herüber, und dort, wo sie Triebe aus den Bäumen geschnitten hatten, lagen hohe Haufen aus Geäst und Laub. Die Bäume, die sie im Vorjahr beschnitten hatten, trugen dichte Kronen, ihre Blätter glänzten in der Sonne; im vergangenen Winter hatten wir sechsundvierzig Tonnen Oliven geerntet und sechstausend Liter eigenes Olio d'oliva extra vergine gepresst.

Der raue Lehmboden knackte unter meinen Füßen, als ich durch den alten Teil der Weinberge lief. Erst als im neuen Teil die Reben angefangen hatten zu tragen, hatte ich seine knorrigen Stöcke durch junge Merlot- und Vermentino-Pflanzen ersetzt, außerdem pflanzte ich ein Dutzend Riesling-Rebstöcke, die ich aus Deutschland mitgebracht hatte. Alle Winzer sagten, sie vertrügen das Klima nicht, doch ich glaubte nur, was ich sah; bald musste ich einräumen, dass sie recht hatten. Hals über Kopf hatte ich mich in die Landwirtschaft gestürzt, getrieben von der Sehnsucht nach einem einfachen Leben.

Fünf Jahre lang hatten mein Koch Gianni und die Kellner Paolo und Luca Abrechnungen gefälscht und jeden Abend mehrere hundert D-Mark unterschlagen. Anfangs wollte ich es nicht wahrhaben. Dann zog es mir den Boden unter den Füßen weg. Es hatte Kraft gekostet, nach oben zu kommen und noch mehr, oben zu bleiben – schon länger hatte ich die viele Arbeit gespürt, die kurzen Nächte, die sechzig Zigaretten, die ich jeden Tag rauchte. Ich hatte stets alles für meine Gäste gegeben, das war ich ihnen schuldig, dachte ich, und ich fürchtete, sie würden mich für hochmütig halten, wenn ich mich zurückzog – erst haben wir ihn groß gemacht, jetzt hat er es nicht mehr nötig?!

Ich fiel in ein Loch. Ich war sechsunddreißig Jahre alt und kraftlos wie ein Greis, unfähig aufzustehen, wenn am Morgen der Wecker klingelte.

Es erwies sich als Fügung, dass ich ein Jahr zuvor ein Haus in der Toskana erworben hatte – ich verkaufte den Neuen Haferkasten und zog im Juni 1985 mit meiner Familie nach Italien. Gianni, mein Cousin, bekam Depressionen; später nahm er sich das Leben.

Eine Taube flatterte auf, ihr schwerer Flügelschlag dicht an meinem Ohr. Ich verließ den Weg und lief zwischen den Spalieren entlang. Die Stämme der Greco-ditufo-Rebstöcke waren kaum dicker als ein Daumen und einen halben Meter über dem Boden im rechten Winkel gebogen und aufgeheftet, sodass die Triebe an Seilen in die Höhe wachsen konnten. Seit Kurzem spross erstes Grün, die Blätter hatten noch einen weißen Flaum, und ich zwickte ein paar kleinere Triebspitzen ab, damit die größeren Platz und Licht hatten. Ende April würden wir mit dem ersten Laubschnitt beginnen, später würden die Arbeiter immer wieder Triebe, Laub und Trauben beschneiden; je weniger Trauben eine Rebe trug, desto voller das Aroma. Fünfundzwanzig Hektar Grund gehörten zu dem Landhaus in der Nähe von Cecina, und im ersten Jahr hatte ich Olivenbäume gepflanzt und Reben beschnitten, ich kaufte Ziegen, Schafe und Kühe, baute Weizen an und machte Heu, ich hatte Schwielen an den Händen, und jeden Abend schmerzte mein Rücken. Im Herbst hingen die Trauben prall und reif an den Stöcken, als an einem Abend im September, wenige Tage vor Beginn der Lese, Wolken aufzogen. In der Nacht brach Hagel über die Weinberge herein. Am Morgen war die Ernte zerstört. Im zweiten Jahr kamen die Einkäufer von den Weingütern in Massa und La Spezia, begutachteten meine Ernte und befanden die Trauben als zu hell oder zu dunkel, zu klein oder zu groß. Sie wollten den Preis drücken, und ich hielt dagegen, doch ich war ein Neuling und die Konkurrenz groß. Wenn du Winzer sein willst, begriff ich, musst du im großen Stil arbeiten.

Im Jahr darauf schwand mein Kapital, und ich beschloss zu tun, was ich konnte. In der Zeitung las ich eine Annonce, ein Pizzeria-Besitzer in Marina di Bibbona suchte einen Küchenchef für die eben beginnende Sommersaison. Während ich die Strandpromenade hinunterlief, breiteten hellhäutige Touristen ihre Handtücher aus, Kinder planschten im Wasser, und ein Mädchen spielte mit einem Gummiball, winzige Wellen versanken plätschernd im Sand, und die Sonne schien ihre ganze Kraft aufzubieten, um die Menschen zu wärmen. An einer Abzweigung verließ ich die Promenade und folgte einer Straße in den Ort, vorbei an Blumenrabatten und Baustellen, überall wurden Apartmenthäuser hochgezogen. Auf der anderen Straßenseite verlief eine von Gestrüpp überrankte Mauer. In ihrem Schatten wuchsen alte Pinien, ein paar ausladende Akazien, Palmen und verwilderte Laubbäume, zwischen denen ich ein mehrgeschossiges Gebäude entdeckte. Putz blätterte von der Fassade, Fensterscheiben waren zerbrochen.

»Was ist das für ein Haus?«, fragte ich einen Mann, der vorüberging.

»Das war einmal ein Hotel«, sagte er und leckte an seinem Eis. Er trug kurze Hosen über behaarten Beinen, ein weißes Hemd und Plastiksandalen, an seinem Hals blitzte eine goldene Kette. »Es steht schon lange leer.«

»Wissen Sie, wem es gehört?«

Er zuckte mit den Schultern.

Zu Hause telefonierte ich und erfuhr, dass das Hotel Marinetta einer Schweizer Firma gehört hatte, die vor mehr als fünfzehn Jahren Insolvenz angemeldet hatte. Es gab einen Konkursverwalter, einen Gläubiger in Amerika und einen immer noch anhängigen Rechtsstreit. Unterdessen verfiel das Gebäude.

Mithilfe eines Freundes in Frankfurt, der gute Kontakte in die USA hatte, gelang es mir, das Marinetta mit seinem 20000 Quadratmeter großen Park günstig zu kaufen. Mithilfe des örtlichen Bürgermeisters bekam ich die Genehmigung, das Hotel zu vergrößern, einen Privatstrand anzulegen, ein Schwimmbad zu bauen. Mithilfe eines Partners brachte ich das Kapital für den Umbau auf. Einen Teil der Anlage eröffneten wir 1988, im Jahr darauf war das Marinetta ein komfortables Vier-Sterne-Hotel und ich sein alleiniger Geschäftsführer. Ich nutzte meine Beziehungen und schloss Verträge mit deutschen Reiseveranstaltern. Freunde kamen und machten Ferien – Spitzenkoch Hasso Segschneider, der Schauspieler Jürgen Mikol, Wolfgang Gerhardt, Bundesvorsitzender der FDP, und Achim Exner, Oberbürgermeister von Wiesbaden. Die Ehefrauen von Walter Wallmann und Lothar Späth, für deren Wohltätigkeitsveranstaltungen ich in Deutschland gekocht hatte, kamen, der Vorstand eines Versicherungskonzerns reiste zu Meetings an, und die Spieler des 1. FC Kaiserslautern schlugen ihr Trainingslager auf. Wieder arbeitete ich dreizehn, vierzehn Stunden am Tag, doch im kleinen Stil ließ sich kein Geld verdienen.

Vier Jahre später, das Hotel Marinetta war eingeführt und gut ausgelastet, verkaufte ich meinen Anteil.

Nun hatte ich Kapital, um die Weinberge weiter zu bestocken, einen Weinkeller zu bauen und eine Ölmühle. Während der Arbeiten beschloss ich, zusätzlich ein Hotel zu bauen; in Italien ist es nicht ungewöhnlich, ohne Genehmigung anzubauen, außerdem hatte Silvio Berlusconi für den Fall seines Wahlsieges bei der Parlamentswahl im März 1994 eine Amnestie für Schwarzbauer angekündigt. An einem Tag im November – Berlusconi war Ministerpräsident, die Amnestie verfügt – verhängte die Gemeinde jedoch einen Baustopp. Da ich bereits Verträge mit Reiseagenturen geschlossen hatte, trieb ich die

Bauarbeiten weiter, meinen Antrag auf Amnestie hatte ich längst eingereicht. Unmittelbar nach Ende der Bauarbeiten kamen Polizisten und verplombten mein Hotel – Möbel wurden angeliefert, in wenigen Tagen würden die ersten Gäste kommen und niemand durfte das Hotel betreten! Jeden Tag fuhr ich zum Bauamt, jede Nacht wachte ich drei-, vier-, fünfmal auf, mein Kapital schwand, die Bank wurde unruhig, zum ersten Mal in meinem Leben fürchtete ich, ich könnte zu weit gegangen sein. Ende Juni 1995 wurde meinem Antrag auf Amnestie endlich entsprochen und die Plombe entfernt. Umgehend holte ich meine Gäste, die ich in anderen Hotels untergebracht hatte, und lud alle zu Champagner und einem festlichen Abendessen ein.

Eine Eidechse huschte zwischen den Reben hervor und schlängelte sich zwischen den Erdschollen hindurch. Ich bückte mich und löste Lehmklumpen und eine trockene Distel von meinen Schuhen. Die Sonne hatte den Boden getrocknet, er staubte unter meinen Sohlen, als ich die Rebzeile mit den Greco-di-tufo-Reben weiter entlanglief. Zweimal täglich ging ich in die Weinberge, begutachtete frühe Chardonnay-Stöcke, die fünflappigen, tief gebuchteten Blätter der Cabernet-Sauvignon-Reben, die rötlichen, wollig behaarten Triebspitzen der Merlot-Reben, ihre Stämme, ihren Wuchs, ich kannte jede Rebe, sogar die drei Weißweinstöcke, die rote Trauben trugen, seit beim Pfropfen jemand einen Fehler gemacht hatte, für mich waren sie wie Kinder. Als Junge hatte ich von Papà Rebschnitt, Laubarbeit und Veredeln gelernt, und noch immer liebte ich das Geräusch fallender Blätter und den würzigen Geruch, der von Wachstum und Ernte erzählte.

Bienen summten, und drüben an der Via Tronto

schwatzten Spatzen auf den Stromleitungen. Die Sonne blendete, ich blinzelte, und beinahe wäre ich in ein Ameisennest getreten. Eine Ente watschelte zwischen den Spalieren hervor, eine Libelle landete auf einem Blatt, und hinter einem Olivenhain brannte ein Feuer und eine Rauchsäule stieg auf. Das Licht war jetzt klar und rein, die Umrisse der Palmen und Eukalyptusbäume am Rain des Weinbergs hoben sich scharf gegen den blauen Himmel ab. Die dichten Knospenbüschel der Akazien würden in wenigen Tagen aufbrechen, der Ginster würde blühen, und wenn ich die Augen schloss, sah ich einen *ragazzo*, der zum Dorf hinauslief, an weißen Kirschbäumen und sonnengelben Ginsterbüschen vorüber, er sog ihren Duft ein, der sich mit dem Honigdunst der Akazienblüten mischte, und lauschte den Rufen der Zikaden, dann lief er weiter den Hang hinunter zur Fontana Milo und zum *casella* von Zà Peppina.

*La mia terra.*

Nach mehr als zwanzig Jahren als Koch war ich zu meinen Wurzeln zurückgekehrt. Papà hatte geschimpft, dass ich doch noch Bauer geworden war, du hattest sicheres Geld, sagte er, nun setzt du alles aufs Spiel, du weißt nicht, was geschehen wird, ein einziges Unwetter kann alles vernichten.

Bislang hatte ich, was ich anbaute, sorgsam gehegt.

Zwölf Frauen und Männer standen im Halbkreis, sie kamen aus Kalifornien und interessierten sich für die Toskana, für gute Weine. Die meisten waren zwischen vierzig und fünfzig, nur eine Frau war jünger, sie trug eine schwarze Hose, eine schwarze Bluse und Stilettos, ihr rotes Haar kräuselte sich in winzigen Locken. Am Vormittag hatten sie einen Ausflug nach San Gimignano gemacht, nun versammelten sie sich in meinem Weinkeller. Ihre Blicke wanderten über die hohen Edelstahltanks, die sich zu beiden Seiten der Halle aneinanderreihten, die weißen Kartons neben dem Tisch, hinter dem ich stand, die Flaschen, Gläser, Weinkühler.

»*Buonasera* und herzlich willkommen in der Toskana.« Meine Stimme hallte von den weiß gekachelten Wänden wider. »Ich bin Luigi, der Besitzer dieses Weinguts. Wir produzieren hier im Jahr etwa hunderttausend Flaschen Wein, ein Drittel davon Weißweine, der Rest Rotweine, und der erste unserer Weißen, den ich Ihnen heute Nachmittag präsentieren möchte, ist ein Vermentino.« Ich verschränkte die Hände auf dem Rücken und wartete, während Franco, der Reiseleiter, übersetzte. Er kam aus Florenz, ein sportlicher und trainierter junger Mann, sein Englisch klang elegant, er sprach fließend, mit leichtem Akzent.

»Die Vermentino-Traube«, fuhr ich fort, als er geendet hatte, »ist in den Sechziger- und Siebzigerjahren ein wenig in Vergessenheit geraten, weil andere Trauben wie Chardonnay oder Sauvignon blanc in Mode kamen. Bis wir uns endlich wieder daran erinnerten, dass wir Italiener sind – In keinem Land der Welt gibt es eine solche Vielfalt an Traubensorten wie in Italien!« Ich untermalte mein Sätze mit lebhaften Handbewegungen. »Der erste Wein Europas wurde hier in Italien angebaut!«

Franco übersetzte, die Männer und Frauen nickten anerkennend, ein Mann rief »Bravo!«. Ein paar Frauen blinzelten im hellen Licht der Neonröhren.

Zwei Kellnerinnen reichten Weißweingläser, und ich nahm eine offene Flasche Vermentino aus dem Kühler und schenkte ein. »Viele Weine haben vierzehn bis fünfzehn Volumenprozent Alkohol. In letzter Zeit werden in

Europa – und auch bei Ihnen in Amerika – zunehmend leichtere Weine nachgefragt. Wir haben uns darauf eingestellt und produzieren inzwischen elegante Weine mit reichem Bukett – *vini profumati* sagt man auf Italienisch.« Die Besucher nippten an ihren Gläsern, und die Frau in Schwarz schlug ein Tuch um ihre Schultern. Es war kühl im Keller, sechzehn Grad.

»Kann man Ihren Wein auch bei uns in den USA bekommen?«, fragte ein großer, schlanker Glatzkopf.

»*Sì, sì*, wir haben eine Vertretung in New York, dort können Sie unsere Weine bestellen.«

»Und wo stehen Ihre Holzfässer«, fragte ein Mann in Poloshirt und Kakishorts. »Bei uns wird Wein in Holzfässern gelagert.«

»Kommen Sie«, sagte ich und stellte die Flasche zurück in den Kühler. »Wir machen eine kleine Führung.«

Ich ging voran, den gefliesten Gang zwischen den Tanks entlang zur Tür. Neben dem Gabelstapler blieb ich stehen. Von draußen fiel klares Nachmittagslicht herein, und ein leiser Wind raschelte durch die Oleanderbüsche, hinter denen der Swimmingpool lag. Zwei Arbeiter in Gummistiefeln liefen vorüber, und aus dem Büro hörte ich die Stimme meiner Schwiegertochter, sie telefonierte, abwechselnd auf Deutsch und Italienisch.

»Hier werden die Trauben während der Lese angeliefert.« Ich deutete auf eine Rampe. »In der sogenannten Entrappmaschine werden ihre Stiele entfernt, damit keine Bitterstoffe und Gerbsäuren in den Wein gelangen. Anschließend gären die Trauben, strikt nach Sorten getrennt.« Ich deutete auf einen silberfarbenen 7500-Liter-Tank, an dem eine Leiter lehnte. »Während der Gärung entsteht Wärme, darum kontrollieren wir die Temperaturen in den Tanks über eine computergesteuerte Kühlanlage. Ein guter Wein gärt langsam, sechzehn bis zweiundzwanzig Tage, nur ein einfacher Wein gärt schnell – ssst, wie ein Strohfeuer, nach einer Woche ist er ausgegoren.«

Daniele, mein Kellermeister, schloss die Luke eines kleineren Tanks, und der Mann mit der Glatze trat dichter heran und betrachtete den Thermostat. Ich schob einen Wasserschlauch beiseite, der am Boden lag, und führte meine Gäste weiter zu einer Maschine aus Edelstahl und Glas, der man ihre Funktion nicht ansah.

»Nach der Gärung wird der Wein umgefüllt in Tanks, in denen er ruht. Die Rotweinmaische, die sich während der Gärung abgesetzt hat, wird in dieser Maschine gepresst. Den Wein, den wir dabei gewinnen, verkaufen wir allerdings an Großhändler, die ihn weiterverarbeiten lassen, denn seine Qualität ist deutlich schlechter.«

Der Mann mit dem Poloshirt wandte sich um und trat an einen leeren Tank, er bückte sich und steckte seinen Kopf durch die schwere Luke, seine Stimme hallte in dem riesigen Kessel, als er etwas hineinrief. Die anderen lachten. Eine pummelige Grauhaarige sagte etwas, eine schmale Blonde antwortete, ein Mann in Turnschuhen, Freizeithosen und Baseballcap lachte, wie Vögel schwirrten die Stimmen und die fremden Wörter unter den Deckengewölben umher.

»Was ist das?«, fragte der Glatzkopf und deutete auf eine weitere Apparatur aus Edelstahl und Glas.

»Das ist unsere Abfüllmaschine. Sie füllt 1500 Flaschen in der Stunde. Und gleich daneben ...« Ich trat einen Schritt beiseite, um den Blick freizugeben. »Gleich daneben steht unsere Etikettiermaschine, hier werden die Flaschen etikettiert.« Die pummelige Graue griff nach einer Rolle mit Aufklebern für Aulo rosso, die auf dem Tisch lag. Die Rote sah einen Säulengang entlang, in dem Paletten voller Weinkartons lagerten, sie machte ein paar Schritte, ihre Stilettos klackten hart auf den Fliesen.

»Dort drüben ...« Ich wandte mich um und deutete auf einen Durchgang. »Dort lagern unsere Weine nach der Abfüllung. Diese Nachreifung verbessert noch einmal Aroma und Qualität – manche Spitzenweine lagern bis zu zwanzig Jahren.« Wieder wartete ich, während der Reiseleiter übersetzte.

»Wow!«, sagte der Glatzkopf, als Franco geendet hatte.

Wir betraten das dunkles Gewölbe. Kleine Lampen warfen diffuses Licht, es roch nach Holz, ein wenig Feuchtigkeit und dickem Gemäuer. Die Rote zog ihr Tuch fester um die Schultern, in diesem Teil des Kellers war es noch kühler.

»Wow!«, sagte der Glatzkopf wieder und deutete auf die Barriques.

»Eichenfässer aus Frankreich«, sagte ich. »Der Rotwein, der hier lagert, wird ausgebaut, um sein Aroma abzurunden. Er lagert sechzehn bis zweiundzwanzig Monate, dann wird er abgefüllt.« Franco übersetzte, und ich sah die Ehrfurcht in den Gesichtern der Frauen und Männer, staunend standen sie zwischen den Fassreihen, hier und da hörte ich Gemurmel, Namen fielen, Jahrgangszahlen, Aulo rosso 2007, Le Marze rosso 2007, Brunetti 2006, Brunetti 2008.

»Warum ist es hier so dunkel?«, fragte die pummelige Graue.

»Wein muss dunkel und kühl gelagert werden, er kann sonst beispielsweise oxidieren.«

Ich führte die Gruppe zurück in den vorderen Teil

des Weinkellers, wo die Kellnerinnen Rotweingläser bereitgestellt hatten und Häppchen mit Pastete und reifem Parmesan, und griff nach einem Glas.

»Einer unserer Rotweine ist der Brunetti, ein Verschnitt aus je einem Drittel Merlot, Cabernet Sauvignon und San Giovese. Im Charakter ähnelt es mir ein bisschen wild und verrückt, aber langlebig und zum Schluss doch weich und samtig.«

Franco übersetzte und die Gäste lachten, während ich herumging und einschenkte. Einige Besucher schwenkten ihre Gläser, ließen den Wein kreisen, inhalierten sein Aroma, nahmen einen Schluck und kauten ihn, bewegten ihn langsam über Zunge und Gaumen. Der Glatzkopf sagte etwas und die Rote lachte.

»Jeder Jahrgang ist anders«, fuhr ich fort und sah zu meinem Übersetzer hinüber. »Trauben sind ein Naturprodukt, und in einem Jahr entwickelt der Prugnolo gentile ein besonders eindrucksvolles Aroma, im nächsten die Colorino-Rebe. Da wir immer gute Weine herstellen wollen, verschneiden wir die Sorten einen Monat vor Abfüllung, wobei sich die Melange je nach Qualität einer Ernte ändert.«

»Wie stellt man einen guten Wein her?«, fragte der Glatzkopf.

»Ein guter Wein braucht immer einen guten Winzer, einen, der sein Handwerk versteht und weiß, ob er auf Quantität oder Qualität setzt. Eine Rebe kann fünf Kilo Trauben hervorbringen oder fünfhundert Gramm – die Fünfkilotraube taugt für den Supermarkt, die Flasche für 2,90 Dollar, aus der Fünfhundert-Gramm-Traube können Sie Spitzenweine gewinnen, die fünfzig bis hundert Dollar kosten.«

Der Glatzkopf pfiff, der Mann mit dem Polohemd

schnalzte, und die pummelige Grauhaarige betrachtete ihr Glas.

»Und Sie«, fragte die Rote, »setzen Sie auf Qualität oder Quantität?«

Ich hob eine Braue. »*Signora*, wir produzieren keine Supermarktware. Einige unserer Weine kosten fünfzehn bis zwanzig Euro pro Flasche. Andere kosten fünf bis sechs Euro ...« Ich blickte in die Runde, machte eine kurze Pause, holte Luft. »Was nicht bedeutet, dass sie von schlechter Qualität sind, sie sind nur weniger konzentriert. Aus den Reben dieser Weinberge erzeugen wir zehntausend Flaschen, bei den teureren sind es nur sechs- bis siebentausend.« Die Rote nickte, und alle nippten an ihren Gläsern, während Franco übersetzte. Nachdem im ersten Jahr ein Unwetter die Ernte zerstört hatte und im zweiten Jahr die Einkäufer versucht hatten, meine Preise zu drücken, hatte ich im dritten Jahr einem lokalen Weinproduzenten meine Trauben angeboten.

»Kaufst du meine Ernte zu einem guten Preis, verkaufe ich deine Weine im Hotel Marinetta.«

Er willigte ein. Der Wein, den er aus meinen Trauben machte, war schlicht und gut – und ich fragte mich, ob ich so einen Wein nicht selbst herstellen konnte. Als ich Gastronom in Deutschland gewesen war, hatten mich weltberühmte Winzer auf ihre Güter eingeladen, Sassicaia und Ornellaia, Angelo Gaja im Piemont, Guicciardini Strozzi in San Gimignano. Sie wollten, dass ich ihre Weine in meinem Restaurant ausschenkte, und ihre Önologen führten mich durch Keller und Weinberge; ich lernte viel über moderne Technologie im Weinbau. Schließlich baute ich meinen eigenen Weinkeller; kaufte Edelstahltanks, Maschinen zum Entrappen, Keltern, Abfüllen und

Etikettieren, ich las Bücher über Unterlagen und Klone, Schädlinge, Virus- und Pilzerkrankungen, über Ampelografie, Selektionszüchtung und moderne Rebenerziehungssysteme. Ich schickte Bodenproben ins Labor, schaute Weingärtnern beim Veredeln zu und begleitete Önologen, ich hörte ihnen zu und wog ihre Meinungen gegeneinander ab, ich entschied, welche Reben, welche Klone, welcher Schnitt, welcher Verschnitt, ich experimentierte und war bereit, Fehler zu machen, ich ging meinen Weg.

Zu dieser Zeit kauften viele Prominente Weingüter in der Toskana, Andrea Bocelli, Gianna Nannini, Sting oder der Fußballer Paolo Rossi, sie investierten Millionen, engagierten namhafte Önologen und Kellermeister und spekulierten darauf, bald ebenfalls Spitzenweine zu Höchstpreisen abzusetzen. Unterdessen fuhr ich mit meinen ersten Weinen auf Messen, nach Verona, nach Düsseldorf, ich besuchte Gastronomen in Deutschland.

»Luigi«, sagte eines Abends auf der Vinitaly Hans Kempf, der Chefeinkäufer der Holiday-Inn-Kette, nachdem ich drei Tage zwischen den Großen der Branche gestanden und alle wichtigen Leute ohne einen Blick an mir hatte vorbeiziehen sehen. »Bekannte haben mich auf Ihre Weine aufmerksam gemacht.«

Ich lud ihn zu einer Verkostung bei Pasta e fagioli ein.

»Es ist ein Arme-Leute-Essen«, sagte ich, als er den Löffel in die weißen Bohnen tauchte, den Duft von Speck und gedünstetem Knoblauch einsog, von samtigem Salbei. »Aber ich habe es immer geliebt.«

»Es schmeckt köstlich«, sagte er, nachdem er den ersten Löffel zum Mund geführt hatte.

»*Grazie, Signore*, das freut mich.«

Kempf nahm einen Schluck Le Marze bianco, nachdem er zuvor sein Aroma inhaliert hatte, und bewegte ihn langsam über Zunge und Gaumen.

»Ihre Weine sind wie Sie«, sagte er, als er sich zurücklehnte.

Ich hatte gerade Pasta und Bohnen auf meinen Löffel gehäuft und hielt inne. »Wie meinen Sie das, *Signore*?«

»Sie sind so lebendig.« Er griff nach seinem Glas, nahm noch einen Schluck, kaute wieder. »So interessant.«

Ich atmete auf und führte meinen Löffel zum Mund.

»Können Sie uns drei- bis fünftausend Flaschen für unsere Toscanissimo-Wochen liefern?«

»*Scusi?*«

»Drei- bis fünftausend Flaschen Weiß- und Rotwein?«

»*S-sì, Signore* ...« Ich schluckte und räusperte mich. »Selbstverständlich, es ist mir eine große Freude.«

Von da an war es mir gelungen, mich als Winzer zu etablieren. Inzwischen belieferte ich Hotelketten, Restaurants, Weinhändler und Privatkunden in Amerika, Japan und China, in Norwegen, Österreich und der Schweiz, in Russland, Holland und natürlich in Deutschland.

Die Rote lachte, lief auf ihren hohen Absätzen um die Gruppe herum und hängte sich bei einer blassen Blonden ein. Der Glatzkopf flirtete mit einer Brünetten, und der Mann mit der Baseballmütze trat an den Tisch, wo Franco den Le Marze rosso probierte. »Nach allem, was Sie erzählt haben«, sagte er, »frage ich mich, was für die Qualität eines Weines am wichtigsten ist.«

Ich schenkte auch ihm von dem Le Marze ein und wischte mit der Serviette über den Flaschenhals. »Das Wichtigste, *Signore*, ist wohl die Arbeit in den Weinbergen, die Pflege der Reben, der richtige Schnitt, damit die kräftigsten Triebe und Trauben gedeihen. Natürlich spielt auch die Verarbeitung eine bedeutende Rolle, aber die Grundlage für alles legt ein Winzer in den Weinbergen.«

Er nickte, hobelte ein Stück von dem Parmesan und betrachtete sein Glas.

Ende der Neunzigerjahre war der italienische Weinpapst Luigi Veronelli zu einer Verkostung auf die Azienda Agricola Elisabetta gekommen. Ich hatte ihn unseren 1999er Le Marze rosso probieren lassen – er nannte ihn weich, harmonisch und sehr lang im Abgang, mit feiner Beeren- und Schokoladennote, und verlieh ihm den renommierten *Sole di Veronelli*-Preis. Vor Kurzem lud mich die Forschungsanstalt für Garten- und Weinbau in Geisenheim im Rheingau ein, einen Vortrag auf dem Campus der Universität zu halten. Vor rund siebzig Gästen sprach ich über Weinbau in der Toskana und meine Erfahrungen – *Professore* Luigi Brunetti, der *ragazzo* aus Mandatoriccio, der selbst gerade einmal fünf Jahre zur Schule gegangen war.

Die Rote zog einen Fotoapparat aus ihrer Handtasche und bat den Reiseleiter, ein Foto von ihr und mir zu machen. Ich lächelte, sie legte ihren Arm um meine Schulter, der Glatzkopf legte einen Arm um sie. Der Mann mit der Baseballmütze nahm einen weiteren Schluck Le Marze rosso und ließ ihn andächtig über seinen Gaumen gleiten.

»Bei Ihnen in Kalifornien gibt es inzwischen auch sehr gute Weine«, sagte ich.

Er schüttelte den Kopf und schwenkte sein Glas. »Bei uns ist alles neu. Aber man sollte die alten Weintraditionen bewahren, Traditionen sind etwas Gutes.«

Ich lächelte – was sollte ein Italiener dazu sagen?

»Haben Sie die Winzerei von Ihrem Vater gelernt?«,

fragte der Glatzkopf, den Arm noch immer auf der Schulter der Roten, die ihre Löckchen zurückstrich.

»*Sì*«, sagte ich. »Meine Familie besitzt einen kleinen Weinberg, und als Junge habe ich einiges von meinem Vater gelernt. Allerdings ...« Ich ließ meinen Blick über die Tanks und die Maschinen wandern. »Allerdings hatte man damals nicht die Technik, die uns heute zur Verfügung steht.«

»Mussten Sie auch Chemie studieren?«, fragte die Rote und lachte.

Ich runzelte die Stirn, schüttelte den Kopf. »Ein Winzer, *Signora*, muss sich auf seine Nase und seinen Gaumen verlassen können, und wenn Sie im Weinberg gute Arbeit leisten, ernten Sie hochwertige Trauben, aus denen können Sie einen guten Wein machen – ohne Chemie.« Ich sah zu Franco hinüber, der übersetzte.

»Was Sie allerdings immer brauchen, *Signora*, um einen guten Wein herzustellen«, sagte ich, als Franco geendet hatte und die Rote sich wieder mir zuwandte, »sind Liebe und Leidenschaft – *passione*!«

Der Himmel leuchtete gelb, rosa und orange, in der Ferne über dem Meer war er blutrot gefärbt. Entlang der Küste funkelten Lichter, und die Dämmerung senkte sich über Weinberge, Olivenhaine, Zypressen, Pinien und Palmen. Die Luft roch weich und würzig nach Erde und Harz.

Ich trat an die Brüstung der Terrasse. Abendstille lag über dem Land, nur der gelegentliche Ruf des *pigula* war zu hören. Hinter einzelnen Fenstern des Hotels brannte Licht, die Gäste hatten sich ausgeruht, nun machten sie sich frisch, bald würden sie zum Abendessen herunterkommen. Eine Katze lief lautlos und mit leichten Schritten den Weg zum Swimmingpool hinunter, dessen Wasser im letzten Licht schillerte, und auf den Terracottaziegeln unseres Wohnhauses erkannte ich die Umrisse eines Falken.

Im Agrihotel Elisabetta, das ich nach meiner Frau benannte, die all die Jahre hinter mir gestanden hatte, wollte ich anfangs nur Übernachtungen mit Frühstück anbieten. Doch tief in meinem Herzen saß noch immer diese Lust, Menschen zusammenzubringen und mit gutem Essen und Wein zu verwöhnen – ich fühlte mich wie ein Schauspieler ohne Bühne, sodass ich im Hotel wieder ein Restaurant eröffnete.

Wie früher in Neu-Isenburg sind meine Gäste Stammgäste, sie kommen aus Deutschland, Österreich und der Schweiz, aus Norwegen, Holland und Amerika, die wenigsten sind Italiener. Viele wurden Freunde, Rudi Völler, Kalli Feldkamp, Andreas Brehme und Thomas Berthold, mein früherer Fahrlehrer und Franz-Josef Jung, einst Leiter der Hessischen Staatskanzlei, später Bundesminister und selbst Sohn eines Winzers; gemeinsam gründeten wir eine deutsche und eine italienische Winzer-Elf, die in einem Fußballturnier gegeneinander antraten, der Verteidigungsminister spielte im Angriff, am Ende stand es 4:4.

Eines Abends, ich war in Deutschland, aßen Jung und ich im Da Pantuso in Wiesbaden. Am Nebentisch saß ein Mann, den ich kannte. Er sah nicht mehr aus wie einer dieser Startbahn-West-Gegner, trug das Haar etwas kürzer und von grauen Strähnen durchzogen und statt Turnschuhen und Lederjacke einen Dreiteiler.

»Kennst du mich noch?«, fragte er.

»Sicher«, sagte ich, »du bist der Taxifahrer, der meine Gäste aus dem Alten Haferkasten nach Hause gefahren hat.«

Joschka Fischer, inzwischen Bundesaußenminister, lachte.

Ein Moped fuhr die Via Tronto herauf, sein Motor heulte hoch und blechern. Über dem Meer färbte sich der Himmel violett, und erste Sterne blitzten über den Feldern auf. Die Spitzen der Zypressen neigten sich, und Dunst umhüllte die Oleanderbüsche am Wegrand. Grillen zirpten, irgendwo bellte ein Hund, und Schwalben schossen unterm Dachfirst hervor, ein Schwarm schwarzer Schatten. Eine Taube gurrte, dann erhob sie sich aus den zotteligen Zweigen eines Eukalyptusbaums. Ich mochte diesen Moment des Friedens, diesen Augenblick des Innehaltens, bevor ich ins Restaurant ging und mich unter die Gäste mischte, mich zu ihnen setzte und plauderte, mit ihnen aß und sie fragte, wie es ihnen den Tag über ergangen war, ihren Erlebnissen und Geschichten folgte und zusah, wie sie mit der Gabel in ihre Spaghetti stachen, ein paar heraushoben, sie geschickt um die Zinken wickelten und in den Mund schoben.

Die Deutschen hatten sich verändert.

Sie wirkten nicht mehr so ernst wie vor vierzig Jahren, als ich nach Deutschland kam. Sie hatten sich eine Leichtigkeit angeeignet, genossen die schönen und sinnlichen Dinge des Lebens, sie hatten Gefallen gefunden an *la dolce vita*. Für die meisten ist es heute selbstverständlich, ins Restaurant zu gehen, in ein einfacheres oder ein besseres, sie kennen sich aus mit Spaghetti al dente und Nouvelle Cuisine, mit piemontesischem Barolo und Vernaccia Riserva. Sie haben selbst hervorragende Köche – es gibt in Deutschland mehrere hundert Sternerestaurants, wobei ich den Aufwand, den sie betreiben, unangemessen finde. Noch immer ist die italienische Küche für mich die beste der Welt (und jedes Mal, wenn ich in Oslo oder New York an einer Pizzeria vorbeilaufe oder auf dem Platz des Himmlischen Friedens in Peking vor einem Café stehe, das Espresso, Cappuccino und Latte macchiato serviert, fühle ich mich bestätigt). Sie ist schlicht und raffiniert, leicht und gesund, aromatisch und vielfältig – eine Scheibe Friselle mit einer sonnengereiften Tomate, ein paar Tropfen Olivenöl und etwas Oregano ist für mich noch immer ein wunderbares Abendessen. Dass sich auch bei uns immer mehr Kinder von *Convenience Food* ernähren und täglich fetter werden, sollte uns wirklich zu denken geben.

Der Olivenhain gegenüber der Hotelterrasse lag in Dunst gehüllt, die Bäume waren nur noch schemenhaft zu erkennen. In der Ferne verschmolzen Meer und Horizont zu einem dunklen Band, Zypressen, Pinien und Palmen verschwanden in der Dunkelheit. Am Himmel stand eine schmale Mondsichel, Sterne funkelten, und ein Lastwagen rumpelte über die Straße, die am Ende der Via Tronto nach Livorno und Pisa führte. Das Wasser im Swimmingpool glänzte schwer wie Quecksilber, und der *pigula* rief, ein tiefer, dunkler Ruf, ähnlich dem einer Eule. Am Fuß der Treppe lag ein Fußball, den Luigino, mein Enkel, liegengelassen hatte, und ich hob ihn auf und legte ihn auf die Balustrade.

In der Küche rief Leo, Natalino lachte. 2008 hatte ich das Hotelrestaurant an meine Söhne übergeben, Leonardo wurde Küchenchef, Natalino Chef de rang, ich half nur noch aus. Meine Söhne haben die Hotelfachschule besucht, Leo kochte bei den Sterneköchen Dieter Müller im Schlosshotel Lerbach in Bergisch Gladbach und Alfred Klink in der Zirbelstube in Freiburg, Natalino spülte Teller in der Downing Street in London, kochte in der Kantine im House of Parliament, arbeitete als Commis und später als Demi-Chef de rang im Savoy Hotel. Nur Francesca ging an die Universität und studierte Jura und Psychologie.

Manchmal habe ich meinen Kindern von meiner Zeit an der Hotelfachschule in Rom erzählt, von Einsamkeit, Heimweh und Armut, von dem Weg, den ich ging, um zu werden, was ich bin.

Sie hörten zu, nickten – und gingen ihre eigenen Wege.

Vor einigen Jahren berief man mich in die Prüfungskommission der Hotelfachschule in Rosignano. Punkt neun Uhr sollte die Prüfung beginnen, um Viertel vor neun war ich dort, um Viertel nach neun kam der erste Prüfling. Nacheinander erschienen die anderen, sie trugen Jeans und Turnschuhe und Piercings in der Nase, einige kauten Kaugummi. Signor Bassi hätte sich im Grab umgedreht, Pünktlichkeit, Fleiß und Respekt, Sauberkeit und Sparsamkeit scheinen nicht mehr viel zu gelten. Empört stellte ich knifflige Fragen und am Ende mussten sechsundzwanzig von achtundzwanzig Lehrlingen die Prüfung wiederholen. Sie haben mich verflucht. Vielleicht war ich auch meinen Kindern ein strenger Vater, so wie Papà es mir gegenüber gewesen war, doch ich bin stolz auf sie.

Ein Koch ist heutzutage zuweilen ein Popstar – mit großem Marketing und eigener Fernsehshow. Ich finde so viel Tamtam übertrieben. Für mich bedeutet Koch zu sein noch immer ein großes Glück – und die einfachsten Gerichte sind nach wie vor die besten.

*Basta!*

## Das Denkmal

Die Männer, die auf der Piazzetta stehen, dort, wo die Via Pace und die Via Umberto I spitz aufeinandertreffen, tragen dunkle Hosen und helle Hemden, manche ein Jackett, sie haben ihr Haar zurückgekämmt, ihre Bärte gestutzt, ihre Schuhe glänzen frisch poliert. Sie sind aus ganz Italien angereist, aus Deutschland und Amerika, sie kennen einander seit ihrer Kindheit und haben sich lange nicht gesehen.

Die Sonne steht hoch, und die Stele, um die sie sich versammelt haben, wirft einen Schatten. Von dort bis zum Haus Nummer 18, mit seiner grauen Fassade, dem abgestoßenen Putz, den Kabeln, die über die Gasse hängen, sind es nur wenige Schritte. An einem Eisenhaken hängt eine Laterne, und zwei Stufen führen hinauf zu einer Holztür, blass vom Wetter der vielen Jahre. Das Zimmer hinter der Tür ist klein und karg. Als Zù Saveru am 12. Februar 1982 starb, war er allein. Es dauerte Tage, bis man ihn fand.

»Er hat viel für die *ragazzi* im Dorf getan«, murmelt Luigi. »Wir haben es ihm nicht gedankt.«

Battista, der Sohn des Schusters, nickt.

»Im Kindergarten, wo ich geheiratet habe, ist längst ein Altenheim, man hätte ihn dort unterbringen können. Alle wussten, dass er arm war und allein.«

Giovanni, der Bruder von Mario, räuspert sich.

»Wir waren weit fort, aber trotzdem.«
Ein paar senken den Blick.
Ein Auto fährt vorüber und Spatzen fliegen auf, mit zitternden Flügeln. Aus einem Fenster tönt die Stimme eines Fernsehmoderators, und weiter oben in der Via Pace tritt ein Junge mit zwei Tüten Pasta aus dem *alimentari*, seine Haut hat die Farbe von reifen Oliven, seine Füße stecken in bunten Turnschuhen. Am Morgen hat der Pfarrer in *La Madre dei Santi Pietro e Paolo* eine Messe zu Zù Saverus Ehren gehalten, jetzt marschiert eine Kapelle auf, die Mario Chiarelli angeheuert hat, während aus den Seitenstraßen immer mehr Dorfbewohner auf die Piazetta strömen, die Carlinos und Chiarellis, die Iozzis, Parottas und Minottis, die Lavoratos und Brunettis, die Amodeos und Mangones, die Pantusos und Pirillos. Cardìllu, der sein Talent zum Zeichnen nicht genutzt hat und in Deutschland auf einer Baustelle arbeitet, kommt und die Tochter von Signora Angelina, die studiert hat und bei der City Bank in Amerika arbeitet. Der Bürgermeister knöpft sein Jackett zu. Er und ein paar *ragazzi* aus der Gegend hatten den Anstoß gegeben, hatten Briefe geschrieben an die rund dreihundert Köche in aller Welt. Alle schickten Geld für ein Denkmal zu Ehren Zù Saverus, und einige reisten zur Einweihung an – Toni Grande, Domenico Parotta, Giovanni Lavorato und Battista Ventura aus New York, Mario Lavorato aus Weilimdorf, Domenico Pugliese aus Frankfurt, Nazareno Romeo von der Adria, Luigi Brunetti aus der Toskana.

»Ich höre noch das Geräusch seines Stocks, das durch die Gasse hallte, wenn er zur Bank vor seinem Haus ging.«

»Er hat oft Zeitung gelesen, den *Corriere della Sera*.«
»Er kannte die Politik.«

»Er konnte sämtliche Gewinner des Giro d'Italia seit 1909 aufzählen!«

»Er wusste alles über Inter und Juventus!«

»Manchmal hat er auch einen von uns zur Seite genommen.« Der Älteste der Bianchi-Brüder errötet.

Im Dorf gibt es inzwischen Restaurants, Pizzerien, eine Spaghetteria und ein Hotel. Ein paar *ragazzi* sind zurückgekehrt und haben sich selbstständig gemacht, andere führen in Mailand oder Turin eigene Restaurants, in der Schweiz, in Österreich, Frankreich oder Schottland, in England, Irland, Australien und Neuseeland; nur wenige sind gescheitert, sind bankrottgegangen oder haben angefangen zu trinken. Viele haben sich Villen im Dorf gebaut, und zu Ferragosto Mitte August drängen sich ihre Limousinen in den Gassen.

Köche aus Kalabrien sind zum Exportschlager geworden.

»Ohne ihn«, sagt Luigi, der Bauch gerundet, das Haar noch dicht und dunkel, die Brauen wie spitze Dächer über den Augen, »ohne ihn wären wir heute Bauern.«

»Oder Bauarbeiter.« Giovanni, der in New York ein Restaurant führt, lacht.

Die Sonne brennt, und die Kapelle spielt einen Tusch. Der Bürgermeister hält eine Rede. Als er endet, applaudieren die Menschen auf der Piazetta und ein Junge enthüllt die Stele – die bronzene Büste Zù Saverus. Sein Schnurrbart ist sauber gestutzt, der Kragen zugeknöpft, auf seinen Lippen liegt ein feines Lächeln.

Unterhalb der Büste auf einem Marmorschild steht: *Obgleich unbeweglich, hat er viel für unser Dorf bewegt.*

# Tagliatelle Alfredo

80 Gramm rohen Schinken
1 Esslöffel Butter

200 bis 250 Gramm Tagliatelle
Salz

2 Eigelb
800 ml Sahne
50 Gramm geriebenen Parmesan
weissen Pfeffer

Schinken in feine Streifen schneiden und in einer nicht zu heissen Pfanne anschwitzen, erst dann die Butter hinzufügen.
Die Tagliatelle in kochendes Salzwasser geben, immer wieder umrühren und al dente garen. In einer Schüssel Eigelb, Sahne und Parmesan verrühren, mit Pfeffer und Salz abschmecken. Die Pasta abgiessen, mit dem Schinken in der Pfanne vermengen und auf einen Teller geben, die Eier-Sahne-Sosse darübergeben und leicht unterheben.

# Buon appetito –
# das Glück ist eine gute Pasta!

# Mille grazie ...

... Nina Thomas, Bernd Kliebhan und Petra Hermanns,
Saverio Pugliese, Mario Lavorato und Jo Gröschner,
Franco Emilio Carlino und Götz Elsässer,
Il Comune di Mandatoriccio,
Franco und Sandra und der ganzen Familie Brunetti.

*E grazie mille* Zù Saveru.
Im Namen von vielen *ragazzi* in der ganzen Welt.

## 256 Seiten Lebensfreude

Martina Meuth / Bernd
Neuner-Duttenhofer
ANDREA CAMILLERIS
SIZILIANISCHE KÜCHE
Die kulinarischen
Leidenschaften des
Commissario Montalbano
256 Seiten
mit zahlreichen
Abbildungen
ISBN 978-3-7857-2452-1

Das beliebte Kochbuch zu den köstlichen Lieblingsgerichten Commissario Montalbanos. Ausprobiert, dargeboten und mit über 250 farbigen Fotos großformatig in Szene gesetzt von den preisgekrönten Kochbuchautoren Martina Meuth und Bernd Neuner-Duttenhofer. Eine Reise durch das kulinarische Sizilien, eine Liebeserklärung an seine raffiniert-einfache Küche und eine Verführung zur Lebenskunst. Ein Traum!
*Eingeführt und begleitet von Andrea Camilleri*
Rund 90 Rezepte und zahlreiche Tipps
Die Originalausgabe wurde ausgezeichnet mit der Silbermedaille der GASTRONOMISCHEN AKADEMIE DEUTSCHLANDS

Lübbe Hardcover